COLLECTION BESCHERELLE

El arte de conjugar en español

DICCIONARIO DE 12 000 VERBOS

FRANCIS MATEO
ANTONIO J. ROJO SASTRE

© 1998 Hurtubise HMH ISBN 2-89428-332-6

Éditions Hurtubise HMH ltée
1815, avenue De Lorimier
Montréal (Quebec)
H2K 3W6 Canada
Téléphone : (514) 523-1523
Télécopieur : (514) 523-9969

Abreviaturas

vivir	verbo que figura en un cuadro de conjugación
78	llamadas a los cuadros de conjugación
t.	verbo transitivo
i.	verbo intransitivo
p.	verbo pronominal
irr.	verbo irregular
def.	verbo defectivo
imp.	verbo impersonal
amer.	americanismo
p.p.	participio pasivo irregular

1. La gramática del verbo

El verbo

El **verbo** es la parte de la oración que expresa:
— existencia de los seres: *Juan **vive**.*
— estado de los seres: *Los animales **enfermaron**.*
— acción de los seres: *El caballo **corre**.*
— pasión de los seres: *Todos los alumnos **han sido suspendidos**.*
— los sucesos: *Ayer **llovió** bastante.*

El **verbo,** por sus caracteres formales, es la parte de la oración que presenta más variaciones. Por ejemplo, cuando decimos: *Escribo una carta, **escribieron** un libro* o *escribirá una novela,* las palabras *escribo, escribieron* y *escribirá* son tres formas de las muchas que tiene el verbo *escribir,* que indican **quién** realiza la acción, **cuándo** la realiza y si está acabada o no.

Los accidentes verbales

El **verbo** consta de una parte, casi siempre invariable, que se llama *raíz* o *radical,* y de una parte, que varía según las formas, llamada *terminación* o *desinencia.* En las formas citadas del verbo *escribir (escrib-o, escrib-ieron y escrib-irá),* se distinguen claramente las dos partes citadas.

Todas las variaciones que el verbo sufre en sus diferentes formas indican los distintos **accidentes verbales,** que son: la *voz,* el *modo,* el *tiempo,* el *número,* la *persona* y el *aspecto* o forma de presentarse la acción verbal.

La voz indica si la acción del verbo la realiza el sujeto o es éste quien la recibe.
Cuando el sujeto realiza la acción, el verbo está en **voz activa**: *Los alumnos **estudian** la lección.*
Cuando el sujeto recibe la acción, el verbo está en **voz pasiva**: *La lección **es estudiada** por los alumnos.*

El modo indica las distintas maneras generales de expresar la significación del verbo. En español o castellano **los modos** son cinco: **infinitivo, indicativo, potencial, subjuntivo** e **imperativo,** aunque actualmente los gramáticos los reducen a cuatro, ya que consideran que el **potencial,** llamado **condicional,** es un tiempo del modo indicativo.

1. El modo infinitivo indica la significación del verbo sin expresar tiempo, número ni persona, y comprende las llamadas *formas no personales* o *nombres verbales,* que son el *infinitivo* propiamente dicho *(tomar, beber, decir),* el *gerundio (tomando, bebiendo, diciendo)* y el *participio (tomado, bebido, dicho).*

2. El modo indicativo expresa la acción del verbo de forma real: *Juan toma el autobús; María leyó la novela; Luis y Antonio irán al cine.*
3. El modo potencial presenta la acción del verbo como posible dependiendo, casi siempre, de una condición: *Si estudiaras más, aprobarías el curso.*
4. El modo subjuntivo expresa una acción subordinada a otro verbo que indica suposición, deseo, temor, etc.: *Quieren que vayamos a su casa; Luis teme que llueva hoy.*
5. El modo imperativo expresa un deseo, una orden, una petición, un ruego o un consejo: *Venid cuando queráis; Ana, estudia.*

El **tiempo** indica cuándo se realiza la acción verbal y puede ser: *presente,* cuando se realiza en el momento *(José come pan); pasado* o *pretérito,* cuando ya se ha realizado *(Julio comió pan),* o *futuro,* cuando se va a realizar *(Juan comerá pan).*

Desde el punto de vista de su estructura, **los tiempos verbales** pueden ser *simples,* formados por una sola palabra *(canta, bebían, subirán),* y *compuestos,* formados por dos o más palabras *(ha cantado, había bebido, han sido subidos).*

Cada **modo verbal** contiene uno o varios **tiempos:**

1. Infinitivo	infinitivo	simple	*cantar*
		compuesto	*haber cantado*
	gerundio	simple	*cantando*
		compuesto	*habiendo cantado*
	participio	simple	*cantado*

2. Indicativo	tiempos simples	presente	*canto*
		pretérito imperfecto	*cantaba*
		pretérito perfecto simple	*canté*
		futuro	*cantaré*
		condicional	*cantaría*
	tiempos compuestos	pretérito perfecto compuesto	*he cantado*
		pretérito pluscuamperfecto	*había cantado*
		pretérito anterior	*hube cantado*
		futuro perfecto	*habré cantado*
		condicional perfecto	*habría cantado*

9

	tiempos simples	presente — *cante*
		pretérito imperfecto — *cantara o cantase*
3. Subjuntivo		futuro — *cantare*
	tiempos compuestos	pretérito perfecto — *haya cantado*
		pretérito pluscuamperfecto — *hubiera o hubiese cantado*
		futuro perfecto — *hubiere cantado*

4. Imperativo   { presente   *canta, cantad*

El número y la persona: Cada uno de los tiempos verbales anteriores puede tener varias formas:
1. En el **infinitivo** son formas únicas en todos los casos.
2. En el **indicativo** y el **subjuntivo** hay seis formas distintas para cada tiempo, simple o compuesto, que corresponden a las tres **personas gramaticales** del **número singular** *(yo, tú, él o ella)* y a las tres del **número plural** *(nosotros o nosotras, vosotros o vosotras, ellos o ellas).*
Estas tres **personas,** del **singular** o del **plural,** indican quien o quienes realizan la acción del verbo:
La **primera persona** *(yo, nosotros o nosotras)* se refieren a quien o a quienes hablan: **Yo** *hablo poco.* **Nosotros** *salimos de casa.* **Nosotras** *viajamos mucho.*
La **segunda persona** *(tú, vosotros o vosotras)* se refieren a quien o a quienes escuchan: **Tú** *hablas poco.* **Vosotros** *salís de casa.* **Vosotras** *viajáis mucho.*
La **tercera persona** *(él o ella, ellos o ellas)* indica de quien o de quienes se habla: **Él** *habla poco.* **Ellos** *salen de casa.*
3. En el **imperativo** sólo hay cinco formas en su único tiempo, el presente, ya que carece de la **primera persona de singular:** *habla* **tú,** *hable* **él** o **ella,** *hablemos* **nosotros** o **nosotras,** *hablad* **vosotros** o **vosotras,** *hablen* **ellos** o **ellas.**

El aspecto indica cómo se desarrolla internamente la acción, expresando si tiene un carácter **instantáneo** *(morir),* **reiterativo** *(clavar),* **durativo** *(leer),* etc., y si está acabada, **aspecto perfecto** *(estudió la lección),* o inacabada, **aspecto imperfecto** *(estudiaba la lección).*
Todos los tiempos compuestos y el pretérito perfecto simple tienen **aspecto perfectivo,** mientras que todos los demás tiempos simples tienen **aspecto imperfectivo.**
Por otra parte, es necesario señalar que muchos aspectos pueden expresarse mediante **perífrasis verbales.**

Empleo de los tiempos verbales

Los tiempos indican el momento en que se realiza la acción *(presente),* se ha realizado *(pasado* o *pretérito)* o si se va a realizar *(futuro).* Estos tres tiempos son **absolutos,** cuando la acción se expresa en uno de los momentos citados *(Estudio la lección. **Estudié** la lección. **Estudiaré** la lección)* o **relativos,** cuando se tiene en cuenta la relación de un hecho con otro que no aparece en el discurso *(El lunes **iba** a Madrid. **Queria** pedirle un favor a usted).*

Teniendo en cuenta que los **presentes, pasados** o **pretéritos** y **futuros gramaticales** no expresan siempre el mismo **tiempo cronológico,** respectivamente, y que, incluso, hay formas verbales que no se refieren a un **tiempo cronológico** determinado, sino que la acción sucede o no habitualmente *(El autobús **pasa** por mi calle),* a continuación, se indican los usos más corrientes de los tiempos verbales y los diferentes matices que éstos introducen en la oración.

Tiempos del modo indicativo

Presente: El **presente de indicativo** es un tiempo **absoluto** que expresa una acción actual *(presente)* que no está acabada *(aspecto imperfectivo):* *Antonio **canta**.* No obstante, se emplea poco así y es sustituído por la perífrasis **estar** + **gerundio:** *Antonio **está cantando**.*

Otros empleos del **presente de indicativo** son:

1. El **presente habitual,** que se emplea para expresar acciones que pueden producirse o no en el momento actual, pero que se han producido antes y se van a producir después: *José **estudia** Medicina.*

2. El **presente histórico,** que se emplea para expresar acciones pasadas, que deberían expresarse en tiempo pasado o pretérito, pero que no pueden confundirse en cuanto al tiempo en que se realizaron y que así se presentan con mayor viveza: *Colón **descubre** América en 1492. María no quería verla y, apenas **sale** a la calle, se la **encuentra**.*

3. El **presente futuro,** que se emplea para expresar acciones que se tiene la seguridad o la intención de realizar: *El jueves **voy** a Toledo.*

4. El **presente de mandato** o **performativo,** que se emplea para mandar, incluso con más viveza que utilizando el imperativo: *Ahora mismo **tomas** el autobús y **vas** a su casa.*

5. El **presente intemporal,** que se emplea para enunciar verdades no sujetas a un tiempo determinado: *El ángulo recto **mide** noventa grados.*

Pretérito imperfecto: El **pretérito imperfecto de indicativo** es un tiempo **relativo** que expresa una acción pasada *(pretérito)* sin tener en cuenta su principio y su fin *(aspecto imperfectivo): El perro **ladraba** mucho por las noches.*

El **pretérito imperfecto de indicativo**, por su gran amplitud temporal, se utiliza mucho en las narraciones: *Cuando amanecía, volvían a casa.* En este caso, las dos acciones corren paralelas.

A veces, las dos acciones no transcurren paralelas: *Cuando llegaste, estaba ahí.* Entonces, la acción expresada por el pretérito imperfecto es interferida por la otra acción.

El **pretérito imperfecto de indicativo** se utiliza a veces para expresar acciones presentes, principalmente cuando queremos pedir algo cortésmente: *Quería pedirte un favor. ¿Podía dejarme su libro?*

Pretérito perfecto simple: El **pretérito perfecto simple**, llamado también **pretérito indefinido** es un tiempo **absoluto** que expresa una acción pasada *(pretérito)* y terminada *(aspecto perfectivo)* en un tiempo que el hablante considera acabado: *El domingo pasado vimos a Pedro.*

Pretérito perfecto compuesto: El **pretérito perfecto compuesto de indicativo** es un tiempo **absoluto** que expresa una acción pasada *(pretérito)* y terminada *(aspecto perfectivo)* en un tiempo que el hablante no considera acabado todavía: *Hoy han terminado las clases.*

La diferencia fundamental que existe entre el empleo de los **pretéritos perfectos, simple** y **compuesto**, está en si el hablante considera, respectivamente, que el tiempo en que se realiza la acción ha terminado o no. A pesar de esta clara diferencia, en algunas regiones se emplean indistintamente ambos pretéritos en el lenguaje coloquial.

Pretérito pluscuamperfecto: El **pretérito pluscuamperfecto de indicativo** es un tiempo **relativo** que expresa una acción pasada y que es anterior a otra acción pasada también *(pretérito)* que ya han terminado *(aspecto perfectivo)*: *Cuando fuimos ya se habían ido.* La acción pasada *ya se habían ido* es anterior a la acción pasada también *cuando fuimos.*

Pretérito anterior: El **pretérito anterior** es un tiempo **relativo** que expresa una acción pasada *(pretérito)* y terminada *(aspecto perfectivo)* que es anterior a otra acción pasada y terminada también: *Apenas hubo terminado se marchó.*

El **pretérito anterior** se diferencia del **pretérito pluscuamperfecto de indicativo** en la proximidad de las acciones: el primero informa de que la acción es inmediatamente anterior a otra, mientras que el segundo no da esa información.

El **pretérito anterior** va siempre precedido por un adverbio de tiempo *(apenas, cuando, apenas...)*, se utiliza muy poco y se sustituye por el **pretérito perfecto simple** o **indefinido** o por el **pretérito pluscuamperfecto de indicativo**: *Apenas terminó se marchó. Apenas había terminado se marchó.*

Futuro: El **futuro de indicativo** es un tiempo **absoluto** que expresa una acción venidera *(futuro)* y no acabada *(aspecto imperfectivo): Mañana iremos temprano.*

El **futuro de indicativo** se emplea poco en lengua hablada, sustituyéndose por perífrasis: *Mañana vamos a ir temprano.* Sin embargo, se emplea con otros usos:

1. El **futuro de obligación,** que se emplea en sustitución del imperativo para expresar un deber: *Amarás a tus padres.*

2. El **futuro de exigencia,** que se emplea en sustitución del imperativo para dar una orden: *Usted hará lo que le digo.*

3. El **futuro de cortesía,** que se emplea en sustitución del imperativo para expresar un ruego: *¿Me dejará el libro, por favor?*

4. El **futuro de probabilidad,** que se emplea para expresar una opinión de la que no se tiene completa seguridad: *Creo que vendrá.*

Futuro perfecto: El **futuro perfecto de indicativo** es un tiempo **relativo** que expresa una acción venidera *(futuro)* y acabada *(aspecto perfectivo)* que es anterior a otra acción también futura: *Cuando vengas ya habré terminado.*

También se emplea el **futuro perfecto de probabilidad** para expresar una opinión aproximada de un hecho pasado: *Habrá venido tarde.*

Condicional: El **condicional simple** es un tiempo **relativo** que expresa una acción venidera *(futuro)* y no acabada *(aspecto imperfectivo)* en relación con el pasado. Se trata, pues, de un futuro del pasado, llamado también **futuro hipotético:** *El hombre del tiempo dijo que llovería hoy.*

El **condicional simple** se emplea también con otros usos:

1. El **condicional de cortesía,** que se emplea para expresar un ruego, una invitación, etc.: *¿Querría acompañarme?*

2. El **condicional de consejo,** que se emplea para aconsejar algo: *Deberías estudiar más.*

3. El **condicional de probabilidad,** que se emplea para expresar una opinión aproximada de un hecho pasado: *Valdría un millón por lo menos.*

Condicional perfecto: El **condicional perfecto** es un tiempo **relativo** que expresa una acción venidera *(futuro)* y acabada *(aspecto perfectivo)* en relación con otra acción pasada que se considera punto de partida: *Me dijeron que cuando vinieses ya habrían terminado.*

El **condicional perfecto** se emplea también como:

1. Condicional de cortesía, para expresar un ruego, un deseo, etc.: *¿Habría venido usted?*

2. Condicional de probabilidad, para expresar una opinión aproximada de un hecho pasado: *Habría valido un millón por lo menos.*

Los **condicionales, simple** y **perfecto,** se utilizan en la proposición principal de las oraciones compuestas subordinadas condicionales: *Si estudiaras más, aprobarías. Si hubieras estudiado más, habrías aprobado.*

Tiempos del modo subjuntivo

Las formas verbales del **subjuntivo**, por su carácter de irrealidad, expresan el **tiempo** (generalmente, determinado por el contexto) con menor precisión que las formas del **indicativo**. Por otra parte, los **tiempos del subjuntivo** sólo son seis (frente a los diez del **indicativo**), habiendo quedado reducidos en la práctica a cuatro, ya que los dos futuros apenas se usan actualmente.

Presente: El **presente de subjuntivo** es un tiempo **relativo** que expresa una acción no acabada *(aspecto imperfectivo)*:
1. En el momento actual *(presente): No creo que* ***venga*** *ahora.*
2. En un tiempo venidero *(futuro): Es posible que* ***venga*** *mañana.*
El **presente de subjuntivo**, por su capacidad para expresar acción futura, se usa frecuentemente para construir oraciones:
— **dubitativas:** *Acaso* ***vaya*** *hoy.*
— **desiderativas:** *¡Ojalá* ***vaya*** *hoy!*
— **exhortativas:** ***Vaya*** *usted tranquilo.*
— **imperativas:** ***Vaya*** *usted temprano.*

Pretérito imperfecto: El **pretérito imperfecto de subjuntivo** es un tiempo **relativo** que expresa una acción no acabada *(aspecto imperfectivo)*:
1. En el momento actual *(presente): Si* ***tuviera*** *dinero, compraría la casa ahora. Si* ***tuviese*** *dinero, habría comprado la casa ahora.*
2. En un tiempo pasado *(pretérito): Me dijeron que* ***callase***.
3. En un tiempo venidero *(futuro): Decían que* ***volviera*** *mañana.*
Generalmente, su empleo depende de otra forma verbal de los tiempos pretérito perfecto simple *(Me* ***dijeron*** *que callase)*, del pretérito imperfecto de indicativo (***Decían*** *que volviera mañana)* o del condicional, simple o compuesto *(Si tuviera dinero,* ***compraría*** *la casa ahora mismo. Si tuviese dinero,* ***habría comprado*** *la casa ahora).*
El **pretérito imperfecto de subjuntivo** también se emplea para construir oraciones:
— **dubitativas:** *Acaso* ***fuese*** *hoy.*
— **desiderativas:** *¡Ojalá* ***fuera*** *hoy!*
En ambos casos, expresa reforzados los mismos matices que el presente de subjuntivo.

Futuro: El **futuro de subjuntivo** es un tiempo **relativo** que expresa una acción no acabada *(aspecto imperfectivo)*:
1. En el momento actual *(presente): Si alguien* ***dudare*** *de mí, que lo diga ahora mismo.*
2. En un tiempo venidero *(futuro): En caso de que* ***estuvieres*** *aquí la semana próxima, avísame.*
Actualmente está en desuso, sustituyéndose por los presentes de indicativo *(Si alguien* ***duda*** *de mí, que lo diga ahora mismo)* o de subjuntivo *(En*

*caso de que **estés** aquí la semana próxima, avísame).* El pretérito imperfecto y el futuro del subjuntivo son tiempos derivados directamente de la 3.ª persona del plural del pretérito perfecto simple de indicativo al suprimirse la desinencia **-ron** y añadiéndole las desinencias:

Pretérito imperfecto de subjuntivo:

1.ª forma: **-ra, -ras, -ra**
           -ramos, -rais, -ran

2.ª forma: **-se, -ses, -se**
           -semos, -seis, -sen

Futuro de subjuntivo:

1.ª forma: **-re, -res, -re**
           -remos, -reis, -ren

    Pretérito perfecto: El **pretérito perfecto de subjuntivo** es un tiempo relativo que expresa una acción acabada *(aspecto perfectivo):*
1. En un tiempo pasado *(pretérito): Espero que no **haya llegado** todavía.*
2. En un tiempo venidero *(futuro): Saldré cuando **haya terminado**.*
    Como puede apreciarse en los ejemplos anteriores, su empleo suele depender de otra forma verbal en presente o en futuro de indicativo.

    Pretérito pluscuamperfecto: El **pretérito pluscuamperfecto de subjuntivo** es un tiempo **relativo** que expresa una acción acabada *(aspecto perfectivo)* realizada en un tiempo también acabado *(pretérito): Si **hubieras venido**, te habrías divertido. No sabía que **hubieras venido** ayer.*

    Futuro perfecto: El **futuro perfecto de subjuntivo** es un tiempo **relativo** que expresa una acción acabada *(aspecto perfectivo):*
1. En un tiempo pasado *(pretérito): Si **hubiere hablado** antes, no tendría problemas ahora.*
2. En un tiempo venidero *(futuro): Si no **hubiere hablado** a las siete, no esperéis más.*
    Como el futuro imperfecto de subjuntivo, este tiempo verbal está actualmente en desuso, sustituyéndose por los pretéritos perfecto de indicativo *(Si no **ha hablado** antes de las siete, no esperéis más)* o pluscuamperfecto de subjuntivo *(Si **hubiese hablado** antes, no tendría problemas ahora).*

El modo imperativo

Presente: El **presente** es el único tiempo del modo imperativo. Es un tiempo **absoluto** que expresa una orden o un ruego que indica una acción terminada *(aspecto perfectivo)* en un tiempo venidero *(futuro):* ¡**Ven** aquí! *Sentaos junto a mí.*

El **presente de imperativo** se caracteriza por no poseer propiamente más que dos formas, correspondientes a la segunda persona de singular *(canta tú)* y de plural *(cantad vosotros)*, ya que sólo es posible dar **órdenes** o formular **ruegos directos** a quien nos oye.

Como nadie puede dirigirse a sí mismo en ninguno de los dos sentidos anteriores, el **presente de imperativo** carece de primera persona de singular. Sin embargo, sí es posible dar **órdenes** y formular **ruegos indirectos** que nos afecten a nosotros mismos (primera persona de plural), a vosotros (segunda persona de plural) y a él o a ellos (terceras personas de singular y plural). En estos casos, las formas empleadas no son propias del **presente de imperativo**, sino del **presente de subjuntivo** *(cante él, cantemos nosotros, canten ellos)*.

Cabe señalar qué en el uso del **imperativo** suelen cometerse dos errores:
1. Utilizar la forma de **infinitivo** *(cantar vosotros)* por la segunda persona de plural del **imperativo** *(cantad vosotros)*.
2. Utilizar la forma de **infinitivo** unida al pronombre **os** *(callaros vosotros)* por la segunda persona del plural del **imperativo**, en la que se suprime la **d** final, unida al pronombre **os** *(callaos vosotros)*.

Sin embargo, las expresiones formadas por la preposición **a** más el **infinitivo** *(¡A cantar!, ¡A comer!, ¡A vivir!, etc.)* son correctas.

El modo infinitivo

El **infinitivo**, el **gerundio** y el **participio**, llamadas **formas no personales** del verbo, no expresan tiempo, sino aspecto y, por su doble valor, se sitúan entre el sintagma nominal y el verbal.

El infinitivo: El **infinitivo** expresa acción y va siempre formando parte de una oración que lleva un verbo en forma personal. En esa oración, el **infinitivo** funciona como **nombre:**
1. Sujeto, que puede llevar o no artículo: ***Querer** es poder. **El comer** y **el rascar** es hasta empezar.*
2. Atributo en una oración copulativa: *Querer es **poder**.*
3. Complemento directo: *Quiere **estudiar**.*
4. Complemento indirecto: *Vine para **cantar**.*
5. Complemento nominal o **verbal** de cualquier clase: *Va a **cantar**. No quiere acostarse sin **cenar**. Hablan de **venir**.*

El gerundio: El gerundio funciona como **adverbio,** que puede ser o no **complemento circunstancial** de un verbo, y, por tanto, no admite ningún tipo de determinantes aunque sí complementos verbales. El **gerundio** expresa acción simultánea *(Paseaba **hablando)** o duración (Estoy **leyendo** el periódico).*

El **gerundio** se emplea:

1. En **perífrasis:** *Estaba **cantando**. Seguí **subiendo**...*
2. Desempeñando una **función adjetiva:** *Los alumnos, que estaban **leyendo**, no le vieron. Vimos al niño **llorando**.*
3. Con valor **causal:** ***Sabiendo** que era Juan, le abrí la puerta.*
4. Con valor **condicional:** ***Estando** de acuerdo, iremos todos.*
5. Con valor **concesivo:** *Aunque esté **lloviendo**, saldremos.*
6. Con valor **copulativo:** *Madrid es la capital de España, **siendo** la primera ciudad por el número de sus habitantes.*

El participio: El participio funciona como un **adjetivo** y puede variar en género y número, siempre que no intervenga en la formación de un tiempo compuesto, en cuyo caso es invariable.

El **participio** se emplea:

1. Para formar con el auxiliar **haber** los **tiempos compuestos:** *Hemos **venido** a verte. Había **comido** mucho. Habrán **tenido** sueño...*
2. Para formar la **voz pasiva** con el auxiliar **ser:** *El ladrón fue **detenido** por la policía. Los alumnos han sido **suspendidos.***
3. En **perífrasis:** *El presidente sigue **enfadado**.*
4. Como **sujeto independiente** en proposiciones subordinadas absolutas : ***Terminada** la película, salimos a la calle.*
5. Como **adjetivo verbal:** *Los niños están **cansados*** (atributo). *Comimos carne **asada*** (complemento de un nombre).

La conjugación

Se llama **conjugación** o **flexión** del verbo al conjunto de todas las formas que éste puede tomar al variar sus accidentes gramaticales. **Conjugar** un verbo es, por tanto, enunciar ordenadamente todas sus formas.

Las **desinencias** o **terminaciones** de las formas verbales varían de acuerdo con la **desinencia** o **terminación del infinitivo** de cada verbo, que puede ser **-ar, -er** o **-ir.** De aquí que todos los verbos españoles pertenezcan a los siguientes **tipos de conjugación:**

Primera conjugación: Verbos cuyo infinitivo termina en *-ar: cantar, tomar, andar...*

Segunda conjugación: Verbos cuyo infinitivo termina en *-er: comer, beber, saber...*

Tercera conjugación: Verbos cuyo infinitivo termina en *-ir: partir, vivir, subir...*

Clases de verbos según su conjugación

Según su conjugación, los verbos pueden ser **auxiliares, regulares, irregulares, defectivos** e **impersonales.**

Verbos auxiliares son los que sirven para formar tiempos de otros verbos. Los verbos auxiliares más importantes son *haber* y *ser.*

El verbo *haber* sirve para formar los tiempos compuestos de todos los verbos.

El verbo *ser* sirve para formar los tiempos de la voz pasiva.

Se consideran auxiliares los verbos que, al iniciar una perífrasis, pierden su significado propio: *Vamos a trabajar. Tengo que subir. Estamos escribiendo...*

Verbos regulares son los que toman las desinencias comunes a los verbos de su conjugación y **no varían su raíz.**

Generalmente, se toman como modelos de verbos regulares *amar* o *cortar,* para la primera conjugación; *temer* o *deber,* para la segunda conjugación, y *partir* o *vivir,* para la tercera conjugación. Los demás verbos regulares se conjugan como éstos.

Verbos irregulares son los que, al ser conjugados, **varían su raíz** en alguna forma verbal; toman **terminaciones especiales,** o hacen ambas cosas a la vez, apartándose de la conjugación de los verbos modelos.

Así, varían su raíz: *jugar (juego), soñar (sueño), poder (pude, ... puedo)...;* toman terminaciones especiales: *andar (anduve,* no *andé), tener (tuve,* no *teni); decir (dije,* no *decí)...;* varían la raíz y la terminación: *hacer (hice,* no **haci**); venir (**vine**, no **veni**)...

Generalmente, los verbos irregulares no lo son en todos sus tiempos, sino que las irregularidades se dan por grupos de tiempos o temas, que son tres:

I. Al **tema de presente** pertenecen los presentes de indicativo, de subjuntivo y de imperativo.

II. Al **tema de pretérito** pertenecen el pretérito perfecto simple de indicativo, el pretérito imperfecto, el futuro de subjuntivo y, a veces, el gerundio.

III. Al **tema de futuro** pertenecen el futuro de indicativo y el condicional simple.

Por tanto, para saber si un verbo es irregular basta con ver si son irregulares el presente, el pretérito perfecto simple y el futuro de indicativo.

I. Irregularidades del tema de presente:

A. Diptongación de la vocal radical acentuada:

A.1. Cambian E por IE:

calentar	yo caliento	yo caliente	calienta tú
perder	yo pierdo	yo pierda	pierde tú
discernir	yo discierno	yo discierna	discierne tú

A.2. Cambian I por IE:

adquirir	yo adquiero	yo adquiera	adquiere tú
inquirir	yo inquiero	yo inquiera	inquiere tú

A.3. Cambian O por UE:

contar	yo cuento	yo cuente	cuenta tú
volver	yo vuelvo	yo vuelva	vuelve tú

A.4. Cambia U por UE:

jugar	yo juego	yo juegue	juega tú

A.5. Cambian E por IE / I:

sentir	yo siento	yo sienta	siente tú	sintiendo
mentir	yo miento	yo mienta	miente tú	mintiendo

A.6. Cambian O por UE / U:

morir	yo muero	yo muera	muere tú	muriendo
dormir	yo duermo	yo duerma	duerme tú	durmiendo

B. Debilitación de la vocal radical acentuada:

B.1. Cambian E por I:

pedir	yo pido	yo pida	pide tú	pidiendo
vestir	yo visto	yo vista	viste tú	vistiendo

B.2. Cambia O por U:

podrir	yo pudro	yo pudra	pudre tú	pudriendo

C. Aumento de consonantes:

C.1. Cambian C por ZC:

conocer	yo conozco	yo conozca	conozca él
nacer	yo nazco	yo nazca	nazca él

C.2. Cambian N por NG:

poner	yo pongo	yo ponga	ponga él
tener	yo tengo	yo tenga	tenga él

C.3. Cambian L por LG:

salir	yo salgo	yo salga	salga él
valer	yo valgo	yo valga	valga él

C.4. Cambia S por SG:

asir	yo asgo	yo asga	asga él

C.5. Cambian U por UY:

huir	yo huyo	yo huya	huye tú
concluir	yo concluyo	yo concluya	concluye tú

C.6. Añaden IG:

caer	*yo caigo*	*yo caiga*	*caigan ellos*
oír	*yo oigo*	*yo oiga*	*oigan ellos*

D. Otras irregularidades:

D.1. El verbo *haber* cambia B por Y en el presente de subjuntivo:

yo haya

D.2. Cambian C por G:

hacer	*yo hago*	*yo haga*	*hagamos nosotros*
satisfacer	*yo satisfago*	*yo satisfaga*	*satisfagamos nosotros*

D.3. Cambian AB por EP:

caber	*yo quepo*	*yo quepa*	*quepamos nosotros*
saber		*yo sepa*	*sepamos nosotros*

D.4. Cambian EC por IG:

decir	*yo digo*	*yo diga*	*digamos nosotros*
maldecir	*yo maldigo*	*yo maldiga*	*maldigamos nosotros*

II. Irregularidades del tema de pretérito:

A. Debilitación de la vocal radical:

A.1. Cambio de E por I:

gemir	*él gimió*	*él gimiera / gimiese*	*él gimiere*	*gimiendo*
servir	*él sirvió*	*él sirviera / sirviese*	*él sirviere*	*sirviendo*

A.2. Cambio de O por U:

dormir	*él durmió*	*él durmiera / durmiese*	*él durmiere*	*durmiendo*
morir	*él murió*	*él muriera / muriese*	*él muriere*	*muriendo*

B. Pretéritos fuertes
(graves en su acentuación, en lugar de ser agudos)

andar	*yo anduve*	*él anduvo*
caber	*yo cupe*	*él cupo*
conducir	*yo conduje*	*él condujo*
dar	*yo di*	*él dio*
decir	*yo dije*	*él dijo*
estar	*yo estuve*	*él estuvo*
haber	*yo hube*	*él hubo*
hacer	*yo hice*	*él hizo*
placer [1]	—	*plugo*
poder	*yo pude*	*él pudo*
poner	*yo puse*	*él puso*
querer	*yo quise*	*él quiso*

(1) Las formas con **g** del verbo **placer** no se emplean hoy en la lengua hablada. Sólo tienen estado literario, a pesar de su carácter arcaico.

responder [2]	yo repuse	él repuso
saber	yo supe	él supo
ser / ir	yo fui	él fue
tener	yo tuve	él tuvo
traer	yo traje	él trajo
venir	yo vine	él vino
ver	yo vi	él vio

III. Irregularidades del tema de futuro y condicional:

A. Pérdida de vocal interior protónica:

haber	yo habré	yo habría
caber	yo cabré	yo cabría
saber	yo sabré	yo sabría
querer	yo querré	yo querría
poder	yo podré	yo podría

B. Pérdida de vocal y consonante:

hacer	yo haré	yo haría
decir	yo diré	yo diría

C. Pérdida de vocal y aumento de consonante:

poner	yo pondré	yo pondría
tener	yo tendré	yo tendría
valer	yo valdré	yo valdría
salir	yo saldré	yo saldría
venir	yo vendré	yo vendría

(2) El verbo **responder**, además de su pretérito perfecto simple **respondí**, conserva su pretérito fuerte originario **repuse, repusiste**... que coincide hoy con el pretérito fuerte del verbo **reponer**.

Modificaciones ortográficas

A. Verbos con modificaciones ortográficas para conservar la pronunciación:

A.1. Verbos de la primera conjugación:

    1.1. Los verbos terminados en CAR cambian la C por QU delante de E:

buscar	*busqué*	*busquemos*

    1.2. Los verbos terminados en GAR toman GU delante de E:

jugar	*jugué*	*juguemos*

    1.3. Los verbos terminados en GUAR toman GÜ delante de E:

averiguar	*averigüé*	*averigüemos*

    1.4. Los verbos terminados en ZAR cambian la Z por C delante de E:

cruzar	*crucé*	*crucemos*

A.2. Verbos de la segunda y la tercera conjugaciones:

    2.1. Los verbos terminados en CER y CIR cambian la C por Z delante de A y de O:

vencer	*venzo*	*venza*
esparcir	*esparzo*	*esparza*

    2.2. Los verbos terminados en GER y GIR cambian la G por J delante de A y de O:

encoger	*encojo*	*encoja*
dirigir	*dirijo*	*dirija*

    2.3. Los verbos terminados en GUIR suprimen la U delante de A y de O:

conseguir	*consigo*	*consiga*

    2.4. Los verbos terminados en QUIR cambian QU por C delante de A y de O:

delinquir	*delinco*	*delinca*

B. Verbos con modificaciones según las reglas ortográficas:

B.1. La i átona desaparece cuando está situada entre una l o las consonantes CH, LL y Ñ y una vocal:

reír	*riendo*	*rió*	*riera / riese*	*riere*
bullir	*bullendo*	*bulló*	*bullera / bullese*	*bullere*
bruñir	*bruñendo*	*bruñó*	*bruñera / bruñese*	*bruñere*

B.2. La i átona entre dos vocales se escribe Y:

caer	*cayendo*	*cayó*	*cayera / cayese*	*cayere*
oír	*oyendo*	*oyó*	*oyera / oyese*	*oyere*
huir	*huyendo*	*huyó*	*huyera / uyese*	*huyere*

C. Alteraciones del acento ortográfico de los verbos terminados en IAR y UAR:

Generalmente se acentúan ortográficamente la I y la U de la raíz cuando estas vocales son tónicas:

> *confío, confías, confía, confían*
> *confíe, confíes, confíe, confíen*
> *continúo, continúas, continúa, continúan*
> *continúe, continúes, continúen*

Algunos verbos terminados en IAR y todos los que terminan en CUAR y GUAR conservan el diptongo en todas las personas y no se acentúan nunca:

> *acaricio, acaricias, acaricia, acarician*
> *apaciguo, apaciguas, apacigua, apaciguan*

Tipo de verbos

Verbo copulativo es el que **une el sujeto con el atributo** en una oración, que puede ser un **sintagma nominal** *(José es médico)*, un **sintagma adjetivo** *(La fruta está verde)* o un **sintagma preposicional** *(María es de Valencia)*.

Los verbos copulativos son *ser y estar,* pero pueden funcionar como tales muchos verbos intransitivos: andar *(Juan anda despistado),* dormir *(El enfermo duerme tranquilo),* llegar *(Ana llegó cansada),* seguir *(Luis sigue enfermo),* etc., que se construyen con un **sintagma adjetivo**.

Verbo predicativo es el que desempeña la función de **núcleo del predicado** en una oración e indica estado *(La mujer vivía aún),* acción *(El perro ladra)* o pasión *(El herido fue llevado al hospital).* Estos verbos se dividen en dos grupos: intransitivos y transitivos.

Verbo intransitivo es aquél cuya acción, completa sin necesidad de complemento u objeto directo, no pasa del sujeto a otra persona, animal o cosa: *Sus amigos viven en aquella casa. Cervantes nació en Alcalá de Henares. Esta noche ha nevado.*

Verbo transitivo es aquél cuya acción, realizada por el sujeto, recae sobre una persona, animal o cosa que en la oración desempeña la función de **complemento u objeto directo**: *Ayer vimos A TU HERMANO. Juan tiene UN CABALLO. Luisa escribió UNA CARTA.* Para determinar si un verbo es transitivo, hay que preguntarse **qué cosa** o **cual** es el objeto de la acción.

Muchos verbos transitivos pueden funcionar como intransitivos: *Juan habla. El perro ladra. María escribe.* En los verbos transitivos se incluyen los verbos nominales y pronominales, y éstos se dividen a su vez en verbos reflexivos y recíprocos.

Verbo nominal es el verbo transitivo cuyo complemento u objeto directo es un **nombre**: *Antonio ganó LA CARRERA. José felicitó A PILAR. El caballo bebe AGUA.*

Verbo pronominal es el verbo transitivo cuyo complemento u objeto directo es un **pronombre**: *Juan SE lava. Lucía y yo NOS encontramos en la calle.*

Verbo reflexivo es el verbo pronominal cuya acción se refleja o recae sobre el sujeto que la realiza: *Antonio SE lava. Julio y yo NOS levantamos temprano.* El objeto se expresa mediante un pronombre personal *(ME, TE, SE, NOS, OS, SE).*

Verbo recíproco es el verbo pronominal que tiene por sujeto a dos o más personas, animales o cosas que, al mismo tiempo que realizan la acción unos sobre otros, la reciben de los demás: *Los dos amigos SE ayudaron. Mónica y yo NOS tuteamos.*

La voz pasiva

El verbo está en **voz pasiva** cuando el sujeto **recibe la acción** *(sujeto paciente)* en vez de realizarla *(sujeto agente)*, como sucede cuando está en **voz activa**. En las oraciones *El Quijote **fue escrito** POR CERVANTES; Marta **es estimada** DE TODOS,* podemos observar que:

— **los sujetos** *(El Quijote y Marta)* reciben la acción de los verbos correspondientes *(escribir y estimar)*. Son **sujetos pacientes**:

— **quienes** realizan las acciones *(Cervantes y todos)* son los **complementos agentes** y van acompañados de las preposiciones **por** y **de**, respectivamente;

— las **formas verbales** empleadas (fue escrito y es estimada) están compuestas por la correspondiente forma del verbo *ser (fue y es)* y el participio del verbo que indica la acción *(escrito y estimada)*.

Las oraciones que, como las anteriores *(El Quijote fue escrito por Cervantes. Marta es estimada de todos)* constan de **sujeto paciente, verbo en voz pasiva** y **complemento agente**, reciben el nombre de **oraciones primeras de pasiva** y pueden transformarse en **oraciones activas** *(Cervantes **escribió** el Quijote. Todos **estiman** a Marta)* convirtiendo el sujeto paciente en complemento u objeto directo; transformando el complemento agente en sujeto agente, y poniendo el verbo en voz activa.

Las oraciones que, como *Luis **es estimado**; el puente **ha sido construido**,* constan de *sujeto paciente (Luis y puente)* y **verbo en voz pasiva**, pero no tienen complemento agente, son **oraciones segundas de pasiva** y pueden transformarse en **activas** *(Estiman a Luis; **han construido** el puente)* o en **pasivas impersonales** *(Se estima a Luis; se ha construido el puente).*

Oraciones de pasiva refleja

Las **oraciones de pasiva refleja** tienen su predicado en tercera persona, con *se,* y significación pasiva: *Se vende un piso (Un piso **es vendido**); Se arreglan zapatos (Zapatos **son arreglados**),* concordando en número el verbo y el sujeto paciente.

Perífrasis verbales

Se llaman **perífrasis verbales** a los grupos verbales que contienen un **verbo auxiliar,** que no es *haber* ni *ser,* y una forma verbal no personal: **infinitivo, gerundio** o **participio.**

Las perífrasis verbales se utilizan para expresar con mayor precisión tanto los **modos** como los **aspectos** verbales.

Perífrasis verbales con infinitivo:

Son **perífrasis modales** que expresan **obligación**:
haber de + *infinitivo: **Hemos de estudiar** la lección.*
haber que + *infinitivo: **Hay que aprovechar** el tiempo.*
tener que + *infinitivo: **Tengo que ir** a casa.*
deber + *infinitivo: **Debemos terminar** el trabajo.*

Son **perífrasis modales** que expresan **duda** o **probabilidad**:
deber de + *infinitivo: **Deben de ser** cuatro o cinco.*
venir a + infinitivo: ***Viene a durar** una semana.*

Son **perífrasis aspectuales** que indican acción a punto de empezar **(ingresivas)**:
ir a + *infinitivo: **Iba a escribir** una carta.*
pasar a + *infinitivo: Entendida su pregunta, **paso a contestarle.***
estar a punto de + *infinitivo: **Estaba a punto** de empezar la novela.*

Es una **perífrasis aspectual** que expresa **reiteración**:
volver a + *infinitivo: **Volvió a empezar** su tarea.*

Son **perífrases aspectuales** que indican acción en el momento de empezar **(incoativas)**:
echarse a + *infinitivo: **Se echó a llorar** amargamente.*
ponerse a + *infinitivo: **Se puso a cantar** una jota.*
liarse a + *infinitivo: **Se lió a dar** golpes.*
romper a + *infinitivo: **Rompió a reír** nerviosamente.*

Son **perífrasis aspectuales** que indican exageración **(hiperbólicas)**:
hartarse de + *infinitivo: **Se hartó de comer** fruta.*
hincharse de + *infinitivo: **Se hinchó de llorar** en el teatro.*
inflarse de + *infinitivo: **Se infló de** beber agua.*
darle (a uno) por + *infinitivo: **Le dio por gastar** dinero.*

Son **perífrasis aspectuales** que indican acción acabada como consecuencia de otra acción previa **(resultativas)**:
llegar a + *infinitivo: Agobiado por las deudas, **llegó a vender** todo.*
acabar de + *infinitivo: Cuando llegamos, **acabó de comer.***
dejar de + *infinitivo: Cuando se examinó, **dejó de estudiar.***
quedar en + *infinitivo: **Quedó en venir** el domingo.*

Perífrasis verbales con gerundio:

Son **perífrasis aspectuales** que indican **duración**:
seguir + *gerundio: **Siguió cantando** toda la tarde.*
estar + *gerundio: **Estaba hablando** con Juan.*
continuar + *gerundio: **Continuó escribiendo** la carta.*
ir + *gerundio: **Iban llorando** por la calle.*
andar + *gerundio: **Andaba buscando** un libro.*
llevar + *gerundio: **Llevaban esperando** dos horas.*
quedarse + *gerundio: **Se quedaron esperando** la respuesta.*

Es una **perífrasis aspectual incoativa**:
salir + *gerundio: **Salió corriendo** de la casa.*

Es una **perífrasis aspectual reiterativa**:
venir + *gerundio: **Viene gastando** más dinero desde hace unos meses.*

Son **perífrasis aspectuales resultativas**:
acabar + *gerundio: Por su mala cabeza, **acabó arruinando** el negocio.*
terminar + *gerundio: Con tantos trabajos **terminó ganando** una fortuna.*

Perífrasis verbales con participio:

Son **perífrasis aspectuales durativas**:
seguir + *participio: José **sigue sentado** allí.*
traer *(a uno)* + *participio: Los exámenes **me traen preocupado**.*
quedar + *participio: El asunto **quedó decidido** durante la reunión.*

Son **perífrasis aspectuales resultativas**:
quedar + *participio: El asunto **quedó decidido** al final de la reunión.*
dar por + *participio: **Dio por finalizado** el partido antes de tiempo.*

Son **perífrasis aspectuales que indican movimiento**:
ir + *participio: María **iba preocupada**.*
andar + *participio: María **andaba preocupada**.*

Usos de *ser* y *estar*

Los verbos copulativos *ser* y *estar* pueden funcionar también como verbos **predicativos** en oraciones como *El baile **fue** en la plaza; Los animales **estaban** en el establo*, en las que no realizan ninguna unión y pueden llevar un complemento circunstancial.

Utilizados como verbos copulativos, su empleo presenta ciertas dificultades, por lo que es necesario señalar sus usos para evitar errores.

Ser se utiliza:
— Para unir el sujeto con el atributo expresado por un sustantivo *(María es **una mujer**)*, un adjetivo *(María es **alta**)*, un infinitivo *(Querer es **poder**)*, un pronombre *(Este libro es **mío**)* o **de** + **sustantivo** *(La silla es **de madera**)*.
— Seguido de la preposición **de** + **nombre propio**, para indicar origen *(Pedro es **de Málaga**)* o pertenencia *(Esa casa es **de Juan**)*.
— Para expresar tiempo *(Son **las cinco**)* o cantidad *(Son **mil pesetas**; es **mucho**)*.

Estar se utiliza:
— Con un adverbio de lugar, para indicar localización: *(José está **allí**)*.
— Con un adverbio o locución adverbial de modo, para indicar estado transitorio: *(Ana está **bien**)*.
— Con un adjetivo, para indicar una cualidad transitoria: *(El mar está **azul**)*.
— Con la preposición **de**, para expresar una situación transitoria: *(Mis padres están **de viaje**)*.
— Con la preposición **en**, para indicar lugar: *(María está **en Madrid**)*.
— Con un participio, para expresar estado transitorio: *(El perro está **cansado**)*.
— Con el gerundio, para expresar una acción transitoria: *(Mis hermanos están **durmiendo**)*.

Expresiones que funcionan con *ser* y con *estar:*

José es vivo.   (José es **inteligente, rápido**).
José está vivo.   (José **vive**).
Luis es listo.   (Luis es **inteligente**).
Luis está listo.   (Luis está **preparado, dispuesto**).
Juan es bueno.   (Juan **se comporta bien, tiene buen carácter**).
Juan está bueno(Juan **tiene salud**).
Ana es mala.   (Ana **se comporta mal, tiene mal carácter**).
Ana está mala.   (Ana **está enferma**).

El tratamiento entre personas

La comunicación en sociedad, entre dos o más personas, es uno de los aspectos más importantes en la utilización del lenguaje articulado. En estos casos, los verbos deben someterse, en su conjugación, a lo que llamamos *tratamiento* y que resulta de la costumbre, de las particularidades nacionales o regionales, de la mayor o menor familiaridad entre las personas que participan en la conversación o, por el contrario, del respeto a que están sometidas sus relaciones.

Las tres formas de tratamiento más frecuentes son: *el tuteo, el voseo* (en ciertas áreas de Hispanoamérica) y *el tratamiento con usted.*

1. El tuteo

Cuando existe familiaridad o amistad entre dos o varias personas, el tratamiento habitual es el *tuteo*. Consiste en el uso del pronombre *tú (2ª persona del singular)* para dirigirse a una sola persona y del pronombre *vosotros -as (2ª persona del plural)* para dirigirse a varias personas. Por ejemplo: *tú hablas, vosotros cantáis.*

Al nominativo *tú* corresponden una única forma para el dativo y el acusativo y dos formas para el preposicional.
Dativo y acusativo: *te estoy mirando.*
Casos preposicionales: *bailaré contigo, estas flores son para ti, se han vuelto contra ti.*

El nominativo plural **vosotros -as** no cambia en el caso preposicional, pero sí en el dativo y en el acusativo, aunque con una única forma para los dos géneros.
Dativo y acusativo: *os estoy mirando (a vosotros o a vosotras).*
Casos preposicionales: *estoy con vosotros (masc. pl.), estas flores son para vosotras (fem. pl.), se han vuelto contra vosotros (masc. pl.)*

La familiaridad y la intimidad no son las únicas causas que imponen el uso del *tuteo*. El desarrollo de la vida urbana, la modernización de las costumbres y, más particularmente, las relaciones entre colegas o entre jóvenes han generalizado el uso de *tú* y el desuso del tratamiento con *usted* que es, como lo veremos, marca de distanciamiento o respeto.

Como ocurre en otras lenguas, el hispanoparlante también *tutea* a Dios, a los santos, a las divinidades en general y a su patria. En estos casos, el uso de *tú* es marca de amor y reverencia. Así, el poeta nicaragüense Rubén Darío saluda reverenciosamente a Leonardo de Vinci:

> «*Maestro, Pomona levanta su cesto.* *Tu*
> *estirpe saluda la Aurora, ¡Tu Aurora!...*»

Pero el *tú* puede ser utilizado también en frases de enojo o de enemistad. El mismo Darío advierte en su poema a Roosevelt:

> «*¡Es con voz de la Biblia, o verso de Walt Whitman,*
> *que habría que llegar a ti, Cazador!*»

Los contextos, el tono empleado, los signos de puntuación permiten reconocer el significado del *tuteo* en cada uno de estos casos.

2. El voseo

Un muy amplio sector del mundo hispanoparlante utiliza el *voseo,* tratamiento que consiste en el empleo de la forma *vos* para dirigirse a una sola persona. El *voseo* se practica sobre todo en el Río de la Plata (Argentina, Uruguay y parte de Paraguay) así como en otras regiones de América del Sur y en ciertos países del Caribe y de América Central.

El verbo conjugado con *vos* adopta en este tratamiento, formas particulares para el presente de indicativo que se obtiene eliminando el diptongo de la segunda persona del plural: *vos sos, vos cantás, vos tenés, vos podés.* El imperativo del *voseo* parece provenir de la elisión de la consonante final. Así tendremos: *salí, cantá, poné* en vez de *salid, cantad, poned.* En el imperativo negativo coexisten dos formas, según se acentúe o no la última sílaba: *no cantes* o *no cantés, no digas* o *no digás.* Sin embargo la forma aguda es utilizada únicamente en los medios más populares.

Por lo general, en otros tiempos y modos, el *voseo* utiliza las formas correspondientes a la segunda persona del singular. En el pretérito perfecto simple de indicativo coexisten dos formas según se agregue o no una *s* final: *cantaste, cantastes; bailaste, bailastes; viniste, vinistes.*

El plural de *vos* es *ustedes* que se utiliza con la tercera forma verbal de la tercera persona del plural: *ustedes salen, ustedes están, ustedes tienen.*

Es difícil determinar el origen histórico del *voseo;* parece provenir, sin embargo, del *vos* español de la época de la Conquista, que se utilizaba como signo de gran respeto y reverencia. En la actualidad, por el contrario, la utilización del *voseo* es signo de familiaridad y de amistad.

Al uso de *vos* se agrega más particularmente en Uruguay y en Argentina, el empleo del vocativo *che: che, vos; che, Juan.*

En Uruguay, según las zonas geográficas y los sectores sociales se utiliza el *voseo,* o el *tuteo* o una fórmula ecléctica caracterizada por el empleo de *tú* asociado al verbo «*voseado*»: *tú tenés, tú venís, tú bailás.*

Durante un largo período, el *voseo* fue considerado como una variante dialectal que debía ser evitada. En la actualidad —y desde hace unos cincuenta años— su adopción por escritores de nombradía (Miguel Angel Asturias, Julio Cortázar, Jorge Luis Borges, Juan Carlos Onetti, Ernesto Sábato y tantos más) parece haberle dado una total validez como sustituto del **tuteo.** En Argentina, se utiliza, incluso, en la publicidad y en los periódicos.

3. El tratamiento con usted

El castellano antiguo adoptó como tratamiento de respeto la fórmula **vuestra merced** que introduce el verbo en tercera persona del singular: *si lo permite* **vuestra merced.** Esta fórmula sufrió, con el paso de los siglos, varios cambios y ha terminado por dar, en nuestros días la forma **usted,** tras haber pasado por varias expresiones intermediarias *(vuesarced, vusted).*

Usted se utiliza, pues, con la tercera persona del singular: *si* **usted** *lo permite.* Se emplea en todos los casos que, por razones de edad, de debido respeto o de mera deferencia, el **tuteo** resulta imposible.

El nominativo **usted** (ambos géneros) se confunde con el caso preposicional, pero se utilizan formas diferentes para el dativo y el acusativo.

Nominativo: **usted** *sale*

Dativo: *le traigo el correo*
       se *lo traigo*

Acusativo: *lo(le) veo (masc.)*
       la *veo (fem.)*

Caso preposicional: *salgo con* **usted**

El plural de **usted** es **ustedes** *(masc. y fem.),* que también varía según los casos gramaticales.

Nominativo: **ustedes** *salen*

Dativo: *les traigo el correo*
       se *lo traigo*

Acusativo: *los(les) veo (masc.)*
       las *veo (fem.)*

Caso preposicional: *salgo con* **ustedes**

En el vocativo, **usted** precede el nombre de pila o el apellido, a los que se antepone el **Don** o la palabra **Señor,** según las áreas geográficas, los usos y el grado de respeto.

Los posesivos que corresponden a **usted** y **ustedes** son **su** *(masc. y fem. singular),* **sus** *(masc. y fem. plural),* **suyo** *(masc. singular),* **suya** *(fem. singular),* **suyos** *(masc. plural)* y **suyas** *(fem. plural).*

4. Otras formas de tratamiento

El uso de **vosotros,** generalmente practicado en la Península Ibérica como plural de **tú,** es sustituido, en Canarias y en Hispanoamérica por **ustedes** seguido por el verbo conjugado en la tercera persona del plural: *tú tienes,* **ustedes** *tienen (en vez de* **vosotros** *tenéis).*

Por otra parte, es frecuente el empleo del plural **nosotros** o **nos** con valor de la 1ª persona del singular, en circunstancias especiales tales como la expresión de autoridad «*Ante* **Nos,** *Juez de Instrucción...*», en actos académicos «... **nos** *permitiremos discrepar con nuestro colega...*» o en actos *públicos.*

2. Lista de los verbos conjugados

Conjugación pasiva
amar

Conjugación pronominal
levantarse

Verbos auxiliares

1	ser	3	haber
2	estar	4	tener

Verbos regulares
5 cortar (primera conjugación)
6 deber (segunda conjugación)
7 vivir (tercera conjugación)

Verbos irregulares

8	abolir	24	desosar	40	nacer	56	reñir
9	adquirir	25	discernir	41	oír	57	roer
10	agorar	26	dormir	42	oler	58	saber
11	andar	27	elegir	43	parecer	59	salir
12	asir	28	embaír	44	pedir	60	satisfacer
13	avergonzar	29	empezar	45	pensar	61	seguir
14	bruñir	30	encontrar	46	placer	62	sentir
15	caber	31	erguir	47	poder	63	soler
16	caer	32	errar	48	podrir o pudrir	64	tañer
17	cocer	33	forzar	49	poner	65	traer
18	colgar	34	hacer	50	predecir	66	trocar
19	conocer	35	influir	51	producir	67	valer
20	creer	36	ir	52	querer	68	venir
21	dar	37	jugar	53	raer	69	ver
22	decir	38	lucir	54	regar	70	volver
23	defender	39	mover	55	reír	71	yacer

Verbos con cambios de ortografía o prosodia

72	actuar	77	cabrahigar	82	distinguir	87	prohibir
73	ahincar	78	cazar	83	enraizar	88	reunir
74	airar	79	coger	84	guiar	89	sacar
75	aullar	80	delinquir	85	mecer	90	zurcir
76	averiguar	81	dirigir	86	pagar		

3. Cuadros de conjugación

amar conjugación pasiva

FORMAS PERSONALES

MODO INDICATIVO		MODO SUBJUNTIVO	
Tiempos simples	Tiempos compuestos	Tiempos simples	Tiempos compuestos

Presente
(Bello : Presente)

Pretérito perfecto compuesto
(Bello : Antepresente)

Presente
(Bello : Presente)

Pretérito perfecto
(Bello : Antepresente)

soy	amado	he	sido amado	sea	amado	haya	sido amado
eres	amado	has	sido amado	seas	amado	hayas	sido amado
es	amado	ha	sido amado	sea	amado	haya	sido amado
somos	amados	hemos	sido amados	seamos	amados	hayamos	sido amados
sois	amados	habéis	sido amados	seáis	amados	hayáis	sido amados
son	amados	han	sido amados	sean	amados	hayan	sido amados

Pretérito imperfecto
(Bello : Pretérito)

Pretérito pluscuamperfecto
(Bello : Antepretérito)

fuera	amado	hubiera	sido amado
fueras	amado	hubieras	sido amado
fuera	amado	hubiera	sido amado
fuéramos	amados	hubiéramos	sido amados
fuerais	amados	hubierais	sido amados
fueran	amados	hubieran	sido amados

Pretérito imperfecto
(Bello : Copretérito)

Pretérito pluscuamperfecto
(Bello : Antecopretérito)

era	amado	había	sido amado
eras	amado	habías	sido amado
era	amado	había	sido amado
éramos	amados	habíamos	sido amados
erais	amados	habíais	sido amados
eran	amados	habían	sido amados

fuese	amado	hubiese	sido amado
fueses	amado	hubieses	sido amado
fuese	amado	hubiese	sido amado
fuésemos	amados	hubiésemos	sido amados
fueseis	amados	hubieseis	sido amados
fuesen	amados	hubiesen	sido amados

Pretérito perfecto simple
(Bello : Pretérito)

Pretérito anterior
(Bello : Antepretérito)

fui	amado	hube	sido amado
fuiste	amado	hubiste	sido amado
fue	amado	hubo	sido amado
fuimos	amados	hubimos	sido amados
fuisteis	amados	hubisteis	sido amados
fueron	amados	hubieron	sido amados

Futuro
(Bello : Futuro)

Futuro perfecto
(Bello : Antefuturo)

fuere	amado	hubiere	sido amado
fueres	amado	hubieres	sido amado
fuere	amado	hubiere	sido amado
fuéremos	amados	hubiéremos	sido amados
fuereis	amados	hubiereis	sido amados
fueren	amados	hubieren	sido amados

Futuro
(Bello : Futuro)

Futuro perfecto
(Bello : Antefuturo)

seré	amado	habré	sido amado
serás	amado	habrás	sido amado
será	amado	habrá	sido amado
seremos	amados	habremos	sido amados
seréis	amados	habréis	sido amados
serán	amados	habrán	sido amados

MODO IMPERATIVO

Presente

sé (tú) amado (-a)
sea (él, usted) amado (-a)

seamos (nosotros) amados (-as)
sed (vosotros) amados (-as)
sean (ellos, ustedes) amados (-as)

FORMAS NO PERSONALES

Tiempos simples	Tiempos compuestos

Condicional
(Bello : Pospretérito)

Condicional perfecto
(Bello : Antepospretérito)

sería	amado	habría	sido amado
serías	amado	habrías	sido amado
sería	amado	habría	sido amado
seríamos	amados	habríamos	sido amados
seríais	amados	habríais	sido amados
serían	amados	habrían	sido amados

Infinitivo: ser amado

Gerundio: siendo amado

Participio: sido amado

Infinitivo compuesto
haber sido amado

Gerundio compuesto
habiendo sido amado

N.B. Cada tiempo figura con la terminología de la Real Academia Española, y en la parte inferior figura la terminología de Andrés Bello.

levantarse conjugación pronominal

FORMAS PERSONALES

MODO INDICATIVO		MODO SUBJUNTIVO	
Tiempos simples	Tiempos compuestos	Tiempos simples	Tiempos compuestos

Presente (Bello : Presente)	Pretérito perfecto compuesto (Bello : Antepresente)	Presente (Bello : Presente)	Pretérito perfecto (Bello : Antepresente)
me **levant** o	me he levantado	me **levant** e	me haya levantado
te **levant** as	te has levantado	te **levant** es	te hayas levantado
se **levant** a	se ha levantado	se **levant** e	se haya levantado
nos **levant** amos	nos hemos levantado	nos **levant** emos	nos hayamos levantado
os **levant** áis	os habéis levantado	os **levant** éis	os hayáis levantado
se **levant** an	se han levantado	se **levant** en	se hayan levantado

Pretérito imperfecto (Bello : Copretérito)	Pretérito pluscuamperfecto (Bello : Antecopretérito)	Pretérito imperfecto (Bello : Pretérito)	Pretérito pluscuamperfecto (Bello : Antepretérito)
me **levant** aba	me había levantado	me **levant** a ra	me hubiera levantado
te **levant** abas	te habías levantado	te **levant** a ras	te hubieras levantado
se **levant** aba	se había levantado	se **levant** a ra	se hubiera levantado
nos **levant** ábamos	nos habíamos levantado	nos **levant** á ramos	nos hubiéramos levantado
os **levant** abais	os habíais levantado	os **levant** a rais	os hubierais levantado
se **levant** aban	se habían levantado	se **levant** a ran	se hubieran levantado
		me **levant** a se	me hubiese levantado
		te **levant** a ses	te hubieses levantado
Pretérito perfecto simple (Bello : Pretérito)	Pretérito anterior (Bello : Antepretérito)	se **levant** a se	se hubiese levantado
		nos **levant** á semos	nos hubiésemos levantado
me **levant** é	me hube levantado	os **levant** a seis	os hubieseis levantado
te **levant** aste	te hubiste levantado	se **levant** a sen	se hubiesen levantado
se **levant** ó	se hubo levantado		
nos **levant** amos	nos hubimos levantado	Futuro (Bello : Futuro)	Futuro perfecto (Bello : Antefuturo)
os **levant** asteis	os hubisteis levantado		
se **levant** a ron	se hubieron levantado	me **levant** a re	me hubiere levantado
		te **levant** a res	te hubieres levantado
		se **levant** a re	se hubiere levantado
Futuro (Bello : Futuro)	Futuro perfecto (Bello : Antefuturo)	nos **levant** á remos	nos hubiéremos levantado
		os **levant** a reis	os hubiereis levantado
me **levantar** é	me habré levantado	se **levant** a ren	se hubieren levantado
te **levantar** ás	te habrás levantado		
se **levantar** á	se habrá levantado		
nos **levantar** emos	nos habremos levantado	**MODO IMPERATIVO**	
os **levantar** éis	os habréis levantado		
se **levantar** án	se habrán levantado	Presente	levantémonos (nosotros)

MODO IMPERATIVO

Presente
levántate (tú)
levántese (él, usted)

levantémonos (nosotros)
levantaos (vosotros)
levántense (ellos, ustedes)

Condicional (Bello : Pospretérito)	Condicional perfecto (Bello : Antepospretérito)
me **levantar** ía	me habría levantado
te **levantar** ías	te habrías levantado
se **levantar** ía	se habría levantado
nos **levantar** íamos	nos habríamos levantado
os **levantar** íais	os habríais levantado
se **levantar** ían	se habrían levantado

FORMAS NO PERSONALES

Tiempos simples	Tiempos compuestos
Infinitivo: **levantarse**	Infinitivo compuesto haberse levantado
Gerundio: levantándose	
Participio: —	Gerundio compuesto habiéndose levantado

1 ser verbos auxiliares

FORMAS PERSONALES

MODO INDICATIVO		MODO SUBJUNTIVO	
Tiempos simples	Tiempos compuestos	Tiempos simples	Tiempos compuestos

Presente (Bello : Presente)	Pretérito perfecto compuesto (Bello : Antepresente)	Presente (Bello : Presente)	Pretérito perfecto (Bello : Antepresente)
soy	he sido	**sea**	haya sido
eres	has sido	**seas**	hayas sido
es	ha sido	**sea**	haya sido
somos	hemos sido	**seamos**	hayamos sido
sois	habéis sido	**seáis**	hayáis sido
son	han sido	**sean**	hayan sido

Pretérito imperfecto (Bello : Copretérito)	Pretérito pluscuamperfecto (Bello : Antecopretérito)	Pretérito imperfecto (Bello : Pretérito)	Pretérito pluscuamperfecto (Bello : Antepretérito)
era	había sido	**fuera**	hubiera sido
eras	habías sido	**fueras**	hubieras sido
era	había sido	**fuera**	hubiera sido
éramos	habíamos sido	**fuéramos**	hubiéramos sido
erais	habíais sido	**fuerais**	hubierais sido
eran	habían sido	**fueran**	hubieran sido
		fuese	hubiese sido
		fueses	hubieses sido
Pretérito perfecto simple (Bello : Pretérito)	Pretérito anterior (Bello : Antepretérito)	**fuese**	hubiese sido
		fuésemos	hubiésemos sido
fui	hube sido	**fueseis**	hubieseis sido
fuiste	hubiste sido	**fuesen**	hubiesen sido
fue	hubo sido		
fuimos	hubimos sido	Futuro (Bello : Futuro)	Futuro perfecto (Bello : Antefuturo)
fuisteis	hubisteis sido		
fueron	hubieron sido	**fuere**	hubiere sido
		fueres	hubieres sido
		fuere	hubiere sido
Futuro (Bello : Futuro)	Futuro perfecto (Bello : Antefuturo)	**fuéremos**	hubiéremos sido
		fuereis	hubiereis sido
ser é	habré sido	**fueren**	hubieren sido
ser ás	habrás sido		
ser á	habrá sido		

MODO IMPERATIVO

ser emos	habremos sido
ser éis	habréis sido
ser án	habrán sido

Presente	
sé (tú)	**seamos** (nosotros)
sea (él, usted)	**s ed** (vosotros)
	sean (ellos, ustedes)

FORMAS NO PERSONALES

Condicional (Bello : Pospretérito)	Condicional perfecto (Bello : Antepospretérito)	Tiempos simples	Tiempos compuestos
ser ía	habría sido	Infinitivo: **ser**	Infinitivo compuesto haber sido
ser ías	habrías sido		
ser ía	habría sido	Gerundio: **siendo**	
ser íamos	habríamos sido		Gerundio compuesto
ser íais	habríais sido	Participio: **sido**	habiendo sido
ser ían	habrían sido		

37

2 estar verbos auxiliares

FORMAS PERSONALES

MODO INDICATIVO		MODO SUBJUNTIVO	
Tiempos simples	Tiempos compuestos	Tiempos simples	Tiempos compuestos

MODO INDICATIVO

Presente
(Bello : Presente)

	Pretérito perfecto compuesto (Bello : Antepresente)	
est oy	he	estado
est ás	has	estado
est á	ha	estado
est amos	hemos	estado
est áis	habéis	estado
est án	han	estado

Pretérito imperfecto
(Bello : Copretérito)

	Pretérito pluscuamperfecto (Bello : Antecopretérito)	
est aba	había	estado
est abas	habías	estado
est aba	había	estado
est ábamos	habíamos	estado
est abais	habíais	estado
est aban	habían	estado

Pretérito perfecto simple
(Bello : Pretérito)

	Pretérito anterior (Bello : Antepretérito)	
estuve	hube	estado
estuviste	hubiste	estado
estuvo	hubo	estado
estuvimos	hubimos	estado
estuvisteis	hubisteis	estado
estuvieron	hubieron	estado

Futuro
(Bello : Futuro)

	Futuro perfecto (Bello : Antefuturo)	
estar é	habré	estado
estar ás	habrás	estado
estar á	habrá	estado
estar emos	habremos	estado
estar éis	habréis	estado
estar án	habrán	estado

Condicional
(Bello : Pospretérito)

	Condicional perfecto (Bello : Antepospretérito)	
estar ía	habría	estado
estar ías	habrías	estado
estar ía	habría	estado
estar íamos	habríamos	estado
estar íais	habríais	estado
estar ían	habrían	estado

MODO SUBJUNTIVO

Presente
(Bello : Presente)

	Pretérito perfecto (Bello : Antepresente)	
est é	haya	estado
est és	hayas	estado
est é	haya	estado
est emos	hayamos	estado
est éis	hayáis	estado
est én	hayan	estado

Pretérito imperfecto
(Bello : Pretérito)

	Pretérito pluscuamperfecto (Bello : Antepretérito)	
estuviera	hubiera	estado
estuvieras	hubieras	estado
estuviera	hubiera	estado
estuviéramos	hubiéramos	estado
estuvierais	hubierais	estado
estuvieran	hubieran	estado
estuviese	hubiese	estado
estuvieses	hubieses	estado
estuviese	hubiese	estado
estuviésemos	hubiésemos	estado
estuvieseis	hubieseis	estado
estuviesen	hubiesen	estado

Futuro
(Bello : Futuro)

	Futuro perfecto (Bello : Antefuturo)	
estuviere	hubiere	estado
estuvieres	hubieres	estado
estuviere	hubiere	estado
estuviéremos	hubiéremos	estado
estuviereis	hubiereis	estado
estuvieren	hubieren	estado

MODO IMPERATIVO

Presente

est á (tú)	**est** emos (nosotros)
est é (él, usted)	**est** ad (vosotros)
	est én (ellos, ustedes)

FORMAS NO PERSONALES

Tiempos simples	Tiempos compuestos
Infinitivo: **estar**	Infinitivo compuesto haber estado
Gerundio: **est** ando	
Participio: **est** ado	Gerundio compuesto habiendo estado

3 haber verbos auxiliares

MODO INDICATIVO

Tiempos simples	Tiempos compuestos	

Presente
(Bello : Presente)

Pretérito perfecto compuesto
(Bello : Antepresente)

he	he	habido
has*	has	habido
ha*	ha	habido
hemos	hemos	habido
hab éis	habéis	habido
han	han	habido

Pretérito imperfecto
(Bello : Copretérito)

Pretérito pluscuamperfecto
(Bello : Antecopretérito)

hab ía	había	habido
hab ías	habías	habido
hab ía	había	habido
hab íamos	habíamos	habido
hab íais	habíais	habido
hab ían	habían	habido

Pretérito perfecto simple
(Bello : Pretérito)

Pretérito anterior
(Bello : Antepretérito)

hube	hube	habido
hubiste	hubiste	habido
hubo	hubo	habido
hubimos	hubimos	habido
hubisteis	hubisteis	habido
hubieron	hubieron	habido

Futuro
(Bello : Futuro)

Futuro perfecto
(Bello : Antefuturo)

habré	habré	habido
habrás	habrás	habido
habrá	habrá	habido
habremos	habremos	habido
habréis	habréis	habido
habrán	habrán	habido

Condicional
(Bello : Pospretérito)

Condicional perfecto
(Bello : Antepospretérito)

habría	habría	habido
habrías	habrías	habido
habría	habría	habido
habríamos	habríamos	habido
habríais	habríais	habido
habrían	habrían	habido

MODO SUBJUNTIVO

Tiempos simples	Tiempos compuestos	

Presente
(Bello : Presente)

Pretérito perfecto
(Bello : Antepresente)

haya	haya	habido
hayas	hayas	habido
haya	haya	habido
hayamos	hayamos	habido
hayáis	hayáis	habido
hayan	hayan	habido

Pretérito imperfecto
(Bello : Pretérito)

Pretérito pluscuamperfecto
(Bello : Antepretérito)

hubiera	hubiera	habido
hubieras	hubieras	habido
hubiera	hubiera	habido
hubiéramos	hubiéramos	habido
hubierais	hubierais	habido
hubieran	hubieran	habido
hubiese	hubiese	habido
hubieses	hubieses	habido
hubiese	hubiese	habido
hubiésemos	hubiésemos	habido
hubieseis	hubieseis	habido
hubiesen	hubiesen	habido

Futuro
(Bello : Futuro)

Futuro perfecto
(Bello : Antefuturo)

hubiere	hubiere	habido
hubieres	hubieres	habido
hubiere	hubiere	habido
hubiéremos	hubiéremos	habido
hubiereis	hubiereis	habido
hubieren	hubieren	habido

MODO IMPERATIVO

Presente

he (tú)	**hayamos** (nosotros)
haya (él, usted)	**hab** ed (vosotros)
	hayan (ellos, ustedes)

FORMAS NO PERSONALES

Tiempos simples	Tiempos compuestos
Infinitivo: **haber**	Infinitivo compuesto haber habido
Gerundio: **hab** iendo	Gerundio compuesto habiendo habido
Participio: **hab** ido	

*Si se usa como impersonal, la 3ª persona del singular es **hay**

39

4 tener verbos auxiliares

FORMAS PERSONALES

MODO INDICATIVO

Tiempos simples	Tiempos compuestos

Presente
(Bello : Presente)

| tengo |
| tienes |
| tiene |
| ten emos |
| ten éis |
| tienen |

Pretérito perfecto compuesto
(Bello : Antepresente)

he	tenido
has	tenido
ha	tenido
hemos	tenido
habéis	tenido
han	tenido

Pretérito imperfecto
(Bello : Copretérito)

| ten ía |
| ten ías |
| ten ía |
| ten íamos |
| ten íais |
| ten ían |

Pretérito pluscuamperfecto
(Bello : Antecopretérito)

había	tenido
habías	tenido
había	tenido
habíamos	tenido
habíais	tenido
habían	tenido

Pretérito perfecto simple
(Bello : Pretérito)

| tuve |
| tuviste |
| tuvo |
| tuvimos |
| tuvisteis |
| tuvieron |

Pretérito anterior
(Bello : Antepretérito)

hube	tenido
hubiste	tenido
hubo	tenido
hubimos	tenido
hubisteis	tenido
hubieron	tenido

Futuro
(Bello : Futuro)

| tendré |
| tendrás |
| tendrá |
| tendremos |
| tendréis |
| tendrán |

Futuro perfecto
(Bello : Antefuturo)

habré	tenido
habrás	tenido
habrá	tenido
habremos	tenido
habréis	tenido
habrán	tenido

Condicional
(Bello : Pospretérito)

| tendría |
| tendrías |
| tendría |
| tendríamos |
| tendríais |
| tendrían |

Condicional perfecto
(Bello : Antepospretérito)

habría	tenido
habrías	tenido
habría	tenido
habríamos	tenido
habríais	tenido
habrían	tenido

MODO SUBJUNTIVO

Tiempos simples	Tiempos compuestos

Presente
(Bello : Presente)

| tenga |
| tengas |
| tenga |
| tengamos |
| tengáis |
| tengan |

Pretérito perfecto
(Bello : Antepresente)

haya	tenido
hayas	tenido
haya	tenido
hayamos	tenido
hayáis	tenido
hayan	tenido

Pretérito imperfecto
(Bello : Pretérito)

| tuviera |
| tuvieras |
| tuviera |
| tuviéramos |
| tuvierais |
| tuvieran |

Pretérito pluscuamperfecto
(Bello : Antepretérito)

hubiera	tenido
hubieras	tenido
hubiera	tenido
hubiéramos	tenido
hubierais	tenido
hubieran	tenido

| tuviese |
| tuvieses |
| tuviese |
| tuviésemos |
| tuvieseis |
| tuviesen |

hubiese	tenido
hubieses	tenido
hubiese	tenido
hubiésemos	tenido
hubieseis	tenido
hubiesen	tenido

Futuro
(Bello : Futuro)

| tuviere |
| tuvieres |
| tuviere |
| tuviéremos |
| tuviereis |
| tuvieren |

Futuro perfecto
(Bello : Antefuturo)

hubiere	tenido
hubieres	tenido
hubiere	tenido
hubiéremos	tenido
hubiereis	tenido
hubieren	tenido

MODO IMPERATIVO

Presente	
ten (tú)	tengamos (nosotros)
tenga (él, usted)	ten ed (vosotros)
	tengan (ellos, ustedes)

FORMAS NO PERSONALES

Tiempos simples	Tiempos compuestos
Infinitivo: **tener**	Infinitivo compuesto haber tenido
Gerundio: **ten** iendo	Gerundio compuesto habiendo tenido
Participio: **ten** ido	

40

5 **cortar** verbos regulares

FORMAS PERSONALES

MODO INDICATIVO

Tiempos simples	Tiempos compuestos

Presente
(Bello : Presente)

cort o	
cort as	
cort a	
cort amos	
cort áis	
cort an	

Pretérito perfecto compuesto
(Bello : Antepresente)

he	cortado
has	cortado
ha	cortado
hemos	cortado
habéis	cortado
han	cortado

Pretérito imperfecto
(Bello : Copretérito)

cort aba	
cort abas	
cort aba	
cort ábamos	
cort abais	
cort aban	

Pretérito pluscuamperfecto
(Bello : Antecopretérito)

había	cortado
habías	cortado
había	cortado
habíamos	cortado
habíais	cortado
habían	cortado

Pretérito perfecto simple
(Bello : Pretérito)

cort é	
cort aste	
cort ó	
cort amos	
cort asteis	
cort a *ron*	

Pretérito anterior
(Bello : Antepretérito)

hube	cortado
hubiste	cortado
hubo	cortado
hubimos	cortado
hubisteis	cortado
hubieron	cortado

Futuro
(Bello : Futuro)

cortar é	
cortar ás	
cortar á	
cortar emos	
cortar éis	
cortar án	

Futuro perfecto
(Bello : Antefuturo)

habré	cortado
habrás	cortado
habrá	cortado
habremos	cortado
habréis	cortado
habrán	cortado

Condicional
(Bello : Pospretérito)

cortar ía	
cortar ías	
cortar ía	
cortar íamos	
cortar íais	
cortar ían	

Condicional perfecto
(Bello : Antepospretérito)

habría	cortado
habrías	cortado
habría	cortado
habríamos	cortado
habríais	cortado
habrían	cortado

MODO SUBJUNTIVO

Tiempos simples	Tiempos compuestos

Presente
(Bello : Presente)

cort e	
cort es	
cort e	
cort emos	
cort éis	
cort en	

Pretérito perfecto
(Bello : Antepresente)

haya	cortado
hayas	cortado
haya	cortado
hayamos	cortado
hayáis	cortado
hayan	cortado

Pretérito imperfecto
(Bello : Pretérito)

cort a *ra*	
cort a *ras*	
cort a *ra*	
cort á *ramos*	
cort a *rais*	
cort a *ran*	

Pretérito pluscuamperfecto
(Bello : Antepretérito)

hubiera	cortado
hubieras	cortado
hubiera	cortado
hubiéramos	cortado
hubierais	cortado
hubieran	cortado

cort a *se*	
cort a *ses*	
cort a *se*	
cort á *semos*	
cort a *seis*	
cort a *sen*	

hubiese	cortado
hubieses	cortado
hubiese	cortado
hubiésemos	cortado
hubieseis	cortado
hubiesen	cortado

Futuro
(Bello : Futuro)

cort a *re*	
cort a *res*	
cort a *re*	
cort á *remos*	
cort a *reis*	
cort a *ren*	

Futuro perfecto
(Bello : Antefuturo)

hubiere	cortado
hubieres	cortado
hubiere	cortado
hubiéremos	cortado
hubiereis	cortado
hubieren	cortado

MODO IMPERATIVO

Presente

cort a (tú)	cort emos (nosotros)
cort e (él, usted)	cort ad (vosotros)
	cort en (ellos, ustedes)

FORMAS NO PERSONALES

Tiempos simples	Tiempos compuestos
Infinitivo: **cortar**	Infinitivo compuesto haber cortado
Gerundio: **cort** ando	Gerundio compuesto habiendo cortado
Participio: **cort** ado	

6 deber verbos regulares

FORMAS PERSONALES

MODO INDICATIVO		MODO SUBJUNTIVO	
Tiempos simples	Tiempos compuestos	Tiempos simples	Tiempos compuestos

MODO INDICATIVO

Tiempos simples / Tiempos compuestos

Presente
(Bello : Presente)

deb o
deb es
deb e
deb emos
deb éis
deb en

Pretérito perfecto compuesto
(Bello : Antepresente)

he debido
has debido
ha debido
hemos debido
habéis debido
han debido

Pretérito imperfecto
(Bello : Copretérito)

deb ía
deb ías
deb ía
deb íamos
deb íais
deb ían

Pretérito pluscuamperfecto
(Bello : Antecopretérito)

había debido
habías debido
había debido
habíamos debido
habíais debido
habían debido

Pretérito perfecto simple
(Bello : Pretérito)

deb í
deb iste
deb ió
deb imos
deb isteis
deb ie *ron*

Pretérito anterior
(Bello : Antepretérito)

hube debido
hubiste debido
hubo debido
hubimos debido
hubisteis debido
hubieron debido

Futuro
(Bello : Futuro)

deber é
deber ás
deber á
deber emos
deber éis
deber án

Futuro perfecto
(Bello : Antefuturo)

habré debido
habrás debido
habrá debido
habremos debido
habréis debido
habrán debido

Condicional
(Bello : Pospretérito)

deber ía
deber ías
deber ía
deber íamos
deber íais
deber ían

Condicional perfecto
(Bello : Antepospretérito)

habría debido
habrías debido
habría debido
habríamos debido
habríais debido
habrían debido

MODO SUBJUNTIVO

Tiempos simples / Tiempos compuestos

Presente
(Bello : Presente)

deb a
deb as
deb a
deb amos
deb áis
deb an

Pretérito perfecto
(Bello : Antepresente)

haya debido
hayas debido
haya debido
hayamos debido
hayáis debido
hayan debido

Pretérito imperfecto
(Bello : Pretérito)

deb ie *ra*
deb ie *ras*
deb ie *ra*
deb ié *ramos*
deb ie *rais*
deb ie *ran*

Pretérito pluscuamperfecto
(Bello : Antepretérito)

hubiera debido
hubieras debido
hubiera debido
hubiéramos debido
hubierais debido
hubieran debido

deb ie *se*
deb ie *ses*
deb ie *se*
deb ié *semos*
deb ie *seis*
deb ie *sen*

hubiese debido
hubieses debido
hubiese debido
hubiésemos debido
hubieseis debido
hubiesen debido

Futuro
(Bello : Futuro)

deb ie *re*
deb ie *res*
deb ie *re*
deb ié *remos*
deb ie *reis*
deb ie *ren*

Futuro perfecto
(Bello : Antefuturo)

hubiere debido
hubieres debido
hubiere debido
hubiéremos debido
hubiereis debido
hubieren debido

MODO IMPERATIVO

Presente

deb e (tú)
deb a (él, usted)

deb amos (nosotros)
deb ed (vosotros)
deb an (ellos, ustedes)

FORMAS NO PERSONALES

Tiempos simples	Tiempos compuestos
Infinitivo: **deber**	Infinitivo compuesto
Gerundio: **deb** iendo	haber debido
	Gerundio compuesto
Participio: **deb** ido	habiendo debido

FORMAS PERSONALES

MODO INDICATIVO		MODO SUBJUNTIVO	
Tiempos simples	Tiempos compuestos	Tiempos simples	Tiempos compuestos

Presente (Bello : Presente)	Pretérito perfecto compuesto (Bello : Antepresente)	Presente (Bello : Presente)	Pretérito perfecto (Bello : Antepresente)
viv o	he vivido	**viv** a	haya vivido
viv es	has vivido	**viv** as	hayas vivido
viv e	ha vivido	**viv** a	haya vivido
viv imos	hemos vivido	**viv** amos	hayamos vivido
viv ís	habéis vivido	**viv** áis	hayáis vivido
viv en	han vivido	**viv** an	hayan vivido

Pretérito imperfecto (Bello : Copretérito)	Pretérito pluscuamperfecto (Bello : Antecopretérito)	Pretérito imperfecto (Bello : Pretérito)	Pretérito pluscuamperfecto (Bello : Antepretérito)
viv ía	había vivido	**viv** ie *ra*	hubiera vivido
viv ías	habías vivido	**viv** ie *ras*	hubieras vivido
viv ía	había vivido	**viv** ie *ra*	hubiera vivido
viv íamos	habíamos vivido	**viv** ié *ramos*	hubiéramos vivido
viv íais	habíais vivido	**viv** ie *rais*	hubierais vivido
viv ían	habían vivido	**viv** ie *ran*	hubieran vivido
		viv ie *se*	hubiese vivido
		viv ie *ses*	hubieses vivido
Pretérito perfecto simple (Bello : Pretérito)	Pretérito anterior (Bello : Antepretérito)	**viv** ie *se*	hubiese vivido
		viv ié *semos*	hubiésemos vivido
viv í	hube vivido	**viv** ie *seis*	hubieseis vivido
viv iste	hubiste vivido	**viv** ie *sen*	hubiesen vivido
viv ió	hubo vivido		
viv imos	hubimos vivido	Futuro (Bello : Futuro)	Futuro perfecto (Bello : Antefuturo)
viv isteis	hubisteis vivido		
viv ie *ron*	hubieron vivido	**viv** ie *re*	hubiere vivido
		viv ie *res*	hubieres vivido
		viv ie *re*	hubiere vivido
Futuro (Bello : Futuro)	Futuro perfecto (Bello : Antefuturo)	**viv** ié *remos*	hubiéremos vivido
		viv ie *reis*	hubiereis vivido
vivir é	habré vivido	**viv** ie *ren*	hubieren vivido
vivir ás	habrás vivido		
vivir á	habrá vivido		
vivir emos	habremos vivido		
vivir éis	habréis vivido	**MODO IMPERATIVO**	
vivir án	habrán vivido		

		Presente	**viv** amos (nosotros)
		viv e (tú)	**viv** id (vosotros)
		viv a (él, usted)	**viv** an (ellos, ustedes)

Condicional (Bello : Pospretérito)	Condicional perfecto (Bello : Antepospretérito)

FORMAS NO PERSONALES

vivir ía	habría vivido
vivir ías	habrías vivido
vivir ía	habría vivido
vivir íamos	habríamos vivido
vivir íais	habríais vivido
vivir ían	habrían vivido

Tiempos simples	Tiempos compuestos
Infinitivo: **vivir**	Infinitivo compuesto haber vivido
Gerundio: **viv** iendo	Gerundio compuesto habiendo vivido
Participio: **viv** ido	

8 abolir verbos irregulares

FORMAS PERSONALES

MODO INDICATIVO		MODO SUBJUNTIVO	
Tiempos simples	Tiempos compuestos	Tiempos simples	Tiempos compuestos

Presente (Bello : Presente)	Pretérito perfecto compuesto (Bello : Antepresente)	Presente (Bello : Presente)	Pretérito perfecto (Bello : Antepresente)
—	he abolido	—	haya abolido
—	has abolido	—	hayas abolido
—	ha abolido	—	haya abolido
abol imos	hemos abolido	—	hayamos abolido
abol is	habéis abolido	—	hayáis abolido
—	han abolido	—	hayan abolido

Pretérito imperfecto (Bello : Copretérito)	Pretérito pluscuamperfecto (Bello : Antecopretérito)	Pretérito imperfecto (Bello : Pretérito)	Pretérito pluscuamperfecto (Bello : Antepretérito)
abol ía	había abolido	**abol** ie *ra*	hubiera abolido
abol ías	habías abolido	**abol** ie *ras*	hubieras abolido
abol ía	había abolido	**abol** ie *ra*	hubiera abolido
abol íamos	habíamos abolido	**abol** ié *ramos*	hubiéramos abolido
abol íais	habíais abolido	**abol** ie *rais*	hubierais abolido
abol ían	habían abolido	**abol** ie *ran*	hubieran abolido
		abol ie *se*	hubiese abolido
Pretérito perfecto simple (Bello : Pretérito)	Pretérito anterior (Bello : Antepretérito)	**abol** ie *ses*	hubieses abolido
		abol ie *se*	hubiese abolido
abol í	hube abolido	**abol** ié *semos*	hubiésemos abolido
abol iste	hubiste abolido	**abol** ie *seis*	hubieseis abolido
abol ió	hubo abolido	**abol** ie *sen*	hubiesen abolido
abol imos	hubimos abolido		
abol isteis	hubisteis abolido	Futuro (Bello : Futuro)	Futuro perfecto (Bello : Antefuturo)
abol ie *ron*	hubieron abolido		
		abol ie *re*	hubiere abolido
		abol ie *res*	hubieres abolido
Futuro (Bello : Futuro)	Futuro perfecto (Bello : Antefuturo)	**abol** ie *re*	hubiere abolido
		abol ié *remos*	hubiéremos abolido
abolir é	habré abolido	**abol** ie *reis*	hubiereis abolido
abolir ás	habrás abolido	**abol** ie *ren*	hubieren abolido
abolir á	habrá abolido		
abolir emos	habremos abolido		
abolir éis	habréis abolido		
abolir án	habrán abolido		

MODO IMPERATIVO

Presente			
—	(tú)	—	(nosotros)
—	(él, usted)	**abol** id	(vosotros)
		—	(ellos, ustedes)

Condicional (Bello : Pospretérito)	Condicional perfecto (Bello : Antepospretérito)
abolir ía	habría abolido
abolir ías	habrías abolido
abolir ía	habría abolido
abolir íamos	habríamos abolido
abolir íais	habríais abolido
abolir ían	habrían abolido

FORMAS NO PERSONALES

Tiempos simples	Tiempos compuestos
Infinitivo: **abolir**	Infinitivo compuesto haber abolido
Gerundio: **abol** iendo	
Participio: **abol** ido	Gerundio compuesto habiendo abolido

9 **adquirir** verbos irregulares

FORMAS COMPUESTAS

MODO INDICATIVO		**MODO SUBJUNTIVO**	
Tiempos simples	Tiempos compuestos	Tiempos simples	Tiempos compuestos

Presente (Bello : Presente)	Pretérito perfecto compuesto (Bello : Antepresente)	Presente (Bello : Presente)	Pretérito perfecto (Bello : Antepresente)
adquiero	he adquirido	**adquiera**	haya adquirido
adquieres	has adquirido	**adquieras**	hayas adquirido
adquiere	ha adquirido	**adquiera**	haya adquirido
adquir imos	hemos adquirido	**adquir** amos	hayamos adquirido
adquir ís	habéis adquirido	**adquir** áis	hayáis adquirido
adquieren	han adquirido	**adquieran**	hayan adquirido

Pretérito imperfecto (Bello : Copretérito)	Pretérito pluscuamperfecto (Bello : Antecopretérito)	Pretérito imperfecto (Bello : Pretérito)	Pretérito pluscuamperfecto (Bello : Antepretérito)
adquir ía	había adquirido	**adquir** ie *ra*	hubiera adquirido
adquir ías	habías adquirido	**adquir** ie *ras*	hubieras adquirido
adquir ía	había adquirido	**adquir** ie *ra*	hubiera adquirido
adquir íamos	habíamos adquirido	**adquir** ié *ramos*	hubiéramos adquirido
adquir íais	habíais adquirido	**adquir** ie *rais*	hubierais adquirido
adquir ían	habían adquirido	**adquir** ie *ran*	hubieran adquirido
		adquir ie *se*	hubiese adquirido
		adquir ie *ses*	hubieses adquirido
		adquir ie *se*	hubiese adquirido
		adquir ié *semos*	hubiésemos adquirido
		adquir ie *seis*	hubieseis adquirido
		adquir ie *sen*	hubiesen adquirido

Pretérito perfecto simple (Bello : Pretérito)	Pretérito anterior (Bello : Antepretérito)		
adquir í	hube adquirido		
adquir iste	hubiste adquirido		
adquir ió	hubo adquirido	Futuro (Bello : Futuro)	Futuro perfecto (Bello : Antefuturo)
adquir imos	hubimos adquirido		
adquir isteis	hubisteis adquirido	**adquir** ie *re*	hubiere adquirido
adquir ie *ron*	hubieron adquirido	**adquir** ie *res*	hubieres adquirido
		adquir ie *re*	hubiere adquirido
		adquir ié *remos*	hubiéremos adquirido
Futuro (Bello : Futuro)	Futuro perfecto (Bello : Antefuturo)	**adquir** ie *reis*	hubiereis adquirido
		adquir ie *ren*	hubieren adquirido
adquirir é	habré adquirido		
adquirir ás	habrás adquirido		
adquirir á	habrá adquirido	**MODO IMPERATIVO**	
adquirir emos	habremos adquirido		
adquirir éis	habréis adquirido	Presente	**adquir** amos (nosotros)
adquirir án	habrán adquirido	**adquiere** (tú)	**adquir** id (vosotros)
		adquiera (él, usted)	**adquieran** (ellos, ustedes)

Condicional (Bello : Pospretérito)	Condicional perfecto (Bello : Antepospretérito)	FORMAS NO PERSONALES	
		Tiempos simples	Tiempos compuestos
adquirir ía	habría adquirido		
adquirir ías	habrías adquirido	Infinitivo: **adquirir**	Infinitivo compuesto
adquirir ía	habría adquirido		haber adquirido
adquirir íamos	habríamos adquirido	Gerundio: **adquir** iendo	
adquirir íais	habríais adquirido		Gerundio compuesto
adquirir ían	habrían adquirido	Participio: **adquir** ido	habiendo adquirido

10 **agorar** verbos irregulares

FORMAS PERSONALES

MODO INDICATIVO		MODO SUBJUNTIVO	
Tiempos simples	Tiempos compuestos	Tiempos simples	Tiempos compuestos

Presente (Bello : Presente)	Pretérito perfecto compuesto (Bello : Antepresente)	Presente (Bello : Presente)	Pretérito perfecto (Bello : Antepresente)
agüero	he agorado	agüere	haya agorado
agüeras	has agorado	agüeres	hayas agorado
agüera	ha agorado	agüere	haya agorado
agor amos	hemos agorado	agor emos	hayamos agorado
agor áis	habéis agorado	agor éis	hayáis agorado
agüeran	han agorado	agüeren	hayan agorado

Pretérito imperfecto (Bello : Copretérito)	Pretérito pluscuamperfecto (Bello : Antecopretérito)	Pretérito imperfecto (Bello : Pretérito)	Pretérito pluscuamperfecto (Bello : Antepretérito)
agor aba	había agorado	agor a ra	hubiera agorado
agor abas	habías agorado	agor a ras	hubieras agorado
agor aba	había agorado	agor a ra	hubiera agorado
agor ábamos	habíamos agorado	agor á ramos	hubiéramos agorado
agor abais	habíais agorado	agor a rais	hubierais agorado
agor aban	habían agorado	agor a ran	hubieran agorado
		agor a se	hubiese agorado
		agor a ses	hubieses agorado
		agor a se	hubiese agorado
		agor á semos	hubiésemos agorado
		agor a seis	hubieseis agorado
		agor a sen	hubiesen agorado

Pretérito perfecto simple (Bello : Pretérito)	Pretérito anterior (Bello : Antepretérito)		
agor é	hube agorado		
agor aste	hubiste agorado		
agor ó	hubo agorado		
agor amos	hubimos agorado		
agor asteis	hubisteis agorado		
agor a ron	hubieron agorado		

Futuro (Bello : Futuro)	Futuro perfecto (Bello : Antefuturo)	Futuro (Bello : Futuro)	Futuro perfecto (Bello : Antefuturo)
		agor a re	hubiere agorado
		agor a res	hubieres agorado
		agor a re	hubiere agorado
		agor á remos	hubiéremos agorado
		agor a reis	hubiereis agorado
		agor a ren	hubieren agorado

Futuro (Bello : Futuro)	Futuro perfecto (Bello : Antefuturo)
agorar é	habré agorado
agorar ás	habrás agorado
agorar á	habrá agorado
agorar emos	habremos agorado
agorar éis	habréis agorado
agorar án	habrán agorado

MODO IMPERATIVO

Presente	
	agor emos (nosotros)
agüera (tú)	agor ad (vosotros)
agüere (él, usted)	agüeren (ellos, ustedes)

Condicional (Bello : Pospretérito)	Condicional perfecto (Bello : Antepospretérito)
agorar ía	habría agorado
agorar ías	habrías agorado
agorar ía	habría agorado
agorar íamos	habríamos agorado
agorar íais	habríais agorado
agorar ían	habrían agorado

FORMAS NO PERSONALES

Tiempos simples	Tiempos compuestos
Infinitivo: **agorar**	Infinitivo compuesto haber agorado
Gerundio: **agor** ando	Gerundio compuesto habiendo agorado
Participio: **agor** ado	

46

11 andar verbos irregulares

FORMAS PERSONALES

MODO INDICATIVO		MODO SUBJUNTIVO	
Tiempos simples	Tiempos compuestos	Tiempos simples	Tiempos compuestos

Presente (Bello : Presente)	Pretérito perfecto compuesto (Bello : Antepresente)	Presente (Bello : Presente)	Pretérito perfecto (Bello : Antepresente)
and o	he andado	and e	haya andado
and as	has andado	and es	hayas andado
and a	ha andado	and e	haya andado
and amos	hemos andado	and emos	hayamos andado
and áis	habéis andado	and éis	hayáis andado
and an	han andado	and en	hayan andado

Pretérito imperfecto (Bello : Copretérito)	Pretérito pluscuamperfecto (Bello : Antecopretérito)	Pretérito imperfecto (Bello : Pretérito)	Pretérito pluscuamperfecto (Bello : Antepretérito)
and aba	había andado	anduviera	hubiera andado
and abas	habías andado	anduvieras	hubieras andado
and aba	había andado	anduviera	hubiera andado
and ábamos	habíamos andado	anduviéramos	hubiéramos andado
and abais	habíais andado	anduvierais	hubierais andado
and aban	habían andado	anduvieran	hubieran andado
		anduviese	hubiese andado
		anduvieses	hubieses andado
		anduviese	hubiese andado
		anduviésemos	hubiésemos andado
		anduvieseis	hubieseis andado
		anduviesen	hubiesen andado

Pretérito perfecto simple (Bello : Pretérito)	Pretérito anterior (Bello : Antepretérito)
anduve	hube andado
anduviste	hubiste andado
anduvo	hubo andado
anduvimos	hubimos andado
anduvisteis	hubisteis andado
anduvieron	hubieron andado

Futuro (Bello : Futuro)	Futuro perfecto (Bello : Antefuturo)
anduviere	hubiere andado
anduvieres	hubieres andado
anduviere	hubiere andado
anduviéremos	hubiéremos andado
anduviereis	hubiereis andado
anduvieren	hubieren andado

Futuro (Bello : Futuro)	Futuro perfecto (Bello : Antefuturo)
andar é	habré andado
andar ás	habrás andado
andar á	habrá andado
andar emos	habremos andado
andar éis	habréis andado
andar án	habrán andado

MODO IMPERATIVO

Presente	
and a (tú)	and emos (nosotros)
and e (él, usted)	and ad (vosotros)
	and en (ellos, ustedes)

Condicional (Bello : Pospretérito)	Condicional perfecto (Bello : Antepospretérito)
andar ía	habría andado
andar ías	habrías andado
andar ía	habría andado
andar íamos	habríamos andado
andar íais	habríais andado
andar ían	habrían andado

FORMAS NO PERSONALES

Tiempos simples	Tiempos compuestos
Infinitivo: **andar**	Infinitivo compuesto haber andado
Gerundio: **and** ando	Gerundio compuesto habiendo andado
Participio: **and** ado	

12 **asir** verbos irregulares

FORMAS PERSONALES

MODO INDICATIVO

Tiempos simples	Tiempos compuestos

Presente
(Bello : Presente)

asgo	
as es	
as e	
as imos	
as ís	
as en	

Pretérito perfecto compuesto
(Bello : Antepresente)

he	asido
has	asido
ha	asido
hemos	asido
habéis	asido
han	asido

Pretérito imperfecto
(Bello : Copretérito)

as ía	
as ías	
as ía	
as íamos	
as íais	
as ían	

Pretérito pluscuamperfecto
(Bello : Antecopretérito)

había	asido
habías	asido
había	asido
habíamos	asido
habíais	asido
habían	asido

Pretérito perfecto simple
(Bello : Pretérito)

as í	
as iste	
as ió	
as imos	
as isteis	
as ie *ron*	

Pretérito anterior
(Bello : Antepretérito)

hube	asido
hubiste	asido
hubo	asido
hubimos	asido
hubisteis	asido
hubieron	asido

Futuro
(Bello : Futuro)

asir é	
asir ás	
asir á	
asir emos	
asir éis	
asir án	

Futuro perfecto
(Bello : Antefuturo)

habré	asido
habrás	asido
habrá	asido
habremos	asido
habréis	asido
habrán	asido

Condicional
(Bello : Pospretérito)

asir ía	
asir ías	
asir ía	
asir íamos	
asir íais	
asir ían	

Condicional perfecto
(Bello : Antepospretérito)

habría	asido
habrías	asido
habría	asido
habríamos	asido
habríais	asido
habrían	asido

MODO SUBJUNTIVO

Tiempos simples	Tiempos compuestos

Presente
(Bello : Presente)

asga	
asgas	
asga	
asgamos	
asgáis	
asgan	

Pretérito perfecto
(Bello : Antepresente)

haya	asido
hayas	asido
haya	asido
hayamos	asido
hayáis	asido
hayan	asido

Pretérito imperfecto
(Bello : Pretérito)

as ie *ra*	
as ie *ras*	
as ie *ra*	
as ié *ramos*	
as ie *rais*	
as ie *ran*	

Pretérito pluscuamperfecto
(Bello : Antepretérito)

hubiera	asido
hubieras	asido
hubiera	asido
hubiéramos	asido
hubierais	asido
hubieran	asido

as ie *se*	
as ie *ses*	
as ie *se*	
as ié *semos*	
as ie *seis*	
as ie *sen*	

hubiese	asido
hubieses	asido
hubiese	asido
hubiésemos	asido
hubieseis	asido
hubiesen	asido

Futuro
(Bello : Futuro)

as ie *re*	
as ie *res*	
as ie *re*	
as ié *remos*	
as ie *reis*	
as ie *ren*	

Futuro perfecto
(Bello : Antefuturo)

hubiere	asido
hubieres	asido
hubiere	asido
hubiéremos	asido
hubiereis	asido
hubieren	asido

MODO IMPERATIVO

Presente

	asgamos (nosotros)
as e (tú)	**as** id (vosotros)
asga (él, usted)	**asgan** (ellos, ustedes)

FORMAS NO PERSONALES

Tiempos simples	Tiempos compuestos
Infinitivo: **asir**	Infinitivo compuesto haber asido
Gerundio: **as** iendo	
Participio: **as** ido	Gerundio compuesto habiendo asido

48

13 **avergonzar** verbos irregulares

FORMAS PERSONALES

MODO INDICATIVO		MODO SUBJUNTIVO	
Tiempos simples	Tiempos compuestos	Tiempos simples	Tiempos compuestos

Presente (Bello : Presente)	Pretérito perfecto compuesto (Bello : Antepresente)	Presente (Bello : Presente)	Pretérito perfecto (Bello : Antepresente)
avergüenzo	he avergonzado	avergüence	haya avergonzado
avergüenzas	has avergonzado	avergüences	hayas avergonzado
avergüenza	ha avergonzado	avergüence	haya avergonzado
avergonz amos	hemos avergonzado	avergoncemos	hayamos avergonzado
avergonz áis	habéis avergonzado	avergoncéis	hayáis avergonzado
avergüenzan	han avergonzado	avergüencen	hayan avergonzado

Pretérito imperfecto (Bello : Copretérito)	Pretérito pluscuamperfecto (Bello : Antecopretérito)	Pretérito imperfecto (Bello : Pretérito)	Pretérito pluscuamperfecto (Bello : Antepretérito)
		avergonz a ra	hubiera avergonzado
avergonz aba	había avergonzado	avergonz a ras	hubieras avergonzado
avergonz abas	habías avergonzado	avergonz a ra	hubiera avergonzado
avergonz aba	había avergonzado	avergonz á ramos	hubiéramos avergonzado
avergonz ábamos	habíamos avergonzado	avergonz a rais	hubierais avergonzado
avergonz abais	habíais avergonzado	avergonz a ran	hubieran avergonzado
avergonz aban	habían avergonzado		
		avergonz a se	hubiese avergonzado
		avergonz a ses	hubieses avergonzado
Pretérito perfecto simple (Bello : Pretérito)	Pretérito anterior (Bello : Antepretérito)	avergonz a se	hubiese avergonzado
		avergonz á semos	hubiésemos avergonzado
		avergonz a seis	hubieseis avergonzado
avergoncé	hube avergonzado	avergonz a sen	hubiesen avergonzado
avergonz aste	hubiste avergonzado		
avergonz ó	hubo avergonzado	Futuro (Bello : Futuro)	Futuro perfecto (Bello : Antefuturo)
avergonz amos	hubimos avergonzado		
avergonz asteis	hubisteis avergonzado		
avergonz a ron	hubieron avergonzado	avergonz a re	hubiere avergonzado
		avergonz a res	hubieres avergonzado
		avergonz a re	hubiere avergonzado
Futuro (Bello : Futuro)	Futuro perfecto (Bello : Antefuturo)	avergonz á remos	hubiéremos avergonzado
		avergonz a reis	hubiereis avergonzado
		avergonz a ren	hubieren avergonzado
avergonzar é	habré avergonzado		
avergonzar ás	habrás avergonzado		
avergonzar á	habrá avergonzado		
avergonzar emos	habremos avergonzado	**MODO IMPERATIVO**	
avergonzar éis	habréis avergonzado		
avergonzar án	habrán avergonzado	Presente	avergoncemos (nosotros)
		avergüenza (tú)	avergonz ad (vosotros)
		avergüence (él, usted)	avergüencen (ellos, ustedes)

Condicional (Bello : Pospretérito)	Condicional perfecto (Bello : Antepospretérito)	FORMAS NO PERSONALES	
		Tiempos simples	Tiempos compuestos
avergonzar ía	habría avergonzado	Infinitivo: **avergonzar**	Infinitivo compuesto
avergonzar ías	habrías avergonzado		haber avergonzado
avergonzar ía	habría avergonzado	Gerundio: **avergonz** ando	
avergonzar íamos	habríamos avergonzado		Gerundio compuesto
avergonzar íais	habríais avergonzado		habiendo avergonzado
avergonzar ían	habrían avergonzado	Participio: **avergonz** ado	

14 bruñir verbos irregulares

FORMAS PERSONALES

MODO INDICATIVO

Tiempos simples	Tiempos compuestos

Presente
(Bello : Presente)

bruñ o	
bruñ es	
bruñ e	
bruñ imos	
bruñ ís	
bruñ en	

Pretérito perfecto compuesto
(Bello : Antepresente)

he	bruñido
has	bruñido
ha	bruñido
hemos	bruñido
habéis	bruñido
han	bruñido

Pretérito imperfecto
(Bello : Copretérito)

bruñ ía	
bruñ ías	
bruñ ía	
bruñ íamos	
bruñ íais	
bruñ ían	

Pretérito pluscuamperfecto
(Bello : Antecopretérito)

había	bruñido
habías	bruñido
había	bruñido
habíamos	bruñido
habíais	bruñido
habían	bruñido

Pretérito perfecto simple
(Bello : Pretérito)

bruñ í	
bruñ iste	
bruñó	
bruñ imos	
bruñ isteis	
bruñeron	

Pretérito anterior
(Bello : Antepretérito)

hube	bruñido
hubiste	bruñido
hubo	bruñido
hubimos	bruñido
hubisteis	bruñido
hubieron	bruñido

Futuro
(Bello : Futuro)

bruñir é	
bruñir ás	
bruñir á	
bruñir emos	
bruñir éis	
bruñir án	

Futuro perfecto
(Bello : Antefuturo)

habré	bruñido
habrás	bruñido
habrá	bruñido
habremos	bruñido
habréis	bruñido
habrán	bruñido

Condicional
(Bello : Pospretérito)

bruñir ía	
bruñir ías	
bruñir ía	
bruñir íamos	
bruñir íais	
bruñir ían	

Condicional perfecto
(Bello : Antepospretérito)

habría	bruñido
habrías	bruñido
habría	bruñido
habríamos	bruñido
habríais	bruñido
habrían	bruñido

MODO SUBJUNTIVO

Tiempos simples	Tiempos compuestos

Presente
(Bello : Presente)

bruñ a	
bruñ as	
bruñ a	
bruñ amos	
bruñ áis	
bruñ an	

Pretérito perfecto
(Bello : Antepresente)

haya	bruñido
hayas	bruñido
haya	bruñido
hayamos	bruñido
hayáis	bruñido
hayan	bruñido

Pretérito imperfecto
(Bello : Pretérito)

bruñera	
bruñeras	
bruñera	
bruñéramos	
bruñerais	
bruñeran	
bruñese	
bruñeses	
bruñese	
bruñésemos	
bruñeseis	
bruñesen	

Pretérito pluscuamperfecto
(Bello : Antepretérito)

hubiera	bruñido
hubieras	bruñido
hubiera	bruñido
hubiéramos	bruñido
hubierais	bruñido
hubieran	bruñido
hubiese	bruñido
hubieses	bruñido
hubiese	bruñido
hubiésemos	bruñido
hubieseis	bruñido
hubiesen	bruñido

Futuro
(Bello : Futuro)

bruñere	
bruñeres	
bruñere	
bruñéremos	
bruñereis	
bruñeren	

Futuro perfecto
(Bello : Antefuturo)

hubiere	bruñido
hubieres	bruñido
hubiere	bruñido
hubiéremos	bruñido
hubiereis	bruñido
hubieren	bruñido

MODO IMPERATIVO

Presente
bruñ e (tú)
bruñ a (él, usted)

bruñ amos (nosotros)
bruñ id (vosotros)
bruñ an (ellos, ustedes)

FORMAS NO PERSONALES

Tiempos simples	Tiempos compuestos
Infinitivo: **bruñir**	Infinitivo compuesto haber bruñido
Gerundio: **bruñendo**	
Participio: **bruñ ido**	Gerundio compuesto habiendo bruñido

50

15 caber verbos irregulares

FORMAS PERSONALES

MODO INDICATIVO		MODO SUBJUNTIVO	
Tiempos simples	Tiempos compuestos	Tiempos simples	Tiempos compuestos

Presente (Bello : Presente)	Pretérito perfecto compuesto (Bello : Antepresente)		Presente (Bello : Presente)	Pretérito perfecto (Bello : Antepresente)	
quepo	he	cabido	quepa	haya	cabido
cab es	has	cabido	quepas	hayas	cabido
cab e	ha	cabido	quepa	haya	cabido
cab emos	hemos	cabido	quepamos	hayamos	cabido
cab éis	habéis	cabido	quepáis	hayáis	cabido
cab en	han	cabido	quepan	hayan	cabido

Pretérito imperfecto (Bello : Copretérito)	Pretérito pluscuamperfecto (Bello : Antecopretérito)		Pretérito imperfecto (Bello : Pretérito)	Pretérito pluscuamperfecto (Bello : Antepretérito)	
			cupiera	hubiera	cabido
cab ía	había	cabido	cupieras	hubieras	cabido
cab ías	habías	cabido	cupiera	hubiera	cabido
cab ía	había	cabido	cupiéramos	hubléramos	cabido
cab íamos	habíamos	cabido	cupierais	hubierais	cabido
cab íais	habíais	cabido	cupieran	hubieran	cabido
cab ían	habían	cabido			
			cupiese	hubiese	cabido
			cupieses	hubieses	cabido
Pretérito perfecto simple (Bello : Pretérito)	Pretérito anterior (Bello : Antepretérito)		cupiese	hubiese	cabido
			cupiésemos	hubiésemos	cabido
cupe	hube	cabido	cupieseis	hubieseis	cabido
cupiste	hubiste	cabido	cupiesen	hubiesen	cabido
cupo	hubo	cabido			
cupimos	hubimos	cabido	Futuro (Bello : Futuro)	Futuro perfecto (Bello : Antefuturo)	
cupisteis	hubisteis	cabido			
cupieron	hubieron	cabido	cupiere	hubiere	cabido
			cupieres	hubieres	cabido
			cupiere	hubiere	cabido
Futuro (Bello : Futuro)	Futuro perfecto (Bello : Antefuturo)		cupiéremos	hubiéremos	cabido
			cupiereis	hubiereis	cabido
cabré	habré	cabido	cupieren	hubieren	cabido
cabrás	habrás	cabido
cabrá	habrá	cabido
cabremos	habremos	cabido
cabréis	habréis	cabido
cabrán	habrán	cabido

MODO IMPERATIVO

Presente	
	quepamos (nosotros)
cab e (tú)	cab ed (vosotros)
quepa (él, usted)	quepan (ellos, ustedes)

FORMAS NO PERSONALES

Tiempos simples	Tiempos compuestos
Infinitivo: caber	Infinitivo compuesto haber cabido
Gerundio: cab iendo	Gerundio compuesto habiendo cabido
Participio: cab ido	

Condicional (Bello : Pospretérito)	Condicional perfecto (Bello : Antepospretérito)	
cabría	habría	cabido
cabrías	habrías	cabido
cabría	habría	cabido
cabríamos	habríamos	cabido
cabríais	habríais	cabido
cabrían	habrían	cabido

16 caer verbos irregulares

FORMAS PERSONALES

MODO INDICATIVO

Tiempos simples	Tiempos compuestos

Presente
(Bello : Presente)

caigo
ca es
ca e
ca emos
ca éis
ca en

Pretérito perfecto compuesto
(Bello : Antepresente)

he	caído
has	caído
ha	caído
hemos	caído
habéis	caído
han	caído

Pretérito imperfecto
(Bello : Copretérito)

ca ía
ca ías
ca ía
ca íamos
ca íais
ca ían

Pretérito pluscuamperfecto
(Bello : Antecopretérito)

había	caído
habías	caído
había	caído
habíamos	caído
habíais	caído
habían	caído

Pretérito perfecto simple
(Bello : Pretérito)

ca í
caíste
cayó
caímos
caísteis
cayeron

Pretérito anterior
(Bello : Antepretérito)

hube	caído
hubiste	caído
hubo	caído
hubimos	caído
hubisteis	caído
hubieron	caído

Futuro
(Bello : Futuro)

caer é
caer ás
caer á
caer emos
caer éis
caer án

Futuro perfecto
(Bello : Antefuturo)

habré	caído
habrás	caído
habrá	caído
habremos	caído
habréis	caído
habrán	caído

Condicional
(Bello : Pospretérito)

caer ía
caer ías
caer ía
caer íamos
caer íais
caer ían

Condicional perfecto
(Bello : Antepospretérito)

habría	caído
habrías	caído
habría	caído
habríamos	caído
habríais	caído
habrían	caído

MODO SUBJUNTIVO

Tiempos simples	Tiempos compuestos

Presente
(Bello : Presente)

caiga
caigas
caiga
caigamos
caigáis
caigan

Pretérito perfecto
(Bello : Antepresente)

haya	caído
hayas	caído
haya	caído
hayamos	caído
hayáis	caído
hayan	caído

Pretérito imperfecto
(Bello : Pretérito)

cayera
cayeras
cayera
cayéramos
cayerais
cayeran

Pretérito pluscuamperfecto
(Bello : Antepretérito)

hubiera	caído
hubieras	caído
hubiera	caído
hubiéramos	caído
hubierais	caído
hubieran	caído

cayese
cayeses
cayese
cayésemos
cayeseis
cayesen

hubiese	caído
hubieses	caído
hubiese	caído
hubiésemos	caído
hubieseis	caído
hubiesen	caído

Futuro
(Bello : Futuro)

cayere
cayeres
cayere
cayéremos
cayereis
cayeren

Futuro perfecto
(Bello : Antefuturo)

hubiere	caído
hubieres	caído
hubiere	caído
hubiéremos	caído
hubiereis	caído
hubieren	caído

MODO IMPERATIVO

Presente
ca e (tú)
caiga (él, usted)

caigamos (nosotros)
ca ed (vosotros)
caigan (ellos, ustedes)

FORMAS NO PERSONALES

Tiempos simples	Tiempos compuestos

Infinitivo: **caer**

Gerundio: **cayendo**

Participio: **caído**

Infinitivo compuesto
haber caído

Gerundio compuesto
habiendo caído

17 cocer verbos irregulares

FORMAS PERSONALES

MODO INDICATIVO		MODO SUBJUNTIVO	
Tiempos simples	Tiempos compuestos	Tiempos simples	Tiempos compuestos

Presente
(Bello : Presente)

Pretérito perfecto compuesto
(Bello : Antepresente)

Presente
(Bello : Presente)

Pretérito perfecto
(Bello : Antepresente)

cuezo	he	cocido	**cueza**	haya	cocido
cueces	has	cocido	**cuezas**	hayas	cocido
cuece	ha	cocido	**cueza**	haya	cocido
coc emos	hemos	cocido	**cozamos**	hayamos	cocido
coc éis	habéis	cocido	**cozáis**	hayáis	cocido
cuecen	han	cocido	**cuezan**	hayan	cocido

Pretérito imperfecto
(Bello : Copretérito)

Pretérito pluscuamperfecto
(Bello : Antecopretérito)

Pretérito imperfecto
(Bello : Pretérito)

Pretérito pluscuamperfecto
(Bello : Antepretérito)

coc ía	había	cocido	**coc** ie *ra*	hubiera	cocido
coc ías	habías	cocido	**coc** ie *ras*	hubieras	cocido
coc ía	había	cocido	**coc** ie *ra*	hubiera	cocido
coc íamos	habíamos	cocido	**coc** ié *ramos*	hubiéramos	cocido
coc íais	habíais	cocido	**coc** ie *rais*	hubierais	cocido
coc ían	habían	cocido	**coc** ie *ran*	hubieran	cocido

coc ie *se*	hubiese	cocido
coc ie *ses*	hubieses	cocido
coc ie *se*	hubiese	cocido
coc ié *semos*	hubiésemos	cocido
coc ie *seis*	hubieseis	cocido
coc ie *sen*	hubiesen	cocido

Pretérito perfecto simple
(Bello : Pretérito)

Pretérito anterior
(Bello : Antepretérito)

coc í	hube	cocido
coc iste	hubiste	cocido
coc ió	hubo	cocido
coc imos	hubimos	cocido
coc isteis	hubisteis	cocido
coc ie *ron*	hubieron	cocido

Futuro
(Bello : Futuro)

Futuro perfecto
(Bello : Antefuturo)

coc ie *re*	hubiere	cocido
coc ie *res*	hubieres	cocido
coc ie *re*	hubiere	cocido
coc ié *remos*	hubiéremos	cocido
coc ie *reis*	hubiereis	cocido
coc ie *ren*	hubieren	cocido

Futuro
(Bello : Futuro)

Futuro perfecto
(Bello : Antefuturo)

cocer é	habré	cocido
cocer ás	habrás	cocido
cocer á	habrá	cocido
cocer emos	habremos	cocido
cocer éis	habréis	cocido
cocer án	habrán	cocido

MODO IMPERATIVO

Presente

cuece (tú)	**cozamos** (nosotros)
cueza (él, usted)	**coc** ed (vosotros)
	cuezan (ellos, ustedes)

Condicional
(Bello : Pospretérito)

Condicional perfecto
(Bello : Antepospretérito)

cocer ía	habría	cocido
cocer ías	habrías	cocido
cocer ía	habría	cocido
cocer íamos	habríamos	cocido
cocer íais	habríais	cocido
cocer ían	habrían	cocido

FORMAS NO PERSONALES

Tiempos simples	Tiempos compuestos
Infinitivo: **cocer**	Infinitivo compuesto
	haber cocido
Gerundio: **coc** iendo	
	Gerundio compuesto
Participio: **coc** ido	habiendo cocido

18 **colgar** verbos irregulares

FORMAS PERSONALES

MODO INDICATIVO		MODO SUBJUNTIVO	
Tiempos simples	Tiempos compuestos	Tiempos simples	Tiempos compuestos

Presente
(Bello : Presente)

Pretérito perfecto compuesto
(Bello : Antepresente)

Presente
(Bello : Presente)

Pretérito perfecto
(Bello : Antepresente)

cuelgo	he	colgado	**cuelgue**	haya	colgado
cuelgas	has	colgado	**cuelgues**	hayas	colgado
cuelga	ha	colgado	**cuelgue**	haya	colgado
colg amos	hemos	colgado	**colguemos**	hayamos	colgado
colg áis	habéis	colgado	**colguéis**	hayáis	colgado
cuelgan	han	colgado	**cuelguen**	hayan	colgado

Pretérito imperfecto
(Bello : Copretérito)

Pretérito pluscuamperfecto
(Bello : Antecopretérito)

Pretérito imperfecto
(Bello : Pretérito)

Pretérito pluscuamperfecto
(Bello : Antepretérito)

colg aba	había	colgado	**colg** a *ra*	hubiera	colgado
colg abas	habías	colgado	**colg** a *ras*	hubieras	colgado
colg aba	había	colgado	**colg** a *ra*	hubiera	colgado
colg ábamos	habíamos	colgado	**colg** á *ramos*	hubiéramos	colgado
colg abais	habíais	colgado	**colg** a *rais*	hubierais	colgado
colg aban	habían	colgado	**colg** a *ran*	hubieran	colgado

colg a *se*	hubiese	colgado
colg a *ses*	hubieses	colgado
colg a *se*	hubiese	colgado
colg á *semos*	hubiésemos	colgado
colg a *seis*	hubieseis	colgado
colg a *sen*	hubiesen	colgado

Pretérito perfecto simple
(Bello : Pretérito)

Pretérito anterior
(Bello : Antepretérito)

colgué	hube	colgado
colg aste	hubiste	colgado
colg ó	hubo	colgado
colg amos	hubimos	colgado
colg asteis	hubisteis	colgado
colg a *ron*	hubieron	colgado

Futuro
(Bello : Futuro)

Futuro perfecto
(Bello : Antefuturo)

colg a *re*	hubiere	colgado
colg a *res*	hubieres	colgado
colg a *re*	hubiere	colgado
colg á *remos*	hubiéremos	colgado
colg a *reis*	hubiereis	colgado
colg a *ren*	hubieren	colgado

Futuro
(Bello : Futuro)

Futuro perfecto
(Bello : Antefuturo)

colgar é	habré	colgado
colgar ás	habrás	colgado
colgar á	habrá	colgado
colgar emos	habremos	colgado
colgar éis	habréis	colgado
colgar án	habrán	colgado

MODO IMPERATIVO

Presente

cuelga (tú)	**colguemos** (nosotros)
cuelgue (él, usted)	**colg** ad (vosotros)
	cuelguen (ellos, ustedes)

Condicional
(Bello : Pospretérito)

Condicional perfecto
(Bello : Antepospretérito)

FORMAS NO PERSONALES

Tiempos simples	Tiempos compuestos
Infinitivo: **colgar**	Infinitivo compuesto
	haber colgado
Gerundio: **colg** ando	
	Gerundio compuesto
Participio: **colg** ado	habiendo colgado

colgar ía	habría	colgado
colgar ías	habrías	colgado
colgar ía	habría	colgado
colgar íamos	habríamos	colgado
colgar íais	habríais	colgado
colgar ían	habrían	colgado

19 conocer verbos irregulares

FORMAS PERSONALES

MODO INDICATIVO		MODO SUBJUNTIVO	
Tiempos simples	Tiempos compuestos	Tiempos simples	Tiempos compuestos

Presente
(Bello : Presente)

Pretérito perfecto compuesto
(Bello : Antepresente)

Presente
(Bello : Presente)

Pretérito perfecto
(Bello : Antepresente)

conozco	he	conocido	conozca	haya	conocido
conoc es	has	conocido	conozcas	hayas	conocido
conoc e	ha	conocido	conozca	haya	conocido
conoc emos	hemos	conocido	conozcamos	hayamos	conocido
conoc éis	habéis	conocido	conozcáis	hayáis	conocido
conoc en	han	conocido	conozcan	hayan	conocido

Pretérito imperfecto
(Bello : Pretérito)

Pretérito pluscuamperfecto
(Bello : Antepretérito)

conoc ie ra	hubiera	conocido
conoc ie ras	hubieras	conocido
conoc ie ra	hubiera	conocido
conoc ié ramos	hubiéramos	conocido
conoc ie rais	hubierais	conocido
conoc ie ran	hubieran	conocido

Pretérito imperfecto
(Bello : Copretérito)

Pretérito pluscuamperfecto
(Bello : Antecopretérito)

conoc ía	había	conocido
conoc ías	habías	conocido
conoc ía	había	conocido
conoc íamos	habíamos	conocido
conoc íais	habíais	conocido
conoc ían	habían	conocido

conoc ie se	hubiese	conocido
conoc ie ses	hubieses	conocido
conoc ie se	hubiese	conocido
conoc ié semos	hubiésemos	conocido
conoc ie seis	hubieseis	conocido
conoc ie sen	hubiesen	conocido

Pretérito perfecto simple
(Bello : Pretérito)

Pretérito anterior
(Bello : Antepretérito)

conoc í	hube	conocido
conoc iste	hubiste	conocido
conoc ió	hubo	conocido
conoc imos	hubimos	conocido
conoc isteis	hubisteis	conocido
conoc ie ron	hubieron	conocido

Futuro
(Bello : Futuro)

Futuro perfecto
(Bello : Antefuturo)

conoc ie re	hubiere	conocido
conoc ie res	hubieres	conocido
conoc ie re	hubiere	conocido
conoc ié remos	hubiéremos	conocido
conoc ie reis	hubiereis	conocido
conoc ie ren	hubieren	conocido

Futuro
(Bello : Futuro)

Futuro perfecto
(Bello : Antefuturo)

conocer é	habré	conocido
conocer ás	habrás	conocido
conocer á	habrá	conocido
conocer emos	habremos	conocido
conocer éis	habréis	conocido
conocer án	habrán	conocido

MODO IMPERATIVO

Presente

conoc e (tú)	conozcamos (nosotros)
conozca (él, usted)	conoc ed (vosotros)
	conozcan (ellos, ustedes)

Condicional
(Bello : Pospretérito)

Condicional perfecto
(Bello : Antepospretérito)

FORMAS NO PERSONALES

Tiempos simples	Tiempos compuestos

conocer ía	habría	conocido
conocer ías	habrías	conocido
conocer ía	habría	conocido
conocer íamos	habríamos	conocido
conocer íais	habríais	conocido
conocer ían	habrían	conocido

Infinitivo: **conocer**

Infinitivo compuesto
haber conocido

Gerundio: **conoc** iendo

Gerundio compuesto
habiendo conocido

Participio: **conoc** ido

FORMAS PERSONALES

MODO INDICATIVO		**MODO SUBJUNTIVO**	
Tiempos simples	Tiempos compuestos	Tiempos simples	Tiempos compuestos

Presente (Bello : Presente)	Pretérito perfecto compuesto (Bello : Antepresente)	Presente (Bello : Presente)	Pretérito perfecto (Bello : Antepresente)
cre o	he creído	**cre** a	haya creído
cre es	has creído	**cre** as	hayas creído
cre e	ha creído	**cre** a	haya creído
cre emos	hemos creído	**cre** amos	hayamos creído
cre éis	habéis creído	**cre** áis	hayáis creído
cre en	han creído	**cre** an	hayan creído

Pretérito imperfecto (Bello : Copretérito)	Pretérito pluscuamperfecto (Bello : Antecopretérito)	Pretérito imperfecto (Bello : Pretérito)	Pretérito pluscuamperfecto (Bello : Antepretérito)
cre ía	había creído	**creyera**	hubiera creído
cre ías	habías creído	**creyeras**	hubieras creído
cre ía	había creído	**creyera**	hubiera creído
cre íamos	habíamos creído	**creyéramos**	hubiéramos creído
cre íais	habíais creído	**creyerais**	hubierais creído
cre ían	habían creído	**creyeran**	hubieran creído
		creyese	hubiese creído
		creyeses	hubieses creído
Pretérito perfecto simple (Bello : Pretérito)	Pretérito anterior (Bello : Antepretérito)	**creyese**	hubiese creído
		creyésemos	hubiésemos creído
cre í	hube creído	**creyeseis**	hubieseis creído
creíste	hubiste creído	**creyesen**	hubiesen creído
creyó	hubo creído		
creímos	hubimos creído	Futuro (Bello : Futuro)	Futuro perfecto (Bello : Antefuturo)
creísteis	hubisteis creído		
creyeron	hubieron creído	**creyere**	hubiere creído
		creyeres	hubieres creído
		creyere	hubiere creído
Futuro (Bello : Futuro)	Futuro perfecto (Bello : Antefuturo)	**creyéremos**	hubiéremos creído
		creyereis	hubiereis creído
creer é	habré creído	**creyeren**	hubieren creído
creer ás	habrás creído		
creer á	habrá creído		
creer emos	habremos creído	**MODO IMPERATIVO**	
creer éis	habréis creído		
creer án	habrán creído	Presente	**cre** amos (nosotros)
		cre e (tú)	**cre** ed (vosotros)
		cre a (él, usted)	**cre** an (ellos, ustedes)
Condicional (Bello : Pospretérito)	Condicional perfecto (Bello : Antepospretérito)		

FORMAS NO PERSONALES

creer ía	habría creído	Tiempos simples	Tiempos compuestos
creer ías	habrías creído	Infinitivo: **creer**	Infinitivo compuesto
creer ía	habría creído		haber creído
creer íamos	habríamos creído	Gerundio: **creyendo**	
creer íais	habríais creído		Gerundio compuesto
creer ían	habrían creído	Participio: **creído**	habiendo creído

21 **dar** verbos irregulares

MODO INDICATIVO

Tiempos simples	Tiempos compuestos

Presente
(Bello : Presente)

Pretérito perfecto compuesto
(Bello : Antepresente)

doy	he	dado
d as	has	dado
d a	ha	dado
d amos	hemos	dado
d ais	habéis	dado
d an	han	dado

Pretérito imperfecto
(Bello : Copretérito)

Pretérito pluscuamperfecto
(Bello : Antecopretérito)

d aba	había	dado
d abas	habías	dado
d aba	había	dado
d ábamos	habíamos	dado
d abais	habíais	dado
d aban	habían	dado

Pretérito perfecto simple
(Bello : Pretérito)

Pretérito anterior
(Bello : Antepretérito)

di	hube	dado
diste	hubiste	dado
dio	hubo	dado
dimos	hubimos	dado
disteis	hubisteis	dado
dieron	hubieron	dado

Futuro
(Bello : Futuro)

Futuro perfecto
(Bello : Antefuturo)

dar é	habré	dado
dar ás	habrás	dado
dar á	habrá	dado
dar emos	habremos	dado
dar éis	habréis	dado
dar án	habrán	dado

Condicional
(Bello : Pospretérito)

Condicional perfecto
(Bello : Antepospretérito)

dar ía	habría	dado
dar ías	habrías	dado
dar ía	habría	dado
dar íamos	habríamos	dado
dar íais	habríais	dado
dar ían	habrían	dado

MODO SUBJUNTIVO

Tiempos simples	Tiempos compuestos

Presente
(Bello : Presente)

Pretérito perfecto
(Bello : Antepresente)

dé	haya	dado
d es	hayas	dado
dé	haya	dado
d emos	hayamos	dado
d eis	hayáis	dado
d en	hayan	dado

Pretérito imperfecto
(Bello : Pretérito)

Pretérito pluscuamperfecto
(Bello : Antepretérito)

diera	hubiera	dado
dieras	hubieras	dado
diera	hubiera	dado
diéramos	hubiéramos	dado
dierais	hubierais	dado
dieran	hubieran	dado
diese	hubiese	dado
dieses	hubieses	dado
diese	hubiese	dado
diésemos	hubiésemos	dado
dieseis	hubieseis	dado
diesen	hubiesen	dado

Futuro
(Bello : Futuro)

Futuro perfecto
(Bello : Antefuturo)

diere	hubiere	dado
dieres	hubieres	dado
diere	hubiere	dado
diéremos	hubiéremos	dado
diereis	hubiereis	dado
dieren	hubieren	dado

MODO IMPERATIVO

Presente

d a (tú)	d emos (nosotros)
dé (él, usted)	d ad (vosotros)
	d en (ellos, ustedes)

FORMAS NO PERSONALES

Tiempos simples	Tiempos compuestos
Infinitivo: **dar**	Infinitivo compuesto haber dado
Gerundio: **d** ando	Gerundio compuesto habiendo dado
Participio: **d** ado	

22 **decir** verbos irregulares

FORMAS PERSONALES

MODO INDICATIVO		MODO SUBJUNTIVO	
Tiempos simples	Tiempos compuestos	Tiempos simples	Tiempos compuestos

MODO INDICATIVO

Presente
(Bello : Presente)

digo	
dices	
dice	
dec imos	
dec ís	
dicen	

Pretérito perfecto compuesto
(Bello : Antepresente)

he	dicho
has	dicho
ha	dicho
hemos	dicho
habéis	dicho
han	dicho

Pretérito imperfecto
(Bello : Copretérito)

dec ía	
dec ías	
dec ía	
dec íamos	
dec íais	
dec ían	

Pretérito pluscuamperfecto
(Bello : Antecopretérito)

había	dicho
habías	dicho
había	dicho
habíamos	dicho
habíais	dicho
habían	dicho

Pretérito perfecto simple
(Bello : Pretérito)

dije	
dijiste	
dijo	
dijimos	
dijisteis	
dijeron	

Pretérito anterior
(Bello : Antepretérito)

hube	dicho
hubiste	dicho
hubo	dicho
hubimos	dicho
hubisteis	dicho
hubieron	dicho

Futuro
(Bello : Futuro)

diré	
dirás	
dirá	
diremos	
diréis	
dirán	

Futuro perfecto
(Bello : Antefuturo)

habré	dicho
habrás	dicho
habrá	dicho
habremos	dicho
habréis	dicho
habrán	dicho

Condicional
(Bello : Pospretérito)

diría	
dirías	
diría	
diríamos	
diríais	
dirían	

Condicional perfecto
(Bello : Antepospretérito)

habría	dicho
habrías	dicho
habría	dicho
habríamos	dicho
habríais	dicho
habrían	dicho

MODO SUBJUNTIVO

Presente
(Bello : Presente)

diga	
digas	
diga	
digamos	
digáis	
digan	

Pretérito perfecto
(Bello : Antepresente)

haya	dicho
hayas	dicho
haya	dicho
hayamos	dicho
hayáis	dicho
hayan	dicho

Pretérito imperfecto
(Bello : Pretérito)

dijera	
dijeras	
dijera	
dijéramos	
dijerais	
dijeran	
dijese	
dijeses	
dijese	
dijésemos	
dijeseis	
dijesen	

Pretérito pluscuamperfecto
(Bello : Antepretérito)

hubiera	dicho
hubieras	dicho
hubiera	dicho
hubiéramos	dicho
hubierais	dicho
hubieran	dicho
hubiese	dicho
hubieses	dicho
hubiese	dicho
hubiésemos	dicho
hubieseis	dicho
hubiesen	dicho

Futuro
(Bello : Futuro)

dijere	
dijeres	
dijere	
dijéremos	
dijereis	
dijeren	

Futuro perfecto
(Bello : Antefuturo)

hubiere	dicho
hubieres	dicho
hubiere	dicho
hubiéremos	dicho
hubiereis	dicho
hubieren	dicho

MODO IMPERATIVO

Presente

di (tú)	**digamos** (nosotros)
diga (él, usted)	**dec** id (vosotros)
	digan (ellos, ustedes)

FORMAS NO PERSONALES

Tiempos simples	Tiempos compuestos
Infinitivo: **decir**	Infinitivo compuesto
Gerundio: **diciendo**	haber dicho
	Gerundio compuesto
Participio: **dicho**	habiendo dicho

23 **defender** verbos irregulares

FORMAS PERSONALES

MODO INDICATIVO		MODO SUBJUNTIVO	
Tiempos simples	Tiempos compuestos	Tiempos simples	Tiempos compuestos

Presente
(Bello : Presente)

Pretérito perfecto compuesto
(Bello : Antepresente)

Presente
(Bello : Presente)

Pretérito perfecto
(Bello : Antepresente)

defiendo	he	defendido	**defienda**	haya	defendido
defiendes	has	defendido	**defiendas**	hayas	defendido
defiende	ha	defendido	**defienda**	haya	defendido
defend emos	hemos	defendido	**defend** amos	hayamos	defendido
defend éis	habéis	defendido	**defend** áis	hayáis	defendido
defienden	han	defendido	**defiendan**	hayan	defendido

Pretérito imperfecto
(Bello : Copretérito)

Pretérito pluscuamperfecto
(Bello : Antecopretérito)

Pretérito imperfecto
(Bello : Pretérito)

Pretérito pluscuamperfecto
(Bello : Antepretérito)

defend ía	había	defendido	**defend** ie *ra*	hubiera	defendido
defend ías	habías	defendido	**defend** ie *ras*	hubieras	defendido
defend ía	había	defendido	**defend** ie *ra*	hubiera	defendido
defend íamos	habíamos	defendido	**defend** ié *ramos*	hubiéramos	defendido
defend íais	habíais	defendido	**defend** ie *rais*	hubierais	defendido
defend ían	habían	defendido	**defend** ie *ran*	hubieran	defendido

defend ie *se*	hubiese	defendido
defend ie *ses*	hubieses	defendido
defend ie *se*	hubiese	defendido
defend ié *semos*	hubiésemos	defendido
defend ie *seis*	hubieseis	defendido
defend ie *sen*	hubiesen	defendido

Pretérito perfecto simple
(Bello : Pretérito)

Pretérito anterior
(Bello : Antepretérito)

defend í	hube	defendido
defend iste	hubiste	defendido
defend ió	hubo	defendido
defend imos	hubimos	defendido
defend isteis	hubisteis	defendido
defend ie *ron*	hubieron	defendido

Futuro
(Bello : Futuro)

Futuro perfecto
(Bello : Antefuturo)

defend ie *re*	hubiere	defendido
defend ie *res*	hubieres	defendido
defend ie *re*	hubiere	defendido
defend ié *remos*	hubiéremos	defendido
defend ie *reis*	hubiereis	defendido
defend ie *ren*	hubieren	defendido

Futuro
(Bello : Futuro)

Futuro perfecto
(Bello : Antefuturo)

defender é	habré	defendido
defender ás	habrás	defendido
defender á	habrá	defendido
defender emos	habremos	defendido
defender éis	habréis	defendido
defender án	habrán	defendido

MODO IMPERATIVO

Presente

defiende (tú)	**defend** amos (nosotros)
defienda (él, usted)	**defend** ed (vosotros)
	defiendan (ellos, ustedes)

Condicional
(Bello : Pospretérito)

Condicional perfecto
(Bello : Antepospretérito)

FORMAS NO PERSONALES

Tiempos simples	Tiempos compuestos
Infinitivo: **defender**	Infinitivo compuesto
	haber defendido
Gerundio: **defend** iendo	
	Gerundio compuesto
Participio: **defend** ido	habiendo defendido

defender ía	habría	defendido
defender ías	habrías	defendido
defender ía	habría	defendido
defender íamos	habríamos	defendido
defender íais	habríais	defendido
defender ían	habrían	defendido

24 **desosar** verbos irregulares

FORMAS PERSONALES

MODO INDICATIVO		**MODO SUBJUNTIVO**	
Tiempos simples	Tiempos compuestos	Tiempos simples	Tiempos compuestos

Presente (Bello : Presente)	Pretérito perfecto compuesto (Bello : Antepresente)	Presente (Bello : Presente)	Pretérito perfecto (Bello : Antepresente)
deshueso	he desosado	**deshuese**	haya desosado
deshuesas	has desosado	**deshueses**	hayas desosado
deshuesa	ha desosado	**deshuese**	haya desosado
desos amos	hemos desosado	**desos** emos	hayamos desosado
desos áis	habéis desosado	**desos** éis	hayáis desosado
deshuesan	han desosado	**deshuesen**	hayan desosado

Pretérito imperfecto (Bello : Copretérito)	Pretérito pluscuamperfecto (Bello : Antecopretérito)	Pretérito imperfecto (Bello : Pretérito)	Pretérito pluscuamperfecto (Bello : Antepretérito)
desos aba	había desosado	**desos** a *ra*	hubiera desosado
desos abas	habías desosado	**desos** a *ras*	hubieras desosado
desos aba	había desosado	**desos** a *ra*	hubiera desosado
desos ábamos	habíamos desosado	**desos** á *ramos*	hubiéramos desosado
desos abais	habíais desosado	**desos** a *rais*	hubierais desosado
desos aban	habían desosado	**desos** a *ran*	hubieran desosado
		desos a *se*	hubiese desosado
Pretérito perfecto simple (Bello : Pretérito)	Pretérito anterior (Bello : Antepretérito)	**desos** a *ses*	hubieses desosado
		desos a *se*	hubiese desosado
desos é	hube desosado	**desos** á *semos*	hubiésemos desosado
desos aste	hubiste desosado	**desos** a *seis*	hubieseis desosado
desos ó	hubo desosado	**desos** a *sen*	hubiesen desosado
desos amos	hubimos desosado		
desos asteis	hubisteis desosado	Futuro (Bello : Futuro)	Futuro perfecto (Bello : Antefuturo)
desos a *ron*	hubieron desosado		
		desos a *re*	hubiere desosado
		desos a *res*	hubieres desosado
Futuro (Bello : Futuro)	Futuro perfecto (Bello : Antefuturo)	**desos** a *re*	hubiere desosado
		desos á *remos*	hubiéremos desosado
desosar é	habré desosado	**desos** a *reis*	hubiereis desosado
desosar ás	habrás desosado	**desos** a *ren*	hubieren desosado
desosar á	habrá desosado		
desosar emos	habremos desosado		
desosar éis	habréis desosado	**MODO IMPERATIVO**	
desosar án	habrán desosado		

		Presente	
		deshuesa (tú)	**desos** emos (nosotros)
Condicional (Bello : Pospretérito)	Condicional perfecto (Bello : Antepospretérito)	**deshuese** (él, usted)	**desos** sad (vosotros)
			deshuesen (ellos, ustedes)

desosar ía	habría desosado
desosar ías	habrías desosado
desosar ía	habría desosado
desosar íamos	habríamos desosado
desosar íais	habríais desosado
desosar ían	habrían desosado

FORMAS NO PERSONALES

Tiempos simples	Tiempos compuestos
Infinitivo: **desosar**	Infinitivo compuesto haber desosado
Gerundio: **desos** ando	Gerundio compuesto habiendo desosado
Participio: **desos** ado	

25 discernir verbos irregulares

FORMAS PERSONALES

MODO INDICATIVO		MODO SUBJUNTIVO	
Tiempos simples	Tiempos compuestos	Tiempos simples	Tiempos compuestos

Presente (Bello : Presente)	Pretérito perfecto compuesto (Bello : Antepresente)	Presente (Bello : Presente)	Pretérito perfecto (Bello : Antepresente)
discierno	he discernido	discierna	haya discernido
disciernes	has discernido	disciernas	hayas discernido
discierne	ha discernido	discierna	haya discernido
discern imos	hemos discernido	discern amos	hayamos discernido
discern ís	habéis discernido	discern áis	hayáis discernido
disciernen	han discernido	disciernan	hayan discernido

		Pretérito imperfecto (Bello : Pretérito)	Pretérito pluscuamperfecto (Bello : Antepretérito)
Pretérito imperfecto (Bello : Copretérito)	**Pretérito pluscuamperfecto** (Bello : Antecopretérito)	discern ie ra	hubiera discernido
discern ía	había discernido	discern ie ras	hubieras discernido
discern ías	habías discernido	discern ie ra	hubiera discernido
discern ía	había discernido	discern ié ramos	hubiéramos discernido
discern íamos	habíamos discernido	discern ie rais	hubierais discernido
discern íais	habíais discernido	discern ie ran	hubieran discernido
discern ían	habían discernido		
		discern ie se	hubiese discernido
		discern ie ses	hubieses discernido
		discern ie se	hubiese discernido
Pretérito perfecto simple (Bello : Pretérito)	**Pretérito anterior** (Bello : Antepretérito)	discern ié semos	hubiésemos discernido
		discern ie seis	hubieseis discernido
discern í	hube discernido	discern ie sen	hubiesen discernido
discern iste	hubiste discernido		
discern ió	hubo discernido	**Futuro** (Bello : Futuro)	**Futuro perfecto** (Bello : Antefuturo)
discern imos	hubimos discernido		
discern isteis	hubisteis discernido	discern ie re	hubiere discernido
discern ie ron	hubieron discernido	discern ie res	hubieres discernido
		discern ie re	hubiere discernido
		discern ié remos	hubiéremos discernido
Futuro (Bello : Futuro)	**Futuro perfecto** (Bello : Antefuturo)	discern ie reis	hubiereis discernido
		discern ie ren	hubieren discernido
discernir é	habré discernido		
discernir ás	habrás discernido		
discernir á	habrá discernido		

MODO IMPERATIVO

discernir emos	habremos discernido	Presente	discern amos (nosotros)
discernir éis	habréis discernido	discierne (tú)	discern id (vosotros)
discernir án	habrán discernido	discierna (él, usted)	disciernan (ellos, ustedes)

Condicional (Bello : Pospretérito)	**Condicional perfecto** (Bello : Antepospretérito)

FORMAS NO PERSONALES

discernir ía	habría discernido	Tiempos simples	Tiempos compuestos
discernir ías	habrías discernido		
discernir ía	habría discernido	Infinitivo: **discernir**	Infinitivo compuesto haber discernido
discernir íamos	habríamos discernido	Gerundio: **discern** iendo	
discernir íais	habríais discernido		Gerundio compuesto
discernir ían	habrían discernido	Participio: **discern** ido	habiendo discernido

61

26 **dormir** verbos irregulares

FORMAS PERSONALES

MODO INDICATIVO		MODO SUBJUNTIVO	
Tiempos simples	Tiempos compuestos	Tiempos simples	Tiempos compuestos

Presente
(Bello : Presente)

Pretérito perfecto compuesto
(Bello : Antepresente)

duermo	he	dormido
duermes	has	dormido
duerme	ha	dormido
dorm imos	hemos	dormido
dorm ís	habéis	dormido
duermen	han	dormido

Pretérito imperfecto
(Bello : Copretérito)

Pretérito pluscuamperfecto
(Bello : Antecopretérito)

dorm ía	había	dormido
dorm ías	habías	dormido
dorm ía	había	dormido
dorm íamos	habíamos	dormido
dorm íais	habíais	dormido
dorm ían	habían	dormido

Pretérito perfecto simple
(Bello : Pretérito)

Pretérito anterior
(Bello : Antepretérito)

dorm í	hube	dormido
dorm iste	hubiste	dormido
durmió	hubo	dormido
dorm imos	hubimos	dormido
dorm isteis	hubisteis	dormido
durmieron	hubieron	dormido

Futuro
(Bello : Futuro)

Futuro perfecto
(Bello : Antefuturo)

dormir é	habré	dormido
dormir ás	habrás	dormido
dormir á	habrá	dormido
dormir emos	habremos	dormido
dormir éis	habréis	dormido
dormir án	habrán	dormido

Condicional
(Bello : Pospretérito)

Condicional perfecto
(Bello : Antepospretérito)

dormir ía	habría	dormido
dormir ías	habrías	dormido
dormir ía	habría	dormido
dormir íamos	habríamos	dormido
dormir íais	habríais	dormido
dormir ían	habrían	dormido

Presente
(Bello : Presente)

Pretérito perfecto
(Bello : Antepresente)

duerma	haya	dormido
duermas	hayas	dormido
duerma	haya	dormido
durmamos	hayamos	dormido
durmáis	hayáis	dormido
duerman	hayan	dormido

Pretérito imperfecto
(Bello : Pretérito)

Pretérito pluscuamperfecto
(Bello : Antepretérito)

durmiera	hubiera	dormido
durmieras	hubieras	dormido
durmiera	hubiera	dormido
durmiéramos	hubiéramos	dormido
durmierais	hubierais	dormido
durmieran	hubieran	dormido

durmiese	hubiese	dormido
durmieses	hubieses	dormido
durmiese	hubiese	dormido
durmiésemos	hubiésemos	dormido
durmieseis	hubieseis	dormido
durmiesen	hubiesen	dormido

Futuro
(Bello : Futuro)

Futuro perfecto
(Bello : Antefuturo)

durmiere	hubiere	dormido
durmieres	hubieres	dormido
durmiere	hubiere	dormido
durmiéremos	hubiéremos	dormido
durmiereis	hubiereis	dormido
durmieren	hubieren	dormido

MODO IMPERATIVO

Presente

duerme (tú)
duerma (él, usted)

durmamos (nosotros)
dorm id (vosotros)
duerman (ellos, ustedes)

FORMAS NO PERSONALES

Tiempos simples	Tiempos compuestos
Infinitivo: **dormir**	Infinitivo compuesto haber dormido
Gerundio: **durmiendo**	
Participio: **dorm ido**	Gerundio compuesto habiendo dormido

27 **elegir** verbos irregulares

FORMAS PERSONALES

MODO INDICATIVO		MODO SUBJUNTIVO	
Tiempos simples	Tiempos compuestos	Tiempos simples	Tiempos compuestos

Presente (Bello : Presente)	Pretérito perfecto compuesto (Bello : Antepresente)	Presente (Bello : Presente)	Pretérito perfecto (Bello : Antepresente)
elijo	he elegido	**elija**	haya elegido
eliges	has elegido	**elijas**	hayas elegido
elige	ha elegido	**elija**	haya elegido
eleg imos	hemos elegido	**elijamos**	hayamos elegido
eleg ís	habéis elegido	**elijáis**	hayáis elegido
eligen	han elegido	**elijan**	hayan elegido

Pretérito imperfecto (Bello : Copretérito)	Pretérito pluscuamperfecto (Bello : Antecopretérito)	Pretérito imperfecto (Bello : Pretérito)	Pretérito pluscuamperfecto (Bello : Antepretérito)
		eligiera	hubiera elegido
eleg ía	había elegido	**eligieras**	hubieras elegido
eleg ías	habías elegido	**eligiera**	hubiera elegido
eleg ía	había elegido	**eligiéramos**	hubiéramos elegido
eleg íamos	habíamos elegido	**eligierais**	hubierais elegido
eleg íais	habíais elegido	**eligieran**	hubieran elegido
eleg ían	habían elegido		
		eligiese	hubiese elegido
		eligieses	hubieses elegido
		eligiese	hubiese elegido
Pretérito perfecto simple (Bello : Pretérito)	Pretérito anterior (Bello : Antepretérito)	**eligiésemos**	hubiésemos elegido
		eligieseis	hubieseis elegido
eleg í	hube elegido	**eligiesen**	hubiesen elegido
eleg iste	hubiste elegido		
eligió	hubo elegido	Futuro (Bello : Futuro)	Futuro perfecto (Bello : Antefuturo)
eleg imos	hubimos elegido		
eleg isteis	hubisteis elegido		
eligieron	hubieron elegido	**eligiere**	hubiere elegido
		eligieres	hubieres elegido
		eligiere	hubiere elegido
Futuro (Bello : Futuro)	Futuro perfecto (Bello : Antefuturo)	**eligiéremos**	hubiéremos elegido
		eligiereis	hubiereis elegido
elegir é	habré elegido	**eligieren**	hubieren elegido
elegir ás	habrás elegido		
elegir á	habrá elegido		
elegir emos	habremos elegido	**MODO IMPERATIVO**	
elegir éis	habréis elegido		
elegir án	habrán elegido	Presente	**elijamos** (nosotros)
		elige (tú)	**eleg** id (vosotros)
		elija (él, usted)	**elijan** (ellos, ustedes)

Condicional (Bello : Pospretérito)	Condicional perfecto (Bello : Antepospretérito)	FORMAS NO PERSONALES	
		Tiempos simples	Tiempos compuestos
elegir ía	habría elegido	Infinitivo: **elegir**	Infinitivo compuesto
elegir ías	habrías elegido		haber elegido
elegir ía	habría elegido	Gerundio: **eligiendo**	
elegir íamos	habríamos elegido		Gerundio compuesto
elegir íais	habríais elegido	Participio: **eleg** ido	habiendo elegido
elegir ían	habrían elegido		

28 **embaír** verbos irregulares

FORMAS PERSONALES			

MODO INDICATIVO

Tiempos simples	Tiempos compuestos

Presente
(Bello : Presente)

—	
—	
—	
embaímos	
emba ís	
—	

Pretérito perfecto compuesto
(Bello : Antepresente)

he	embaído
has	embaído
ha	embaído
hemos	embaído
habéis	embaído
han	embaído

Pretérito imperfecto
(Bello : Copretérito)

emba ía	
emba ías	
emba ía	
emba íamos	
emba íais	
emba ían	

Pretérito pluscuamperfecto
(Bello : Antecopretérito)

había	embaído
habías	embaído
había	embaído
habíamos	embaído
habíais	embaído
habían	embaído

Pretérito perfecto simple
(Bello : Pretérito)

emba í	
embaíste	
embayó	
embaímos	
embaísteis	
embayeron	

Pretérito anterior
(Bello : Antepretérito)

hube	embaído
hubiste	embaído
hubo	embaído
hubimos	embaído
hubisteis	embaído
hubieron	embaído

Futuro
(Bello : Futuro)

embair é	
embair ás	
embair á	
embair emos	
embair éis	
embair án	

Futuro perfecto
(Bello : Antefuturo)

habré	embaído
habrás	embaído
habrá	embaído
habremos	embaído
habréis	embaído
habrán	embaído

Condicional
(Bello : Pospretérito)

embair ía	
embair ías	
embair ía	
embair íamos	
embair íais	
embair ían	

Condicional perfecto
(Bello : Antepospretérito)

habría	embaído
habrías	embaído
habría	embaído
habríamos	embaído
habríais	embaído
habrían	embaído

MODO SUBJUNTIVO

Tiempos simples	Tiempos compuestos

Presente
(Bello : Presente)

—	
—	
—	
—	
—	
—	

Pretérito perfecto
(Bello : Antepresente)

haya	embaído
hayas	embaído
haya	embaído
hayamos	embaído
hayáis	embaído
hayan	embaído

Pretérito imperfecto
(Bello : Pretérito)

embayera	
embayeras	
embayera	
embayéramos	
embayerais	
embayeran	
embayese	
embayeses	
embayese	
embayésemos	
embayeseis	
embayesen	

Pretérito pluscuamperfecto
(Bello : Antepretérito)

hubiera	embaído
hubieras	embaído
hubiera	embaído
hubiéramos	embaído
hubierais	embaído
hubieran	embaído
hubiese	embaído
hubieses	embaído
hubiese	embaído
hubiésemos	embaído
hubieseis	embaído
hubiesen	embaído

Futuro
(Bello : Futuro)

embayere	
embayeres	
embayere	
embayéremos	
embayereis	
embayeren	

Futuro perfecto
(Bello : Antefuturo)

hubiere	embaído
hubieres	embaído
hubiere	embaído
hubiéremos	embaído
hubiereis	embaído
hubieren	embaído

MODO IMPERATIVO

Presente

— (tú)	— (nosotros)
— (él, usted)	**embaid** (vosotros)
	— (ellos, ustedes)

FORMAS NO PERSONALES

Tiempos simples	Tiempos compuestos
Infinitivo: **embaír**	Infinitivo compuesto
Gerundio: **embayendo**	haber embaído
	Gerundio compuesto
Participio: **embaído**	habiendo embaído

29 **empezar** verbos irregulares

FORMAS PERSONALES

MODO INDICATIVO		**MODO SUBJUNTIVO**	
Tiempos simples	Tiempos compuestos	Tiempos simples	Tiempos compuestos

Presente (Bello : Presente)	Pretérito perfecto compuesto (Bello : Antepresente)	Presente (Bello : Presente)	Pretérito perfecto (Bello : Antepresente)
empiezo	he empezado	**empiece**	haya empezado
empiezas	has empezado	**empieces**	hayas empezado
empieza	ha empezado	**empiece**	haya empezado
empez amos	hemos empezado	**empecemos**	hayamos empezado
empez áis	habéis empezado	**empecéis**	hayáis empezado
empiezan	han empezado	**empiecen**	hayan empezado

Pretérito imperfecto (Bello : Copretérito)	Pretérito pluscuamperfecto (Bello : Antecopretérito)	Pretérito imperfecto (Bello : Pretérito)	Pretérito pluscuamperfecto (Bello : Antepretérito)
empez aba	había empezado	**empez** a *ra*	hubiera empezado
empez abas	habías empezado	**empez** a *ras*	hubieras empezado
empez aba	había empezado	**empez** a *ra*	hubiera empezado
empez ábamos	habíamos empezado	**empez** á *ramos*	hubiéramos empezado
empez abais	habíais empezado	**empez** a *rais*	hubierais empezado
empez aban	habían empezado	**empez** a *ran*	hubieran empezado
		empez a *se*	hubiese empezado
		empez a *ses*	hubieses empezado
		empez a *se*	hubiese empezado
		empez á *semos*	hubiésemos empezado
		empez a *seis*	hubieseis empezado
		empez a *sen*	hubiesen empezado

Pretérito perfecto simple (Bello : Pretérito)	Pretérito anterior (Bello : Antepretérito)
empecé	hube empezado
empez aste	hubiste empezado
empez ó	hubo empezado
empez amos	hubimos empezado
empez.asteis	hubisteis empezado
empez a *ron*	hubieron empezado

Futuro (Bello : Futuro)	Futuro perfecto (Bello : Antefuturo)
empez a *re*	hubiere empezado
empez a *res*	hubieres empezado
empez a *re*	hubiere empezado
empez á *remos*	hubiéremos empezado
empez a *reis*	hubiereis empezado
empez a *ren*	hubieren empezado

Futuro (Bello : Futuro)	Futuro perfecto (Bello : Antefuturo)
empezar é	habré empezado
empezar ás	habrás empezado
empezar á	habrá empezado
empezar emos	habremos empezado
empezar éis	habréis empezado
empezar án	habrán empezado

MODO IMPERATIVO

Presente	
	empecemos (nosotros)
empieza (tú).	**empez** ad (vosotros)
empiece (él, usted)	**empiecen** (ellos, ustedes)

Condicional (Bello : Pospretérito)	Condicional perfecto (Bello : Antepospretérito)
empezar ía	habría empezado
empezar ías	habrías empezado
empezar ía	habría empezado
empezar íamos	habríamos empezado
empezar íais	habríais empezado
empezar ían	habrían empezado

FORMAS NO PERSONALES

Tiempos simples	Tiempos compuestos
Infinitivo: **empezar**	Infinitivo compuesto haber empezado
Gerundio: **empez** ando	
Participio: **empez** ado	Gerundio compuesto habiendo empezado

FORMAS PERSONALES

MODO INDICATIVO		**MODO SUBJUNTIVO**	
Tiempos simples	Tiempos compuestos	Tiempos simples	Tiempos compuestos

Presente (Bello : Presente)	Pretérito perfecto compuesto (Bello : Antepresente)	Presente (Bello : Presente)	Pretérito perfecto (Bello : Antepresente)
encuentro	he encontrado	encuentre	haya encontrado
encuentras	has encontrado	encuentres	hayas encontrado
encuentra	ha encontrado	encuentre	haya encontrado
encontr amos	hemos encontrado	encontr emos	hayamos encontrado
encontr áis	habéis encontrado	encontr éis	hayáis encontrado
encuentran	han encontrado	encuentren	hayan encontrado

Pretérito imperfecto (Bello : Copretérito)	Pretérito pluscuamperfecto (Bello : Antecopretérito)	Pretérito imperfecto (Bello : Pretérito)	Pretérito pluscuamperfecto (Bello : Antepretérito)
encontr aba	había encontrado	encontr a ra	hubiera encontrado
encontr abas	habías encontrado	encontr a ras	hubieras encontrado
encontr aba	había encontrado	encontr a ra	hubiera encontrado
encontr ábamos	habíamos encontrado	encontr á ramos	hubiéramos encontrado
encontr abais	habíais encontrado	encontr a rais	hubierais encontrado
encontr aban	habían encontrado	encontr a ran	hubieran encontrado
		encontr a se	hubiese encontrado
		encontr a ses	hubieses encontrado
		encontr a se	hubiese encontrado
		encontr á semos	hubiésemos encontrado
		encontr a seis	hubieseis encontrado
		encontr a sen	hubiesen encontrado

Pretérito perfecto simple (Bello : Pretérito)	Pretérito anterior (Bello : Antepretérito)	Futuro (Bello : Futuro)	Futuro perfecto (Bello : Antefuturo)
encontr é	hube encontrado	encontr a re	hubiere encontrado
encontr aste	hubiste encontrado	encontr a res	hubieres encontrado
encontr ó	hubo encontrado	encontr a re	hubiere encontrado
encontr amos	hubimos encontrado	encontr á remos	hubiéremos encontrado
encontr asteis	hubisteis encontrado	encontr a reis	hubiereis encontrado
encontr a ron	hubieron encontrado	encontr a ren	hubieren encontrado

Futuro (Bello : Futuro)	Futuro perfecto (Bello : Antefuturo)
encontrar é	habré encontrado
encontrar ás	habrás encontrado
encontrar á	habrá encontrado
encontrar emos	habremos encontrado
encontrar éis	habréis encontrado
encontrar án	habrán encontrado

MODO IMPERATIVO

Presente	
	encontr emos (nosotros)
encuentra (tú)	encontr ad (vosotros)
encuentre (él, usted)	encuentren (ellos, ustedes)

Condicional (Bello : Pospretérito)	Condicional perfecto (Bello : Antepospretérito)
encontrar ía	habría encontrado
encontrar ías	habrías encontrado
encontrar ía	habría encontrado
encontrar íamos	habríamos encontrado
encontrar íais	habríais encontrado
encontrar ían	habrían encontrado

FORMAS NO PERSONALES

Tiempos simples	Tiempos compuestos
Infinitivo: **encontrar**	Infinitivo compuesto haber encontrado
Gerundio: **encontr** ando	Gerundio compuesto habiendo encontrado
Participio: **encontr** ado	

31 erguir   verbos irregulares

FORMAS PERSONALES

MODO INDICATIVO		MODO SUBJUNTIVO	
Tiempos simples	Tiempos compuestos	Tiempos simples	Tiempos compuestos

Presente (Bello : Presente)	Pretérito perfecto compuesto (Bello : Antepresente)	Presente (Bello : Presente)	Pretérito perfecto (Bello : Antepresente)
irgo; yergo	he erguido	**irga ;yerga**	haya erguido
irgues; yergues	has erguido	**irgas ;yergas**	hayas erguido
irgue; yergue	ha erguido	**irga ;yerga**	haya erguido
ergu imos	hemos erguido	**irgamos**	hayamos erguido
ergu is	habéis erguido	**irgáis**	hayáis erguido
irguen; yerguen	han erguido	**irgan ;yergan**	hayan erguido

Pretérito imperfecto (Bello : Copretérito)	Pretérito pluscuamperfecto (Bello : Antecopretérito)	Pretérito imperfecto (Bello : Pretérito)	Pretérito pluscuamperfecto (Bello : Antepretérito)
		irguiera	hubiera erguido
ergu ía	había erguido	**irguieras**	hubieras erguido
ergu ías	habías erguido	**irguiera**	hubiera erguido
ergu ía	había erguido	**irguiéramos**	hubiéramos erguido
ergu íamos	habíamos erguido	**irguierais**	hubierais erguido
ergu íais	habíais erguido	**irguieran**	hubieran erguido
ergu ían	habían erguido		
		irguiese	hubiese erguido
		irguieses	hubieses erguido
		irguiese	hubiese erguido
Pretérito perfecto simple (Bello : Pretérito)	Pretérito anterior (Bello : Antepretérito)	**irguiésemos**	hubiésemos erguido
		irguieseis	hubieseis erguido
ergu í	hube erguido	**irguiesen**	hubiesen erguido
ergu iste	hubiste erguido		
irguió	hubo erguido	Futuro (Bello : Futuro)	Futuro perfecto (Bello : Antefuturo)
ergu imos	hubimos erguido		
ergu isteis	hubisteis erguido		
irguieron	hubieron erguido	**irguiere**	hubiere erguido
		irguieres	hubieres erguido
		irguiere	hubiere erguido
Futuro (Bello : Futuro)	Futuro perfecto (Bello : Antefuturo)	**irguiéremos**	hubiéremos erguido
		irguiereis	hubiereis erguido
erguir é	habré erguido	**irguieren**	hubieren erguido
erguir ás	habrás erguido		
erguir á	habrá erguido		
erguir emos	habremos erguido	## MODO IMPERATIVO	
erguir éis	habréis erguido		
erguir án	habrán erguido	Presente	**irgamos;** (nosotros)
		irgue; yergue (tú)	**ergu** id (vosotros)
		irga; yerga (él, usted)	**irgan; yergan** (ellos, ustedes)

Condicional (Bello : Pospretérito)	Condicional perfecto (Bello : Antepospretérito)	
		## FORMAS NO PERSONALES
		Tiempos simples | Tiempos compuestos
erguir ía	habría erguido	Infinitivo: **erguir**
erguir ías	habrías erguido	Infinitivo compuesto
erguir ía	habría erguido	haber erguido
erguir íamos	habríamos erguido	Gerundio: **irguiendo**
erguir íais	habríais erguido	Gerundio compuesto
erguir ían	habrían erguido	Participio: **ergu** ido habiendo erguido

32 **errar** verbos irregulares

MODO INDICATIVO

Tiempos simples	Tiempos compuestos		
Presente (Bello : Presente)	**Pretérito perfecto compuesto** (Bello : Antepresente)		
yerro	he	errado	
yerras	has	errado	
yerra	ha	errado	
err amos	hemos	errado	
err áis	habéis	errado	
yerran	han	errado	
Pretérito imperfecto (Bello : Copretérito)	**Pretérito pluscuamperfecto** (Bello : Antecopretérito)		
err aba	había	errado	
err abas	habías	errado	
err aba	había	errado	
err ábamos	habíamos	errado	
err abais	habíais	errado	
err aban	habían	errado	
Pretérito perfecto simple (Bello : Pretérito)	**Pretérito anterior** (Bello : Antepretérito)		
err é	hube	errado	
err aste	hubiste	errado	
err ó	hubo	errado	
err amos	hubimos	errado	
err asteis	hubisteis	errado	
err a *ron*	hubieron	errado	
Futuro (Bello : Futuro)	**Futuro perfecto** (Bello : Antefuturo)		
errar é	habré	errado	
errar ás	habrás	errado	
errar á	habrá	errado	
errar emos	habremos	errado	
errar éis	habréis	errado	
errar án	habrán	errado	
Condicional (Bello : Pospretérito)	**Condicional perfecto** (Bello : Antepospretérito)		
errar ía	habría	errado	
errar ías	habrías	errado	
errar ía	habría	errado	
errar íamos	habríamos	errado	
errar íais	habríais	errado	
errar ían	habrían	errado	

MODO SUBJUNTIVO

Tiempos simples	Tiempos compuestos		
Presente (Bello : Presente)	**Pretérito perfecto** (Bello : Antepresente)		
yerre	haya	errado	
yerres	hayas	errado	
yerre	haya	errado	
err emos	hayamos	errado	
err éis	hayáis	errado	
yerren	hayan	errado	
Pretérito imperfecto (Bello : Pretérito)	**Pretérito pluscuamperfecto** (Bello : Antepretérito)		
err a *ra*	hubiera	errado	
err a *ras*	hubieras	errado	
err a *ra*	hubiera	errado	
err á *ramos*	hubiéramos	errado	
err a *rais*	hubierais	errado	
err a *ran*	hubieran	errado	
err a *se*	hubiese	errado	
err a *ses*	hubieses	errado	
err a *se*	hubiese	errado	
err á *semos*	hubiésemos	errado	
err a *seis*	hubieseis	errado	
err a *sen*	hubiesen	errado	
Futuro (Bello : Futuro)	**Futuro perfecto** (Bello : Antefuturo)		
err a *re*	hubiere	errado	
err a *res*	hubieres	errado	
err a *re*	hubiere	errado	
err á *remos*	hubiéremos	errado	
err a *reis*	hubiereis	errado	
err a *ren*	hubieren	errado	

MODO IMPERATIVO

Presente	**err** emos (nosotros)
yerra (tú)	**err** ad (vosotros)
yerre (él, usted)	**yerren** (ellos, ustedes)

FORMAS NO PERSONALES

Tiempos simples	Tiempos compuestos
Infinitivo: **errar**	Infinitivo compuesto haber errado
Gerundio: **err** ando	
Participio: **err** ado	Gerundio compuesto habiendo errado

33 forzar verbos irregulares

FORMAS PERSONALES

MODO INDICATIVO		MODO SUBJUNTIVO	
Tiempos simples	Tiempos compuestos	Tiempos simples	Tiempos compuestos

Presente (Bello : Presente)	Pretérito perfecto compuesto (Bello : Antepresente)	Presente (Bello : Presente)	Pretérito perfecto (Bello : Antepresente)
fuerzo	he forzado	**fuerce**	haya forzado
fuerzas	has forzado	**fuerces**	hayas forzado
fuerza	ha forzado	**fuerce**	haya forzado
forz amos	hemos forzado	**forcemos**	hayamos forzado
forz áis	habéis forzado	**forcéis**	hayáis forzado
fuerzan	han forzado	**fuercen**	hayan forzado

Pretérito imperfecto (Bello : Copretérito)	Pretérito pluscuamperfecto (Bello : Antecopretérito)	Pretérito imperfecto (Bello : Pretérito)	Pretérito pluscuamperfecto (Bello : Antepretérito)
forz aba	había forzado	**forz** a *ra*	hubiera forzado
forz abas	habías forzado	**forz** a *ras*	hubieras forzado
forz aba	había forzado	**forz** a *ra*	hubiera forzado
forz ábamos	habíamos forzado	**forz** á *ramos*	hubiéramos forzado
forz abais	habíais forzado	**forz** a *rais*	hubierais forzado
forz aban	habían forzado	**forz** a *ran*	hubieran forzado
		forz a *se*	hubiese forzado
		forz a *ses*	hubieses forzado
		forz a *se*	hubiese forzado
Pretérito perfecto simple (Bello : Pretérito)	Pretérito anterior (Bello : Antepretérito)	**forz** á *semos*	hubiésemos forzado
		forz a *seis*	hubieseis forzado
forcé	hube forzado	**forz** a *sen*	hubiesen forzado
forz aste	hubiste forzado		
forz ó	hubo forzado	Futuro (Bello : Futuro)	Futuro perfecto (Bello : Antefuturo)
forz amos	hubimos forzado		
forz asteis	hubisteis forzado	**forz** a *re*	hubiere forzado
forz a *ron*	hubieron forzado	**forz** a *res*	hubieres forzado
		forz a *re*	hubiere forzado
		forz á *remos*	hubiéremos forzado
Futuro (Bello : Futuro)	Futuro perfecto (Bello : Antefuturo)	**forz** a *reis*	hubiereis forzado
		forz a *ren*	hubieren forzado
forzar é	habré forzado		
forzar ás	habrás forzado		
forzar á	habrá forzado		

MODO IMPERATIVO

forzar emos	habremos forzado	Presente	**forcemos** (nosotros)
forzar éis	habréis forzado	**fuerza** (tú)	**forz** ad (vosotros)
forzar án	habrán forzado	**fuerce** (él, usted)	**fuercen** (ellos, ustedes)

Condicional (Bello : Pospretérito)	Condicional perfecto (Bello : Antepospretérito)

FORMAS NO PERSONALES

forzar ía	habría forzado	Tiempos simples	Tiempos compuestos
forzar ías	habrías forzado		
forzar ía	habría forzado	Infinitivo: **forzar**	Infinitivo compuesto haber forzado
forzar íamos	habríamos forzado	Gerundio: **forz** ando	
forzar íais	habríais forzado		Gerundio compuesto
forzar ían	habrían forzado	Participio: **forz** ado	habiendo forzado

69

FORMAS PERSONALES

MODO INDICATIVO		MODO SUBJUNTIVO	
Tiempos simples	Tiempos compuestos	Tiempos simples	Tiempos compuestos

Presente (Bello : Presente)	Pretérito perfecto compuesto (Bello : Antepresente)		Presente (Bello : Presente)	Pretérito perfecto (Bello : Antepresente)	
hago	he	hecho	haga	haya	hecho
hac es	has	hecho	hagas	hayas	hecho
hac e	ha	hecho	haga	haya	hecho
hac emos	hemos	hecho	hagamos	hayamos	hecho
hac éis	habéis	hecho	hagáis	hayáis	hecho
hac en	han	hecho	hagan	hayan	hecho

Pretérito imperfecto (Bello : Copretérito)	Pretérito pluscuamperfecto (Bello : Antecopretérito)		Pretérito imperfecto (Bello : Pretérito)	Pretérito pluscuamperfecto (Bello : Antepretérito)	
			hiciera	hubiera	hecho
hac ía	había	hecho	hicieras	hubieras	hecho
hac ías	habías	hecho	hiciera	hubiera	hecho
hac ía	había	hecho	hiciéramos	hubiéramos	hecho
hac íamos	habíamos	hecho	hicierais	hubierais	hecho
hac íais	habíais	hecho	hicieran	hubieran	hecho
hac ían	habían	hecho			
			hiciese	hubiese	hecho
			hicieses	hubieses	hecho
Pretérito perfecto simple (Bello : Pretérito)	Pretérito anterior (Bello : Antepretérito)		hiciese	hubiese	hecho
			hiciésemos	hubiésemos	hecho
hice	hube	hecho	hicieseis	hubieseis	hecho
hiciste	hubiste	hecho	hiciesen	hubiesen	hecho
hizo	hubo	hecho			
hicimos	hubimos	hecho	Futuro (Bello : Futuro)	Futuro perfecto (Bello : Antefuturo)	
hicisteis	hubisteis	hecho			
hicieron	hubieron	hecho	hiciere	hubiere	hecho
			hicieres	hubieres	hecho
			hiciere	hubiere	hecho
Futuro (Bello : Futuro)	Futuro perfecto (Bello : Antefuturo)		hiciéremos	hubiéremos	hecho
			hiciereis	hubiereis	hecho
haré	habré	hecho	hicieren	hubieren	hecho
harás	habrás	hecho			
hará	habrá	hecho			
haremos	habremos	hecho			
haréis	habréis	hecho			
harán	habrán	hecho			

MODO IMPERATIVO

Presente	
haz (tú)	hagamos (nosotros)
haga (él, usted)	hac ed (vosotros)
	hagan (ellos, ustedes)

Condicional (Bello : Pospretérito)	Condicional perfecto (Bello : Antepospretérito)	
haría	habría	hecho
harías	habrías	hecho
haría	habría	hecho
haríamos	habríamos	hecho
haríais	habríais	hecho
harían	habrían	hecho

FORMAS NO PERSONALES

Tiempos simples	Tiempos compuestos
Infinitivo: hacer	Infinitivo compuesto haber hecho
Gerundio: hac iendo	
Participio: hecho	Gerundio compuesto habiendo hecho

35 influir verbos irregulares

FORMAS PERSONALES

MODO INDICATIVO		MODO SUBJUNTIVO	
Tiempos simples	Tiempos compuestos	Tiempos simples	Tiempos compuestos

Presente (Bello: Presente)	Pretérito perfecto compuesto (Bello: Antepresente)	Presente (Bello: Presente)	Pretérito perfecto (Bello: Antepresente)
influyo	he influido	**influya**	haya influido
influyes	has influido	**influyas**	hayas influido
influye	ha influido	**influya**	haya influido
influ imos	hemos influido	**influyamos**	hayamos influido
influ ís	habéis influido	**influyáis**	hayáis influido
influyen	han influido	**influyan**	hayan influido

Pretérito imperfecto (Bello: Copretérito)	Pretérito pluscuamperfecto (Bello: Antecopretérito)	Pretérito imperfecto (Bello: Pretérito)	Pretérito pluscuamperfecto (Bello: Antepretérito)
		influyera	hubiera influido
influ ía	había influido	**influyeras**	hubieras influido
influ ías	habías influido	**influyera**	hubiera influido
influ ía	había influido	**influyéramos**	hubiéramos influido
influ íamos	habíamos influido	**influyerais**	hubierais influido
influ íais	habíais influido	**influyeran**	hubieran influido
influ ían	habían influido		
		influyese	hubiese influido
		influyeses	hubieses influido
Pretérito perfecto simple (Bello: Pretérito)	Pretérito anterior (Bello: Antepretérito)	**influyese**	hubiese influido
		influyésemos	hubiésemos influido
influ í	hube influido	**influyeseis**	hubieseis influido
influ iste	hubiste influido	**influyesen**	hubiesen influido
influyó	hubo influido		
influ imos	hubimos influido	Futuro (Bello: Futuro)	Futuro perfecto (Bello: Antefuturo)
influ isteis	hubisteis influido		
influyeron	hubieron influido	**influyere**	hubiere influido
		influyeres	hubieres influido
		influyere	hubiere influido
Futuro (Bello: Futuro)	Futuro perfecto (Bello: Antefuturo)	**influyéremos**	hubiéremos influido
		influyereis	hubiereis influido
influir é	habré influido	**influyeren**	hubieren influido
influir ás	habrás influido		
influir á	habrá influido		
influir emos	habremos influido		
influir éis	habréis influido		
influir án	habrán influido		

MODO IMPERATIVO

Presente	
influye (tú)	**influyamos** (nosotros)
influya (él, usted)	**influ** id (vosotros)
	influyan (ellos, ustedes)

Condicional (Bello: Pospretérito)	Condicional perfecto (Bello: Antepospretérito)
influir ía	habría influido
influir ías	habrías influido
influir ía	habría influido
influir íamos	habríamos influido
influir íais	habríais influido
influir ían	habrían influido

FORMAS NO PERSONALES

Tiempos simples	Tiempos compuestos
Infinitivo: **influir**	Infinitivo compuesto haber influido
Gerundio: **influyendo**	Gerundio compuesto
Participio: **influ** ido	habiendo influido

36 ir verbos irregulares

FORMAS PERSONALES

MODO INDICATIVO		MODO SUBJUNTIVO	
Tiempos simples	Tiempos compuestos	Tiempos simples	Tiempos compuestos

Presente (Bello : Presente)	Pretérito perfecto compuesto (Bello : Antepresente)	Presente (Bello : Presente)	Pretérito perfecto (Bello : Antepresente)
voy	he ido	vaya	haya ido
vas	has ido	vayas	hayas ido
va	ha ido	vaya	haya ido
vamos	hemos ido	vayamos	hayamos ido
vais	habéis ido	vayáis	hayáis ido
van	han ido	vayan	hayan ido

Pretérito imperfecto (Bello : Copretérito)	Pretérito pluscuamperfecto (Bello : Antecopretérito)	Pretérito imperfecto (Bello : Pretérito)	Pretérito pluscuamperfecto (Bello : Antepretérito)
iba	había ido	fuera	hubiera ido
ibas	habías ido	fueras	hubieras ido
iba	había ido	fuera	hubiera ido
íbamos	habíamos ido	fuéramos	hubiéramos ido
ibais	habíais ido	fuerais	hubierais ido
iban	habían ido	fueran	hubieran ido
		fuese	hubiese ido
		fueses	hubieses ido
Pretérito perfecto simple (Bello : Pretérito)	Pretérito anterior (Bello : Antepretérito)	fuese	hubiese ido
		fuésemos	hubiésemos ido
fui	hube ido	fueseis	hubieseis ido
fuiste	hubiste ido	fuesen	hubiesen ido
fue	hubo ido		
fuimos	hubimos ido	Futuro (Bello : Futuro)	Futuro perfecto (Bello : Antefuturo)
fuisteis	hubisteis ido		
fueron	hubieron ido	fuere	hubiere ido
		fueres	hubieres ido
		fuere	hubiere ido
Futuro (Bello : Futuro)	Futuro perfecto (Bello : Antefuturo)	fuéremos	hubiéremos ido
		fuereis	hubiereis ido
ir é	habré ido	fueren	hubieren ido
ir ás	habrás ido		
ir á	habrá ido		
ir emos	habremos ido		
ir éis	habréis ido		
ir án	habrán ido		

MODO IMPERATIVO

Presente	* vayamos (nosotros)
ve (tú)	id (vosotros)
vaya (él, usted)	vayan (ellos, ustedes)

Condicional (Bello : Pospretérito)	Condicional perfecto (Bello : Antepospretérito)

FORMAS NO PERSONALES

		Tiempos simples	Tiempos compuestos
ir ía	habría ido	Infinitivo: ir	Infinitivo compuesto haber ido
ir ías	habrías ido		
ir ía	habría ido	Gerundio: yendo	
ir íamos	habríamos ido		Gerundio compuesto
ir íais	habríais ido	Participio: ido	habiendo ido
ir ían	habrían ido		

* El uso de la primera persona del plural del presente de indicativo (vamos) es hoy más frecuente que el del imperativo (vayamos). Se usa por lo general en frases exhortativas y forma con cualquier verbo expresiones imperativas (ex : ¡ vamos ! ¡ vámonos ! ¡ vamos a la cama !), mientras que el imperativo (vayamos) se usa más como forma de subordinación (ex : No quieren que nos vayamos solos).

37 jugar verbos irregulares

FORMAS PERSONALES

MODO INDICATIVO		MODO SUBJUNTIVO	
Tiempos simples	Tiempos compuestos	Tiempos simples	Tiempos compuestos

Presente (Bello : Presente)	Pretérito perfecto compuesto (Bello : Antepresente)	Presente (Bello : Presente)	Pretérito perfecto (Bello : Antepresente)
juego	he jugado	**juegue**	haya jugado
juegas	has jugado	**juegues**	hayas jugado
juega	ha jugado	**juegue**	haya jugado
jug amos	hemos jugado	**juguemos**	hayamos jugado
jug áis	habéis jugado	**juguéis**	hayáis jugado
juegan	han jugado	**jueguen**	hayan jugado

Pretérito imperfecto (Bello : Copretérito)	Pretérito pluscuamperfecto (Bello : Antecopretérito)	Pretérito imperfecto (Bello : Pretérito)	Pretérito pluscuamperfecto (Bello : Antepretérito)
jug aba	había jugado	**jug** a ra	hubiera jugado
jug abas	habías jugado	**jug** a ras	hubieras jugado
jug aba	había jugado	**jug** a ra	hubiera jugado
jug ábamos	habíamos jugado	**jug** á ramos	hubiéramos jugado
jug abais	habíais jugado	**jug** a rais	hubierais jugado
jug aban	habían jugado	**jug** a ran	hubieran jugado
		jug a se	hubiese jugado
		jug a ses	hubieses jugado
		jug a se	hubiese jugado
		jug á semos	hubiésemos jugado
		jug a seis	hubieseis jugado
		jug a sen	hubiesen jugado

Pretérito perfecto simple (Bello : Pretérito)	Pretérito anterior (Bello : Antepretérito)		
jugué	hube jugado		
jug aste	hubiste jugado		
jug ó	hubo jugado		
jug amos	hubimos jugado		
jug asteis	hubisteis jugado		
jug a ron	hubieron jugado		

		Futuro (Bello : Futuro)	Futuro perfecto (Bello : Antefuturo)
		jug a re	hubiere jugado
		jug a res	hubieres jugado
		jug a re	hubiere jugado
		jug á remos	hubiéremos jugado
		jug a reis	hubiereis jugado
		jug a ren	hubieren jugado

Futuro (Bello : Futuro)	Futuro perfecto (Bello : Antefuturo)
jugar é	habré jugado
jugar ás	habrás jugado
jugar á	habrá jugado
jugar emos	habremos jugado
jugar éis	habréis jugado
jugar án	habrán jugado

MODO IMPERATIVO

Presente	
	juguemos (nosotros)
juega (tú)	**jug** ad (vosotros)
juegue (él, usted)	**jueguen** (ellos, ustedes)

Condicional (Bello : Pospretérito)	Condicional perfecto (Bello : Antepospretérito)
jugar ía	habría jugado
jugar ías	habrías jugado
jugar ía	habría jugado
jugar íamos	habríamos jugado
jugar íais	habríais jugado
jugar ían	habrían jugado

FORMAS NO PERSONALES

Tiempos simples	Tiempos compuestos
Infinitivo: **jugar**	Infinitivo compuesto haber jugado
Gerundio: **jug** ando	
Participio: **jug** ado	Gerundio compuesto habiendo jugado

FORMAS PERSONALES

MODO INDICATIVO		MODO SUBJUNTIVO	
Tiempos simples	Tiempos compuestos	Tiempos simples	Tiempos compuestos

Presente
(Bello : Presente)

Pretérito perfecto compuesto
(Bello : Antepresente)

Presente
(Bello : Presente)

Pretérito perfecto
(Bello : Antepresente)

luzco		luzca	
luzco		**luzca**	
luc es	he lucido	**luzcas**	haya lucido
luc e	has lucido	**luzca**	hayas lucido
luc imos	ha lucido	**luzcamos**	haya lucido
luc ís	hemos lucido	**luzcáis**	hayamos lucido
luc en	habéis lucido	**luzcan**	hayáis lucido
	han lucido		hayan lucido

Pretérito imperfecto
(Bello : Copretérito)

Pretérito pluscuamperfecto
(Bello : Antecopretérito)

Pretérito imperfecto
(Bello : Pretérito)

Pretérito pluscuamperfecto
(Bello : Antepretérito)

luc ía	había lucido	**luc** ie *ra*	hubiera lucido
luc ías	habías lucido	**luc** ie *ras*	hubieras lucido
luc ía	había lucido	**luc** ie *ra*	hubiera lucido
luc íamos	habíamos lucido	**luc** ié *ramos*	hubiéramos lucido
luc íais	habíais lucido	**luc** ie *rais*	hubierais lucido
luc ían	habían lucido	**luc** ie *ran*	hubieran lucido

		luc ie *se*	hubiese lucido
		luc ie *ses*	hubieses lucido
		luc ie *se*	hubiese lucido
		luc ié *semos*	hubiésemos lucido
		luc ie *seis*	hubieseis lucido
		luc ie *sen*	hubiesen lucido

Pretérito perfecto simple
(Bello : Pretérito)

Pretérito anterior
(Bello : Antepretérito)

luc í	hube lucido
luc iste	hubiste lucido
luc ió	hubo lucido
luc imos	hubimos lucido
luc isteis	hubisteis lucido
luc ie *ron*	hubieron lucido

Futuro
(Bello : Futuro)

Futuro perfecto
(Bello : Antefuturo)

luc ie *re*	hubiere lucido
luc ie *res*	hubieres lucido
luc ie *re*	hubiere lucido
luc ié *remos*	hubiéremos lucido
luc ie *reis*	hubiereis lucido
luc ie *ren*	hubieren lucido

Futuro
(Bello : Futuro)

Futuro perfecto
(Bello : Antefuturo)

lucir é	habré lucido
lucir ás	habrás lucido
lucir á	habrá lucido
lucir emos	habremos lucido
lucir éis	habréis lucido
lucir án	habrán lucido

MODO IMPERATIVO

Presente

luc e (tú)	**luzcamos** (nosotros)
luzca (él, usted)	**luc** id (vosotros)
	luzcan (ellos, ustedes)

Condicional
(Bello : Pospretérito)

Condicional perfecto
(Bello : Antepospretérito)

lucir ía	habría lucido
lucir ías	habrías lucido
lucir ía	habría lucido
lucir íamos	habríamos lucido
lucir íais	habríais lucido
lucir ían	habrían lucido

FORMAS NO PERSONALES

Tiempos simples	Tiempos compuestos
Infinitivo: **lucir**	Infinitivo compuesto haber lucido
Gerundio: **luc** iendo	Gerundio compuesto habiendo lucido
Participio: **luc** ido	

39 mover verbos irregulares

FORMAS PERSONALES

MODO INDICATIVO

Tiempos simples	Tiempos compuestos

Presente
(Bello : Presente)

muevo		
mueves		
mueve		
mov emos		
mov éis		
mueven		

Pretérito perfecto compuesto
(Bello : Antepresente)

he	movido
has	movido
ha	movido
hemos	movido
habéis	movido
han	movido

Pretérito imperfecto
(Bello : Copretérito)

mov ía	
mov ías	
mov ía	
mov íamos	
mov íais	
mov ían	

Pretérito pluscuamperfecto
(Bello : Antecopretérito)

había	movido
habías	movido
había	movido
habíamos	movido
habíais	movido
habían	movido

Pretérito perfecto simple
(Bello : Pretérito)

mov í	
mov iste	
mov ió	
mov imos	
mov isteis	
mov ie *ron*	

Pretérito anterior
(Bello : Antepretérito)

hube	movido
hubiste	movido
hubo	movido
hubimos	movido
hubisteis	movido
hubieron	movido

Futuro
(Bello : Futuro)

mover é	
mover ás	
mover á	
mover emos	
mover éis	
mover án	

Futuro perfecto
(Bello : Antefuturo)

habré	movido
habrás	movido
habrá	movido
habremos	movido
habréis	movido
habrán	movido

Condicional
(Bello : Pospretérito)

mover ía	
mover ías	
mover ía	
mover íamos	
mover íais	
mover ían	

Condicional perfecto
(Bello : Antepospretérito)

habría	movido
habrías	movido
habría	movido
habríamos	movido
habríais	movido
habrían	movido

MODO SUBJUNTIVO

Tiempos simples	Tiempos compuestos

Presente
(Bello : Presente)

mueva		
muevas		
mueva		
mov amos		
mov áis		
muevan		

Pretérito perfecto
(Bello : Antepresente)

haya	movido
hayas	movido
haya	movido
hayamos	movido
hayáis	movido
hayan	movido

Pretérito imperfecto
(Bello : Pretérito)

mov ie *ra*	
mov ie *ras*	
mov ie *ra*	
mov ié *ramos*	
mov ie *rais*	
mov ie *ran*	
mov ie *se*	
mov ie *ses*	
mov ie *se*	
mov ié *semos*	
mov ie *seis*	
mov ie *sen*	

Pretérito pluscuamperfecto
(Bello : Antepretérito)

hubiera	movido
hubieras	movido
hubiera	movido
hubiéramos	movido
hubierais	movido
hubieran	movido
hubiese	movido
hubieses	movido
hubiese	movido
hubiésemos	movido
hubieseis	movido
hubiesen	movido

Futuro
(Bello : Futuro)

mov ie *re*	
mov ie *res*	
mov ie *re*	
mov ié *remos*	
mov ie *reis*	
mov ie *ren*	

Futuro perfecto
(Bello : Antefuturo)

hubiere	movido
hubieres	movido
hubiere	movido
hubiéremos	movido
hubiereis	movido
hubieren	movido

MODO IMPERATIVO

Presente

mueve (tú)	**movamos** (nosotros)
mueva (él, usted)	**mov** ed (vosotros)
	muevan (ellos, ustedes)

FORMAS NO PERSONALES

Tiempos simples	Tiempos compuestos
Infinitivo: **mover**	Infinitivo compuesto haber movido
Gerundio: **mov** iendo	Gerundio compuesto habiendo movido
Participio: **mov** ido	

40 nacer verbos irregulares

FORMAS PERSONALES

MODO INDICATIVO		MODO SUBJUNTIVO	
Tiempos simples	Tiempos compuestos	Tiempos simples	Tiempos compuestos

Presente (Bello : Presente)	**Pretérito perfecto compuesto** (Bello : Antepresente)	**Presente** (Bello : Presente)	**Pretérito perfecto** (Bello : Antepresente)
nazco	he nacido	**nazca**	haya nacido
nac es	has nacido	**nazcas**	hayas nacido
nac e	ha nacido	**nazca**	haya nacido
nac emos	hemos nacido	**nazcamos**	hayamos nacido
nac éis	habéis nacido	**nazcáis**	hayáis nacido
nac en	han nacido	**nazcan**	hayan nacido

Pretérito imperfecto (Bello : Copretérito)	**Pretérito pluscuamperfecto** (Bello : Antecopretérito)	**Pretérito imperfecto** (Bello : Pretérito)	**Pretérito pluscuamperfecto** (Bello : Antepretérito)
nac ía	había nacido	**nac** ie ra	hubiera nacido
nac ías	habías nacido	**nac** ie ras	hubieras nacido
nac ía	había nacido	**nac** ie ra	hubiera nacido
nac íamos	habíamos nacido	**nac** ié ramos	hubiéramos nacido
nac íais	habíais nacido	**nac** ie rais	hubierais nacido
nac ían	habían nacido	**nac** ie ran	hubieran nacido
		nac ie se	hubiese nacido
		nac ie ses	hubieses nacido
Pretérito perfecto simple (Bello : Pretérito)	**Pretérito anterior** (Bello : Antepretérito)	**nac** ie se	hubiese nacido
nac í	hube nacido	**nac** ié semos	hubiésemos nacido
nac iste	hubiste nacido	**nac** ie seis	hubieseis nacido
nac ió	hubo nacido	**nac** ie sen	hubiesen nacido
nac imos	hubimos nacido		
nac isteis	hubisteis nacido	**Futuro** (Bello : Futuro)	**Futuro perfecto** (Bello : Antefuturo)
nac ie ron	hubieron nacido		
		nac ie re	hubiere nacido
		nac ie res	hubieres nacido
Futuro (Bello : Futuro)	**Futuro perfecto** (Bello : Antefuturo)	**nac** ie re	hubiere nacido
nacer é	habré nacido	**nac** ié remos	hubiéremos nacido
nacer ás	habrás nacido	**nac** ie reis	hubiereis nacido
nacer á	habrá nacido	**nac** ie ren	hubieren nacido
nacer emos	habremos nacido		
nacer éis	habréis nacido		
nacer án	habrán nacido		

MODO IMPERATIVO

Presente	
nac e (tú)	**nazcamos** (nosotros)
nazca (él, usted)	**nac** ed (vosotros)
	nazcan (ellos, ustedes)

Condicional (Bello : Pospretérito)	**Condicional perfecto** (Bello : Antepospretérito)
nacer ía	habría nacido
nacer ías	habrías nacido
nacer ía	habría nacido
nacer íamos	habríamos nacido
nacer íais	habríais nacido
nacer ían	habrían nacido

FORMAS NO PERSONALES

Tiempos simples	Tiempos compuestos
Infinitivo: **nacer**	Infinitivo compuesto haber nacido
Gerundio: **nac** iendo	Gerundio compuesto habiendo nacido
Participio: **nac** ido	

41 oír verbos irregulares

FORMAS PERSONALES

MODO INDICATIVO		MODO SUBJUNTIVO	
Tiempos simples	Tiempos compuestos	Tiempos simples	Tiempos compuestos

Presente (Bello : Presente)	Pretérito perfecto compuesto (Bello : Antepresente)	Presente (Bello : Presente)	Pretérito perfecto (Bello : Antepresente)
oigo	he oído	**oiga**	haya oído
oyes	has oído	**oigas**	hayas oído
oye	ha oído	**oiga**	haya oído
oímos	hemos oído	**oigamos**	hayamos oído
o ís	habéis oído	**oigáis**	hayáis oído
oyen	han oído	**oigan**	hayan oído

Pretérito imperfecto (Bello : Copretérito)	Pretérito pluscuamperfecto (Bello : Antecopretérito)	Pretérito imperfecto (Bello : Pretérito)	Pretérito pluscuamperfecto (Bello : Antepretérito)
o ía	había oído	**oyera**	hubiera oído
o ías	habías oído	**oyeras**	hubieras oído
o ía	había oído	**oyera**	hubiera oído
o íamos	habíamos oído	**oyéramos**	hubiéramos oído
o íais	habíais oído	**oyerais**	hubierais oído
o ían	habían oído	**oyeran**	hubieran oído
		oyese	hubiese oído
		oyeses	hubieses oído
Pretérito perfecto simple (Bello : Pretérito)	Pretérito anterior (Bello : Antepretérito)	**oyese**	hubiese oído
		oyésemos	hubiésemos oído
o í	hube oído	**oyeseis**	hubieseis oído
oíste	hubiste oído	**oyesen**	hubiesen oído
oyó	hubo oído		
oímos	hubimos oído	Futuro (Bello : Futuro)	Futuro perfecto (Bello : Antefuturo)
oisteis	hubisteis oído		
oyeron	hubieron oído	**oyere**	hubiere oído
		oyeres	hubieres oído
		oyere	hubiere oído
Futuro (Bello : Futuro)	Futuro perfecto (Bello : Antefuturo)	**oyéremos**	hubiéremos oído
		oyereis	hubiereis oído
oir é	habré oído	**oyeren**	hubieren oído
oir ás	habrás oído		
oir á	habrá oído		
oir emos	habremos oído	## MODO IMPERATIVO	
oir éis	habréis oído		
oir án	habrán oído	Presente	**oigamos** (nosotros)
		oye (tú)	**oíd** (vosotros)
		oiga (él, usted)	**oigan** (ellos, ustedes)

Condicional (Bello : Pospretérito)	Condicional perfecto (Bello : Antepospretérito)

FORMAS NO PERSONALES

	Tiempos simples	Tiempos compuestos
oir ía	habría oído	Infinitivo: **oír**	Infinitivo compuesto haber oído
oir ías	habrías oído		
oir ía	habría oído	Gerundio: **oyendo**	
oir íamos	habríamos oído		Gerundio compuesto habiendo oído
oir íais	habríais oído	Participio: **oído**	
oir ían	habrían oído		

42 oler verbos irregulares

FORMAS PERSONALES

MODO INDICATIVO		MODO SUBJUNTIVO	
Tiempos simples	Tiempos compuestos	Tiempos simples	Tiempos compuestos

Presente (Bello : Presente)	Pretérito perfecto compuesto (Bello : Antepresente)	Presente (Bello : Presente)	Pretérito perfecto (Bello : Antepresente)
huelo	he olido	**huela**	haya olido
hueles	has olido	**huelas**	hayas olido
huele	ha olido	**huela**	haya olido
ol emos	hemos olido	**ol** amos	hayamos olido
ol éis	habéis olido	**ol** áis	hayáis olido
huelen	han olido	**huelan**	hayan olido

Pretérito imperfecto (Bello : Copretérito)	Pretérito pluscuamperfecto (Bello : Antecopretérito)	Pretérito imperfecto (Bello : Pretérito)	Pretérito pluscuamperfecto (Bello : Antepretérito)
ol ía	había olido	**ol** ie *ra*	hubiera olido
ol ías	habías olido	**ol** ie *ras*	hubieras olido
ol ía	había olido	**ol** ie *ra*	hubiera olido
ol íamos	habíamos olido	**ol** ié *ramos*	hubiéramos olido
ol íais	habíais olido	**ol** ie *rais*	hubierais olido
ol ían	habían olido	**ol** ie *ran*	hubieran olido
		ol ie *se*	hubiese olido
		ol ie *ses*	hubieses olido
Pretérito perfecto simple (Bello : Pretérito)	Pretérito anterior (Bello : Antepretérito)	**ol** ie *se*	hubiese olido
		ol ié *semos*	hubiésemos olido
ol í	hube olido	**ol** ie *seis*	hubieseis olido
ol iste	hubiste olido	**ol** ie *sen*	hubiesen olido
ol ió	hubo olido		
ol imos	hubimos olido	Futuro (Bello : Futuro)	Futuro perfecto (Bello : Antefuturo)
ol isteis	hubisteis olido		
ol ie *ron*	hubieron olido	**ol** ie *re*	hubiere olido
		ol ie *res*	hubieres olido
Futuro (Bello : Futuro)	Futuro perfecto (Bello : Antefuturo)	**ol** ie *re*	hubiere olido
		ol ié *remos*	hubiéremos olido
oler é	habré olido	**ol** ie *reis*	hubiereis olido
oler ás	habrás olido	**ol** ie *ren*	hubieren olido
oler á	habrá olido		
oler emos	habremos olido		
oler éis	habréis olido		
oler án	habrán olido		

MODO IMPERATIVO

Presente	
	ol amos (nosotros)
huele (tú)	**ol** ed (vosotros)
huela (él, usted)	**huelan** (ellos, ustedes)

Condicional (Bello : Pospretérito)	Condicional perfecto (Bello : Antepospretérito)
oler ía	habría olido
oler ías	habrías olido
oler ía	habría olido
oler íamos	habríamos olido
oler íais	habríais olido
oler ían	habrían olido

FORMAS NO PERSONALES

Tiempos simples	Tiempos compuestos
Infinitivo: **oler**	Infinitivo compuesto haber olido
Gerundio: **ol** iendo	Gerundio compuesto habiendo olido
Participio: **ol** ido	

43 **parecer** verbos irregulares

FORMAS PERSONALES

MODO INDICATIVO		MODO SUBJUNTIVO	
Tiempos simples	Tiempos compuestos	Tiempos simples	Tiempos compuestos

Presente
(Bello : Presente)

Pretérito perfecto compuesto
(Bello : Antepresente)

Presente
(Bello : Presente)

Pretérito perfecto
(Bello : Antepresente)

parezco	he	parecido	**parezca**	haya	parecido
parec es	has	parecido	**parezcas**	hayas	parecido
parec e	ha	parecido	**parezca**	haya	parecido
parec emos	hemos	parecido	**parezcamos**	hayamos	parecido
parec éis	habéis	parecido	**parezcáis**	hayáis	parecido
parec en	han	parecido	**parezcan**	hayan	parecido

Pretérito imperfecto
(Bello : Copretérito)

Pretérito pluscuamperfecto
(Bello : Antecopretérito)

Pretérito imperfecto
(Bello : Pretérito)

Pretérito pluscuamperfecto
(Bello : Antepretérito)

parec ía	había	parecido	**parec** ie *ra*	hubiera	parecido
parec ías	habías	parecido	**parec** ie *ras*	hubieras	parecido
parec ía	había	parecido	**parec** ie *ra*	hubiera	parecido
parec íamos	habíamos	parecido	**parec** ié *ramos*	hubiéramos	parecido
parec íais	habíais	parecido	**parec** ie *rais*	hubierais	parecido
parec ían	habían	parecido	**parec** ie *ran*	hubieran	parecido

			parec ie *se*	hubiese	parecido
			parec ie *ses*	hubieses	parecido
			parec ie *se*	hubiese	parecido
			parec ié *semos*	hubiésemos	parecido
			parec ie *seis*	hubieseis	parecido
			parec ie *sen*	hubiesen	parecido

Pretérito perfecto simple
(Bello : Pretérito)

Pretérito anterior
(Bello : Antepretérito)

parec í	hube	parecido
parec iste	hubiste	parecido
parec ió	hubo	parecido
parec imos	hubimos	parecido
parec isteis	hubisteis	parecido
parec ie *ron*	hubieron	parecido

Futuro
(Bello : Futuro)

Futuro perfecto
(Bello : Antefuturo)

parec ie *re*	hubiere	parecido
parec ie *res*	hubieres	parecido
parec ie *re*	hubiere	parecido
parec ié *remos*	hubiéremos	parecido
parec ie *reis*	hubiereis	parecido
parec ie *ren*	hubieren	parecido

Futuro
(Bello : Futuro)

Futuro perfecto
(Bello : Antefuturo)

parecer é	habré	parecido
parecer ás	habrás	parecido
parecer á	habrá	parecido
parecer emos	habremos	parecido
parecer éis	habréis	parecido
parecer án	habrán	parecido

MODO IMPERATIVO

Presente

parec e (tú)	**parezcamos** (nosotros)
parezca (él, usted)	**parec** ed (vosotros)
	parezcan (ellos, ustedes)

Condicional
(Bello : Pospretérito)

Condicional perfecto
(Bello : Antepospretérito)

FORMAS NO PERSONALES

Tiempos simples	Tiempos compuestos

parecer ía	habría	parecido
parecer ías	habrías	parecido
parecer ía	habría	parecido
parecer íamos	habríamos	parecido
parecer íais	habríais	parecido
parecer ían	habrían	parecido

Infinitivo: **parecer**

Gerundio: **parec** iendo

Participio: **parec** ido

Infinitivo compuesto
haber parecido

Gerundio compuesto
habiendo parecido

44 pedir verbos irregulares

MODO INDICATIVO

Tiempos simples	Tiempos compuestos

Presente
(Bello : Presente)

Pretérito perfecto compuesto
(Bello : Antepresente)

pido	he	pedido
pides	has	pedido
pide	ha	pedido
ped imos	hemos	pedido
ped ís	habéis	pedido
piden	han	pedido

Pretérito imperfecto
(Bello : Copretérito)

Pretérito pluscuamperfecto
(Bello : Antecopretérito)

ped ía	había	pedido
ped ías	habías	pedido
ped ía	había	pedido
ped íamos	habíamos	pedido
ped íais	habíais	pedido
ped ían	habían	pedido

Pretérito perfecto simple
(Bello : Pretérito)

Pretérito anterior
(Bello : Antepretérito)

ped í	hube	pedido
ped iste	hubiste	pedido
pidió	hubo	pedido
ped imos	hubimos	pedido
ped isteis	hubisteis	pedido
pidieron	hubieron	pedido

Futuro
(Bello : Futuro)

Futuro perfecto
(Bello : Antefuturo)

pedir é	habré	pedido
pedir ás	habrás	pedido
pedir á	habrá	pedido
pedir emos	habremos	pedido
pedir éis	habréis	pedido
pedir án	habrán	pedido

Condicional
(Bello : Pospretérito)

Condicional perfecto
(Bello : Antepospretérito)

pedir ía	habría	pedido
pedir ías	habrías	pedido
pedir ía	habría	pedido
pedir íamos	habríamos	pedido
pedir íais	habríais	pedido
pedir ían	habrían	pedido

MODO SUBJUNTIVO

Tiempos simples	Tiempos compuestos

Presente
(Bello : Presente)

Pretérito perfecto
(Bello : Antepresente)

pida	haya	pedido
pidas	hayas	pedido
pida	haya	pedido
pidamos	hayamos	pedido
pidáis	hayáis	pedido
pidan	hayan	pedido

Pretérito imperfecto
(Bello : Pretérito)

Pretérito pluscuamperfecto
(Bello : Antepretérito)

pidiera	hubiera	pedido
pidieras	hubieras	pedido
pidiera	hubiera	pedido
pidiéramos	hubiéramos	pedido
pidierais	hubierais	pedido
pidieran	hubieran	pedido
pidiese	hubiese	pedido
pidieses	hubieses	pedido
pidiese	hubiese	pedido
pidiésemos	hubiésemos	pedido
pidieseis	hubieseis	pedido
pidiesen	hubiesen	pedido

Futuro
(Bello : Futuro)

Futuro perfecto
(Bello : Antefuturo)

pidiere	hubiere	pedido
pidieres	hubieres	pedido
pidiere	hubiere	pedido
pidiéremos	hubiéremos	pedido
pidiereis	hubiereis	pedido
pidieren	hubieren	pedido

MODO IMPERATIVO

Presente

pide (tú)	pidamos (nosotros)
pida (él, usted)	ped id (vosotros)
	pidan (ellos, ustedes)

FORMAS NO PERSONALES

Tiempos simples	Tiempos compuestos
Infinitivo: **pedir**	Infinitivo compuesto
Gerundio: **pidiendo**	haber pedido
	Gerundio compuesto
Participio: **ped** ido	habiendo pedido

45 pensar verbos irregulares

MODO INDICATIVO

Tiempos simples	Tiempos compuestos

Presente
(Bello : Presente)

Pretérito perfecto compuesto
(Bello : Antepresente)

pienso	he	pensado
piensas	has	pensado
piensa	ha	pensado
pens amos	hemos	pensado
pens áis	habéis	pensado
piensan	han	pensado

Pretérito imperfecto
(Bello : Copretérito)

Pretérito pluscuamperfecto
(Bello : Antecopretérito)

pens aba	había	pensado
pens abas	habías	pensado
pens aba	había	pensado
pens ábamos	habíamos	pensado
pens abais	habíais	pensado
pens aban	habían	pensado

Pretérito perfecto simple
(Bello : Pretérito)

Pretérito anterior
(Bello : Antepretérito)

pens é	hube	pensado
pens aste	hubiste	pensado
pens ó	hubo	pensado
pens amos	hubimos	pensado
pens asteis	hubisteis	pensado
pens a *ron*	hubieron	pensado

Futuro
(Bello : Futuro)

Futuro perfecto
(Bello : Antefuturo)

pensar é	habré	pensado
pensar ás	habrás	pensado
pensar á	habrá	pensado
pensar emos	habremos	pensado
pensar éis	habréis	pensado
pensar án	habrán	pensado

Condicional
(Bello : Pospretérito)

Condicional perfecto
(Bello : Antepospretérito)

pensar ía	habría	pensado
pensar ías	habrías	pensado
pensar ía	habría	pensado
pensar íamos	habríamos	pensado
pensar íais	habríais	pensado
pensar ían	habrían	pensado

MODO SUBJUNTIVO

Tiempos simples	Tiempos compuestos

Presente
(Bello : Presente)

Pretérito perfecto
(Bello : Antepresente)

piense	haya	pensado
pienses	hayas	pensado
piense	haya	pensado
pens emos	hayamos	pensado
pens éis	hayáis	pensado
piensen	hayan	pensado

Pretérito imperfecto
(Bello : Pretérito)

Pretérito pluscuamperfecto
(Bello : Antepretérito)

pens a *ra*	hubiera	pensado
pens a *ras*	hubieras	pensado
pens a *ra*	hubiera	pensado
pens á *ramos*	hubiéramos	pensado
pens a *rais*	hubierais	pensado
pens a *ran*	hubieran	pensado

pens a *se*	hubiese	pensado
pens a *ses*	hubieses	pensado
pens a *se*	hubiese	pensado
pens á *semos*	hubiésemos	pensado
pens a *seis*	hubieseis	pensado
pens a *sen*	hubiesen	pensado

Futuro
(Bello : Futuro)

Futuro perfecto
(Bello : Antefuturo)

pens a *re*	hubiere	pensado
pens a *res*	hubieres	pensado
pens a *re*	hubiere	pensado
pens á *remos*	hubiéremos	pensado
pens a *reis*	hubiereis	pensado
pens a *ren*	hubieren	pensado

MODO IMPERATIVO

Presente	**pens** emos (nosotros)
piensa (tú)	**pens** ad (vosotros)
piense (él, usted)	**piensen** (ellos, ustedes)

FORMAS NO PERSONALES

Tiempos simples	Tiempos compuestos
Infinitivo: **pensar**	Infinitivo compuesto haber pensado
Gerundio: **pens** ando	Gerundio compuesto habiendo pensado
Participio: **pens** ado	

FORMAS PERSONALES

MODO INDICATIVO		MODO SUBJUNTIVO	
Tiempos simples	Tiempos compuestos	Tiempos simples	Tiempos compuestos

Presente (Bello : Presente)	Pretérito perfecto compuesto (Bello : Antepresente)	Presente (Bello : Presente)	Pretérito perfecto (Bello : Antepresente)
plazco	he placido	**plazca**	haya placido
plac es	has placido	**plazcas**	hayas placido
plac e	ha placido	**plazca; plegue**	haya placido
plac emos	hemos placido	**plazcamos**	hayamos placido
plac éis	habéis placido	**plazcáis**	hayáis placido
plac en	han placido	**plazcan**	hayan placido

Pretérito imperfecto (Bello : Copretérito)	Pretérito pluscuamperfecto (Bello : Antecopretérito)	Pretérito imperfecto (Bello : Pretérito)	Pretérito pluscuamperfecto (Bello : Antepretérito)
plac ía	había placido	**plac** ie *ra*	hubiera placido
plac ías	habías placido	**plac** ie *ras*	hubieras placido
plac ía	había placido	**plac** ie *ra*; **pluguiera**	hubiera placido
plac íamos	habíamos placido	**plac** ié *ramos*	hubiéramos placido
plac íais	habíais placido	**plac** ie *rais*	hubierais placido
plac ían	habían placido	**plac** ie *ran*	hubieran placido
		plac ie *se*	hubiese placido
		plac ie *ses*	hubieses placido
Pretérito perfecto simple (Bello : Pretérito)	Pretérito anterior (Bello : Antepretérito)	**plac** ie *se*; **pluguiese**	hubiese placido
		plac ié *semos*	hubiésemos placido
plac í	hube placido	**plac** ie *seis*	hubieseis placido
plac iste	hubiste placido	**plac** ie *sen*	hubiesen placido
plac ió; **plugo**	hubo placido		
plac imos	hubimos placido	Futuro (Bello : Futuro)	Futuro perfecto (Bello : Antefuturo)
plac isteis	hubisteis placido		
plac ie *ron*; **pluguieron**	hubieron placido	**plac** ie *re*	hubiere placido
		plac ie *res*	hubieres placido
		plac ie *re*; **pluguiere**	hubiere placido
Futuro (Bello : Futuro)	Futuro perfecto (Bello : Antefuturo)	**plac** ié *remos*	hubiéremos placido
		plac ie *reis*	hubiereis placido
placer é	habré placido	**plac** ie *ren*	hubieren placido
placer ás	habrás placido		
placer á	habrá placido		
placer emos	habremos placido	## MODO IMPERATIVO	
placer éis	habréis placido		
placer án	habrán placido		

Condicional (Bello : Pospretérito)	Condicional perfecto (Bello : Antepospretérito)
placer ía	habría placido
placer ías	habrías placido
placer ía	habría placido
placer íamos	habríamos placido
placer íais	habríais placido
placer ían	habrían placido

MODO IMPERATIVO

Presente	
plac e (tú)	**plazcamos** (nosotros)
plazca (él, usted)	**plac** ed (vosotros)
	plazcan (ellos, ustedes)

FORMAS NO PERSONALES

Tiempos simples	Tiempos compuestos
Infinitivo: **placer**	Infinitivo compuesto haber placido
Gerundio: **plac** iendo	
Participio: **plac** ido	Gerundio compuesto habiendo placido

FORMAS PERSONALES

MODO	INDICATIVO	MODO SUBJUNTIVO	
Tiempos simples	Tiempos compuestos	Tiempos simples	Tiempos compuestos

Presente (Bello : Presente)	Pretérito perfecto compuesto (Bello : Antepresente)	Presente (Bello : Presente)	Pretérito perfecto (Bello : Antepresente)
puedo	he podido	**pueda**	haya podido
puedes	has podido	**puedas**	hayas podido
puede	ha podido	**pueda**	haya podido
pod emos	hemos podido	**pod** amos	hayamos podido
pod éis	habéis podido	**pod** áis	hayáis podido
pueden	han podido	**puedan**	hayan podido

Pretérito imperfecto (Bello : Copretérito)	Pretérito pluscuamperfecto (Bello : Antecopretérito)	Pretérito imperfecto (Bello : Pretérito)	Pretérito pluscuamperfecto (Bello : Antepretérito)
pod ía	había podido	**pudiera**	hubiera podido
pod ías	habías podido	**pudieras**	hubieras podido
pod ía	había podido	**pudiera**	hubiera podido
pod íamos	habíamos podido	**pudiéramos**	hubiéramos podido
pod íais	habíais podido	**pudierais**	hubierais podido
pod ían	habían podido	**pudieran**	hubieran podido
		pudiese	hubiese podido
		pudieses	hubieses podido
Pretérito perfecto simple (Bello : Pretérito)	Pretérito anterior (Bello : Antepretérito)	**pudiese**	hubiese podido
		pudiésemos	hubiésemos podido
pude	hube podido	**pudieseis**	hubieseis podido
pudiste	hubiste podido	**pudiesen**	hubiesen podido
pudo	hubo podido		
pudimos	hubimos podido	Futuro (Bello : Futuro)	Futuro perfecto (Bello : Antefuturo)
pudisteis	hubisteis podido		
pudieron	hubieron podido	**pudiere**	hubiere podido
		pudieres	hubieres podido
		pudiere	hubiere podido
Futuro (Bello : Futuro)	Futuro perfecto (Bello : Antefuturo)	**pudiéremos**	hubiéremos podido
		pudiereis	hubiereis podido
podré	habré podido	**pudieren**	hubieren podido
podrás	habrás podido		
podrá	habrá podido		
podremos	habremos podido	## MODO IMPERATIVO	
podréis	habréis podido		
podrán	habrán podido	Presente	**pod** amos (nosotros)
		puede (tú)	**pod** ed (vosotros)
		pueda (él, usted)	**puedan** (ellos, ustedes)

Condicional (Bello : Pospretérito)	Condicional perfecto (Bello : Antepospretérito)	FORMAS NO PERSONALES	
		Tiempos simples	Tiempos compuestos
podría	habría podido	Infinitivo: **poder**	Infinitivo compuesto haber podido
podrías	habrías podido		
podría	habría podido	Gerundio: **pudiendo**	
podríamos	habríamos podido		Gerundio compuesto
podríais	habríais podido	Participio: **pod** ido	habiendo podido
podrían	habrían podido		

48 podrir o pudrir verbos irregulares

FORMAS PERSONALES

MODO INDICATIVO

Tiempos simples	Tiempos compuestos

Presente
(Bello : Presente)

pudr o	
pudr es	
pudr e	
pudr imos	
pudr ís	
pudr en	

Pretérito perfecto compuesto
(Bello : Antepresente)

he	podrido
has	podrido
ha	podrido
hemos	podrido
habéis	podrido
han	podrido

Pretérito imperfecto
(Bello : Copretérito)

pudr ía	
pudr ías	
pudr ía	
pudr íamos	
pudr íais	
pudr ían	

Pretérito pluscuamperfecto
(Bello : Antecopretérito)

había	podrido
habías	podrido
había	podrido
habíamos	podrido
habíais	podrido
habían	podrido

Pretérito perfecto simple
(Bello : Pretérito)

pudr í ; **podr** í	
pudr iste	
pudr ió	
pudr imos	
pudr isteis	
pudr ie *ron*	

Pretérito anterior
(Bello : Antepretérito)

hube	podrido
hubiste	podrido
hubo	podrido
hubimos	podrido
hubisteis	podrido
hubieron	podrido

Futuro
(Bello : Futuro)

pudrir é ; **podrir** é	
pudrir ás	
pudrir á	
pudrir emos	
pudrir éis	
pudrir án	

Futuro perfecto
(Bello : Antefuturo)

habré	podrido
habrás	podrido
habrá	podrido
habremos	podrido
habréis	podrido
habrán	podrido

Condicional
(Bello : Pospretérito)

pudrir ía ; **podrir** ía	
pudrir ías	
pudrir ía	
pudrir íamos	
pudrir íais	
pudrir ían	

Condicional perfecto
(Bello : Antepospretérito)

habría	podrido
habrías	podrido
habría	podrido
habríamos	podrido
habríais	podrido
habrían	podrido

MODO SUBJUNTIVO

Tiempos simples	Tiempos compuestos

Presente
(Bello : Presente)

pudr a	
pudr as	
pudr a	
pudr amos	
pudr áis	
pudr an	

Pretérito perfecto
(Bello : Antepresente)

haya	podrido
hayas	podrido
haya	podrido
hayamos	podrido
hayáis	podrido
hayan	podrido

Pretérito imperfecto
(Bello : Pretérito)

pudr ie *ra*	
pudr ie *ras*	
pudr ie *ra*	
pudr ié *ramos*	
pudr ie *rais*	
pudr ie *ran*	
pudr ie *se*	
pudr ie *ses*	
pudr ie *se*	
pudr ié *semos*	
pudr ie *seis*	
pudr ie *sen*	

Pretérito pluscuamperfecto
(Bello : Antepretérito)

hubiera	podrido
hubieras	podrido
hubiera	podrido
hubiéramos	podrido
hubierais	podrido
hubieran	podrido
hubiese	podrido
hubieses	podrido
hubiese	podrido
hubiésemos	podrido
hubieseis	podrido
hubiesen	podrido

Futuro
(Bello : Futuro)

pudr ie *re*	
pudr ie *res*	
pudr ie *re*	
pudr ié *remos*	
pudr ie *reis*	
pudr ie *ren*	

Futuro perfecto
(Bello : Antefuturo)

hubiere	podrido
hubieres	podrido
hubiere	podrido
hubiéremos	podrido
hubiereis	podrido
hubieren	podrido

MODO IMPERATIVO

Presente

pudr e (tú)	**pudr** amos (nosotros)
pudr a (él, usted)	**pudr** id (vosotros)
	pudr an (ellos, ustedes)

FORMAS NO PERSONALES

Tiempos simples	Tiempos compuestos
Infinitivo: **podrir** o **pudrir**	Infinitivo compuesto
Gerundio: **pudr** iendo	haber podrido
	Gerundio compuesto
Participio: **podr** ido	habiendo podrido

Este verbo puede ser indistintamente usado, podrir o pudrir en el infinitivo. La Academia ha preferido fijar la *u* a la *o* en todos los modos, tiempos y personas, excepto en el infinitivo y el participio (podrido) que nunca será usado con *u*.

49 **poner** verbos irregulares

FORMAS PERSONALES

MODO INDICATIVO		MODO SUBJUNTIVO	
Tiempos simples	Tiempos compuestos	Tiempos simples	Tiempos compuestos

Presente (Bello : Presente)	Pretérito perfecto compuesto (Bello : Antepresente)	Presente (Bello : Presente)	Pretérito perfecto (Bello : Antepresente)
pongo	he puesto	ponga	haya puesto
pon es	has puesto	pongas	hayas puesto
pon e	ha puesto	ponga	haya puesto
pon emos	hemos puesto	pongamos	hayamos puesto
pon éis	habéis puesto	pongáis	hayáis puesto
pon en	han puesto	pongan	hayan puesto

Pretérito imperfecto (Bello : Copretérito)	Pretérito pluscuamperfecto (Bello : Antecopretérito)	Pretérito imperfecto (Bello : Pretérito)	Pretérito pluscuamperfecto (Bello : Antepretérito)
pon ía	había puesto	pusiera	hubiera puesto
pon ías	habías puesto	pusieras	hubieras puesto
pon ía	había puesto	pusiera	hubiera puesto
pon íamos	habíamos puesto	pusiéramos	hubiéramos puesto
pon íais	habíais puesto	pusierais	hubierais puesto
pon ían	habían puesto	pusieran	hubieran puesto
		pusiese	hubiese puesto
		pusieses	hubieses puesto
		pusiese	hubiese puesto
Pretérito perfecto simple (Bello : Pretérito)	Pretérito anterior (Bello : Antepretérito)	pusiésemos	hubiésemos puesto
		pusieseis	hubieseis puesto
puse	hube puesto	pusiesen	hubiesen puesto
pusiste	hubiste puesto		
puso	hubo puesto	Futuro (Bello : Futuro)	Futuro perfecto (Bello : Antefuturo)
pusimos	hubimos puesto		
pusisteis	hubisteis puesto	pusiere	hubiere puesto
pusieron	hubieron puesto	pusieres	hubieres puesto
		pusiere	hubiere puesto
Futuro (Bello : Futuro)	Futuro perfecto (Bello : Antefuturo)	pusiéremos	hubiéremos puesto
		pusiereis	hubiereis puesto
pondré	habré puesto	pusieren	hubieren puesto
pondrás	habrás puesto		
pondrá	habrá puesto		
pondremos	habremos puesto		
pondréis	habréis puesto		
pondrán	habrán puesto		

MODO IMPERATIVO

Presente	
	pongamos (nosotros)
pon (tú)	pon ed (vosotros)
ponga (él, usted)	pongan (ellos, ustedes)

Condicional (Bello : Pospretérito)	Condicional perfecto (Bello : Antepospretérito)

FORMAS NO PERSONALES

Tiempos simples	Tiempos compuestos
pondría	habría puesto
pondrías	habrías puesto
pondría	habría puesto
pondríamos	habríamos puesto
pondríais	habríais puesto
pondrían	habrían puesto

Tiempos simples	Tiempos compuestos
Infinitivo: **poner**	Infinitivo compuesto haber puesto
Gerundio: **pon** iendo	Gerundio compuesto
Participio: **puesto**	habiendo puesto

85

FORMAS PERSONALES

MODO INDICATIVO		MODO SUBJUNTIVO	
Tiempos simples	Tiempos compuestos	Tiempos simples	Tiempos compuestos

Presente (Bello : Presente)	Pretérito perfecto compuesto (Bello : Antepresente)	Presente (Bello : Presente)	Pretérito perfecto (Bello : Antepresente)
predigo	he predicho	**prediga**	haya predicho
predices	has predicho	**predigas**	hayas predicho
predice	ha predicho	**prediga**	haya predicho
predec imos	hemos predicho	**predigamos**	hayamos predicho
predec ís	habéis predicho	**predigáis**	hayáis predicho
predicen	han predicho	**predigan**	hayan predicho

Pretérito imperfecto (Bello : Copretérito)	Pretérito pluscuamperfecto (Bello : Antecopretérito)	Pretérito imperfecto (Bello : Pretérito)	Pretérito pluscuamperfecto (Bello : Antepretérito)
predec ía	había predicho	**predijera**	hubiera predicho
predec ías	habías predicho	**predijeras**	hubieras predicho
predec ía	había predicho	**predijera**	hubiera predicho
predec íamos	habíamos predicho	**predijéramos**	hubiéramos predicho
predec íais	habíais predicho	**predijerais**	hubierais predicho
predec ían	habían predicho	**predijeran**	hubieran predicho
		predijese	hubiese predicho
		predijeses	hubieses predicho
Pretérito perfecto simple (Bello : Pretérito)	Pretérito anterior (Bello : Antepretérito)	**predijese**	hubiese predicho
		predijésemos	hubiésemos predicho
predije	hube predicho	**predijeseis**	hubieseis predicho
predijiste	hubiste predicho	**predijesen**	hubiesen predicho
predijo	hubo predicho		
predijimos	hubimos predicho	Futuro (Bello : Futuro)	Futuro perfecto (Bello : Antefuturo)
predijisteis	hubisteis predicho		
predijeron	hubieron predicho	**predijere**	hubiere predicho
		predijeres	hubieres predicho
		predijere	hubiere predicho
Futuro (Bello : Futuro)	Futuro perfecto (Bello : Antefuturo)	**predijéremos**	hubiéremos predicho
		predijereis	hubiereis predicho
predecir é	habré predicho	**predijeren**	hubieren predicho
predecir ás	habrás predicho		
predecir á	habrá predicho		

predecir emos	habremos predicho
predecir éis	habréis predicho
predecir án	habrán predicho

MODO IMPERATIVO

Presente	
predice (tú)	**predigamos** (nosotros)
prediga (él, usted)	**predecid** (vosotros)
	predigan (ellos, ustedes)

Condicional (Bello : Pospretérito)	Condicional perfecto (Bello : Antepospretérito)
predecir ía	habría predicho
predecir ías	habrías predicho
predecir ía	habría predicho
predecir íamos	habríamos predicho
predecir íais	habríais predicho
predecir ían	habrían predicho

FORMAS NO PERSONALES

Tiempos simples	Tiempos compuestos
Infinitivo: **predecir**	Infinitivo compuesto
Gerundio: **prediciendo**	haber predicho
	Gerundio compuesto
Participio: **predicho** *	habiendo predicho

* Los verbos **bendecir** y **maldecir** tienen dos participios, regular e irregular. (v. páginas 248-249).

51 producir verbos irregulares

FORMAS PERSONALES

MODO INDICATIVO		MODO SUBJUNTIVO	
Tiempos simples	Tiempos compuestos	Tiempos simples	Tiempos compuestos

Presente (Bello : Presente)	Pretérito perfecto compuesto (Bello : Antepresente)	Presente (Bello : Presente)	Pretérito perfecto (Bello : Antepresente)
produzco	he producido	produzca	haya producido
produc es	has producido	produzcas	hayas producido
produc e	ha producido	produzca	haya producido
produc imos	hemos producido	produzcamos	hayamos producido
produc ís	habéis producido	produzcáis	hayáis producido
produc en	han producido	produzcan	hayan producido

Pretérito imperfecto (Bello : Copretérito)	Pretérito pluscuamperfecto (Bello : Antecopretérito)	Pretérito imperfecto (Bello : Pretérito)	Pretérito pluscuamperfecto (Bello : Antepretérito)
		produjera	hubiera producido
produc ía	había producido	produjeras	hubieras producido
produc ías	habías producido	produjera	hubiera producido
produc ía	había producido	produjéramos	hubiéramos producido
produc íamos	habíamos producido	produjerais	hubierais producido
produc íais	habíais producido	produjeran	hubieran producido
produc ían	habían producido		
		produjese	hubiese producido
		produjeses	hubieses producido
Pretérito perfecto simple (Bello : Pretérito)	Pretérito anterior (Bello : Antepretérito)	produjese	hubiese producido
		produjésemos	hubiésemos producido
produje	hube producido	produjeseis	hubieseis producido
produjiste	hubiste producido	produjesen	hubiesen producido
produjo	hubo producido		
produjimos	hubimos producido	Futuro (Bello : Futuro)	Futuro perfecto (Bello : Antefuturo)
produjisteis	hubisteis producido		
produjeron	hubieron producido	produjere	hubiere producido
		produjeres	hubieres producido
		produjere	hubiere producido
Futuro (Bello : Futuro)	Futuro perfecto (Bello : Antefuturo)	produjéremos	hubiéremos producido
		produjereis	hubiereis producido
		produjeren	hubieren producido
producir é	habré producido		
producir ás	habrás producido		
producir á	habrá producido		
producir emos	habremos producido	**MODO IMPERATIVO**	
producir éis	habréis producido	Presente	produzcamos (nosotros)
producir án	habrán producido	produc e (tú)	produc id (vosotros)
		produzca (él, usted)	produzcan (ellos, ustedes)

Condicional (Bello : Pospretérito)	Condicional perfecto (Bello : Antepospretérito)

FORMAS NO PERSONALES

Tiempos simples	Tiempos compuestos
producir ía	habría producido
producir ías	habrías producido
producir ía	habría producido
producir íamos	habríamos producido
producir íais	habríais producido
producir ían	habrían producido

Tiempos simples	Tiempos compuestos
Infinitivo: **producir**	Infinitivo compuesto haber producido
Gerundio: **produc** iendo	
Participio: **produc** ido	Gerundio compuesto habiendo producido

87

FORMAS PERSONALES

MODO INDICATIVO		
Tiempos simples	Tiempos compuestos	

MODO SUBJUNTIVO		
Tiempos simples	Tiempos compuestos	

Presente
(Bello : Presente)

Pretérito perfecto compuesto
(Bello : Antepresente)

quiero	he	querido
quieres	has	querido
quiere	ha	querido
quer emos	hemos	querido
quer éis	habéis	querido
quieren	han	querido

Pretérito imperfecto
(Bello : Copretérito)

Pretérito pluscuamperfecto
(Bello : Antecopretérito)

quer ía	había	querido
quer ías	habías	querido
quer ía	había	querido
quer íamos	habíamos	querido
quer íais	habíais	querido
quer ían	habían	querido

Pretérito perfecto simple
(Bello : Pretérito)

Pretérito anterior
(Bello : Antepretérito)

quise	hube	querido
quisiste	hubiste	querido
quiso	hubo	querido
quisimos	hubimos	querido
quisisteis	hubisteis	querido
quisieron	hubieron	querido

Futuro
(Bello : Futuro)

Futuro perfecto
(Bello : Antefuturo)

querré	habré	querido
querrás	habrás	querido
querrá	habrá	querido
querremos	habremos	querido
querréis	habréis	querido
querrán	habrán	querido

Condicional
(Bello : Pospretérito)

Condicional perfecto
(Bello : Antepospretérito)

querría	habría	querido
querrías	habrías	querido
querría	habría	querido
querríamos	habríamos	querido
querríais	habríais	querido
querrían	habrían	querido

Presente
(Bello : Presente)

Pretérito perfecto
(Bello : Antepresente)

quiera	haya	querido
quieras	hayas	querido
quiera	haya	querido
quer amos	hayamos	querido
quer áis	hayáis	querido
quieran	hayan	querido

Pretérito imperfecto
(Bello : Pretérito)

Pretérito pluscuamperfecto
(Bello : Antepretérito)

quisiera	hubiera	querido
quisieras	hubieras	querido
quisiera	hubiera	querido
quisiéramos	hubiéramos	querido
quisierais	hubierais	querido
quisieran	hubieran	querido
quisiese	hubiese	querido
quisieses	hubieses	querido
quisiese	hubiese	querido
quisiésemos	hubiésemos	querido
quisieseis	hubieseis	querido
quisiesen	hubiesen	querido

Futuro
(Bello : Futuro)

Futuro perfecto
(Bello : Antefuturo)

quisiere	hubiere	querido
quisieres	hubieres	querido
quisiere	hubiere	querido
quisiéremos	hubiéremos	querido
quisiereis	hubiereis	querido
quisieren	hubieren	querido

MODO IMPERATIVO	

Presente

	quer amos (nosotros)
quiere (tú)	**quer** ed (vosotros)
quiera (él, usted)	**quieran** (ellos, ustedes)

FORMAS NO PERSONALES

Tiempos simples	Tiempos compuestos
Infinitivo: **querer**	Infinitivo compuesto
Gerundio: **quer** iendo	haber querido
	Gerundio compuesto
Participio: **quer** ido	habiendo querido

53 raer verbos irregulares

FORMAS PERSONALES

MODO INDICATIVO		MODO SUBJUNTIVO	
Tiempos simples	Tiempos compuestos	Tiempos simples	Tiempos compuestos

Presente
(Bello : Presente)

Pretérito perfecto compuesto
(Bello : Antepresente)

Presente
(Bello : Presente)

Pretérito perfecto
(Bello : Antepresente)

ra o; **raigo; rayo**	he	raído	**raiga** ; **raya**	haya	raído
ra es	has	raído	**raigas** ; **rayas**	hayas	raído
ra e	ha	raído	**raiga** ; **raya**	haya	raído
ra emos	hemos	raído	**raigamos**; **rayamos**	hayamos	raído
ra éis	habéis	raído	**raigáis** ; **rayáis**	hayáis	raído
ra en	han	raído	**raigan** ; **rayan**	hayan	raído

Pretérito imperfecto
(Bello : Copretérito)

Pretérito pluscuamperfecto
(Bello : Antecopretérito)

Pretérito imperfecto
(Bello : Pretérito)

Pretérito pluscuamperfecto
(Bello : Antepretérito)

ra ía	había	raído	**rayera**	hubiera	raído
ra ías	habías	raído	**rayeras**	hubieras	raído
ra ía	había	raído	**rayera**	hubiera	raído
ra íamos	habíamos	raído	**rayéramos**	hubiéramos	raído
ra íais	habíais	raído	**rayerais**	hubierais	raído
ra ían	habían	raído	**rayeran**	hubieran	raído

			rayese	hubiese	raído
			rayeses	hubieses	raído
			rayese	hubiese	raído
			rayésemos	hubiésemos	raído
			rayeseis	hubieseis	raído
			rayesen	hubiesen	raído

Pretérito perfecto simple
(Bello : Pretérito)

Pretérito anterior
(Bello : Antepretérito)

ra í	hube	raído
raíste	hubiste	raído
rayó	hubo	raído
raimos	hubimos	raído
raísteis	hubisteis	raído
rayeron	hubieron	raído

Futuro
(Bello : Futuro)

Futuro perfecto
(Bello : Antefuturo)

rayere	hubiere	raído
rayeres	hubieres	raído
rayere	hubiere	raído
rayéremos	hubiéremos	raído
rayereis	hubiereis	raído
rayeren	hubieren	raído

Futuro
(Bello : Futuro)

Futuro perfecto
(Bello : Antefuturo)

raer é	habré	raído
raer ás	habrás	raído
raer á	habrá	raído
raer emos	habremos	raído
raer éis	habréis	raído
raer án	habrán	raído

MODO IMPERATIVO

Presente

raigamos; rayamos (nosotros)

ra e (tú)   **ra** ed (vosotros)

raiga ; **raya** (él, usted) **raigan** ; **rayan** (ellos, ustedes)

Condicional
(Bello : Pospretérito)

Condicional perfecto
(Bello : Antepospretérito)

FORMAS NO PERSONALES

Tiempos simples	Tiempos compuestos

raer ía	habría	raído
raer ías	habrías	raído
raer ía	habría	raído
raer íamos	habríamos	raído
raer íais	habríais	raído
raer ían	habrían	raído

Infinitivo: **raer**

Infinitivo compuesto
haber raído

Gerundio: **rayendo**

Gerundio compuesto
habiendo raído

Participio: **raído**

FORMAS PERSONALES

MODO INDICATIVO		**MODO SUBJUNTIVO**	
Tiempos simples	Tiempos compuestos	Tiempos simples	Tiempos compuestos

Presente (Bello : Presente)	Pretérito perfecto compuesto (Bello : Antepresente)	Presente (Bello : Presente)	Pretérito perfecto (Bello : Antepresente)
riego	he regado	**riegue**	haya regado
riegas	has regado	**riegues**	hayas regado
riega	ha regado	**riegue**	haya regado
reg amos	hemos regado	**reguemos**	hayamos regado
reg áis	habéis regado	**reguéis**	hayáis regado
riegan	han regado	**rieguen**	hayan regado

Pretérito imperfecto (Bello : Copretérito)	Pretérito pluscuamperfecto (Bello : Antecopretérito)	Pretérito imperfecto (Bello : Pretérito)	Pretérito pluscuamperfecto (Bello : Antepretérito)
reg aba	había regado	**reg** a *ra*	hubiera regado
reg abas	habías regado	**reg** a *ras*	hubieras regado
reg aba	había regado	**reg** a *ra*	hubiera regado
reg ábamos	habíamos regado	**reg** á *ramos*	hubiéramos regado
reg abais	habíais regado	**reg** a *rais*	hubierais regado
reg aban	habían regado	**reg** a *ran*	hubieran regado
		reg a *se*	hubiese regado
		reg a *ses*	hubieses regado
		reg a *se*	hubiese regado
		reg á *semos*	hubiésemos regado
		reg a *seis*	hubieseis regado
		reg a *sen*	hubiesen regado

Pretérito perfecto simple (Bello : Pretérito)	Pretérito anterior (Bello : Antepretérito)		
regué	hube regado		
reg aste	hubiste regado		
reg ó	hubo regado		
reg amos	hubimos regado		
reg asteis	hubisteis regado		
reg a *ron*	hubieron regado		

		Futuro (Bello : Futuro)	Futuro perfecto (Bello : Antefuturo)
		reg a *re*	hubiere regado
		reg a *res*	hubieres regado
		reg a *re*	hubiere regado
		reg á *remos*	hubiéremos regado
		reg a *reis*	hubiereis regado
		reg a *ren*	hubieren regado

Futuro (Bello : Futuro)	Futuro perfecto (Bello : Antefuturo)
regar é	habré regado
regar ás	habrás regado
regar á	habrá regado
regar emos	habremos regado
regar éis	habréis regado
regar án	habrán regado

MODO IMPERATIVO

Presente	
riega (tú)	**reguemos** (nosotros)
riegue (él, usted)	**reg** ad (vosotros)
	rieguen (ellos, ustedes)

Condicional (Bello : Pospretérito)	Condicional perfecto (Bello : Antepospretérito)
regar ía	habría regado
regar ías	habrías regado
regar ía	habría regado
regar íamos	habríamos regado
regar íais	habríais regado
regar ían	habrían regado

FORMAS NO PERSONALES

Tiempos simples	Tiempos compuestos
Infinitivo: **regar**	Infinitivo compuesto haber regado
Gerundio: **reg** ando	
Participio: **reg** ado	Gerundio compuesto habiendo regado

55 reír   verbos irregulares

FORMAS PERSONALES

MODO INDICATIVO		MODO SUBJUNTIVO	
Tiempos simples	Tiempos compuestos	Tiempos simples	Tiempos compuestos

Presente (Bello : Presente)	Pretérito perfecto compuesto (Bello : Antepresente)	Presente (Bello : Presente)	Pretérito perfecto (Bello : Antepresente)
río	he reído	ría	haya reído
ríes	has reído	rías	hayas reído
ríe	ha reído	ría	haya reído
reímos	hemos reído	riamos	hayamos reído
re ís	habéis reído	riáis	hayáis reído
ríen	han reído	rían	hayan reído

Pretérito imperfecto (Bello : Copretérito)	Pretérito pluscuamperfecto (Bello : Antecopretérito)	Pretérito imperfecto (Bello : Pretérito)	Pretérito pluscuamperfecto (Bello : Antepretérito)
re ía	había reído	riera	hubiera reído
re ías	habías reído	rieras	hubieras reído
re ía	había reído	riera	hubiera reído
re íamos	habíamos reído	riéramos	hubiéramos reído
re íais	habíais reído	rierais	hubierais reído
re ían	habían reído	rieran	hubieran reído
		riese	hubiese reído
		rieses	hubieses reído
Pretérito perfecto simple (Bello : Pretérito)	Pretérito anterior (Bello : Antepretérito)	riese	hubiese reído
		riésemos	hubiésemos reído
re í	hube reído	rieseis	hubieseis reído
reíste	hubiste reído	riesen	hubiesen reído
rió	hubo reído		
reímos	hubimos reído	Futuro (Bello : Futuro)	Futuro perfecto (Bello : Antefuturo)
reísteis	hubisteis reído		
rieron	hubieron reído	riere	hubiere reído
		rieres	hubieres reído
		riere	hubiere reído
Futuro (Bello : Futuro)	Futuro perfecto (Bello : Antefuturo)	riéremos	hubiéremos reído
		riereis	hubiereis reído
reir é	habré reído	rieren	hubieren reído
reir ás	habrás reído		
reir á	habrá reído		
reir emos	habremos reído	**MODO IMPERATIVO**	
reir éis	habréis reído		
reir án	habrán reído	Presente	ríamos (nosotros)
		ríe (tú)	reíd (vosotros)
		ría (él, usted)	rían (ellos, ustedes)

Condicional (Bello : Pospretérito)	Condicional perfecto (Bello : Antepospretérito)
reir ía	habría reído
reir ías	habrías reído
reir ía	habría reído
reir íamos	habríamos reído
reir íais	habríais reído
reir ían	habrían reído

FORMAS NO PERSONALES

Tiempos simples	Tiempos compuestos
Infinitivo: reír	Infinitivo compuesto haber reído
Gerundio: riendo	Gerundio compuesto habiendo reído
Participio: reído	

56 **reñir** verbos irregulares

FORMAS PERSONALES

MODO INDICATIVO		MODO SUBJUNTIVO	
Tiempos simples	Tiempos compuestos	Tiempos simples	Tiempos compuestos

Presente (Bello : Presente)	Pretérito perfecto compuesto (Bello : Antepresente)	Presente (Bello : Presente)	Pretérito perfecto (Bello : Antepresente)
riño	he reñido	**riña**	haya reñido
riñes	has reñido	**riñas**	hayas reñido
riñe	ha reñido	**riña**	haya reñido
reñ imos	hemos reñido	**riñamos**	hayamos reñido
reñ ís	habéis reñido	**riñáis**	hayáis reñido
riñen	han reñido	**riñan**	hayan reñido

Pretérito imperfecto (Bello : Copretérito)	Pretérito pluscuamperfecto (Bello : Antecopretérito)	Pretérito imperfecto (Bello : Pretérito)	Pretérito pluscuamperfecto (Bello : Antepretérito)
reñ ía	había reñido	**riñera**	hubiera reñido
reñ ías	habías reñido	**riñeras**	hubieras reñido
reñ ía	había reñido	**riñera**	hubiera reñido
reñ íamos	habíamos reñido	**riñéramos**	hubiéramos reñido
reñ íais	habíais reñido	**riñerais**	hubierais reñido
reñ ían	habían reñido	**riñeran**	hubieran reñido
		riñese	hubiese reñido
		riñeses	hubieses reñido
		riñese	hubiese reñido
Pretérito perfecto simple (Bello : Pretérito)	Pretérito anterior (Bello : Antepretérito)	**riñésemos**	hubiésemos reñido
		riñeseis	hubieseis reñido
reñ í	hube reñido	**riñesen**	hubiesen reñido
reñ iste	hubiste reñido		
riñó	hubo reñido	Futuro (Bello : Futuro)	Futuro perfecto (Bello : Antefuturo)
reñ imos	hubimos reñido		
reñ isteis	hubisteis reñido		
riñeron	hubieron reñido	**riñere**	hubiere reñido
		riñeres	hubieres reñido
		riñere	hubiere reñido
Futuro (Bello : Futuro)	Futuro perfecto (Bello : Antefuturo)	**riñéremos**	hubiéremos reñido
		riñereis	hubiereis reñido
reñir é	habré reñido	**riñeren**	hubieren reñido
reñir ás	habrás reñido		
reñir á	habrá reñido		
reñir emos	habremos reñido	**MODO IMPERATIVO**	
reñir éis	habréis reñido		
reñir án	habrán reñido	Presente	**riñamos** (nosotros)
		riñ e (tú)	**reñ** id (vosotros)
		riña (él, usted)	**riñan** (ellos, ustedes)

Condicional (Bello : Pospretérito)	Condicional perfecto (Bello : Antepospretérito)
reñir ía	habría reñido
reñir ías	habrías reñido
reñir ía	habría reñido
reñir íamos	habríamos reñido
reñir íais	habríais reñido
reñir ían	habrían reñido

FORMAS NO PERSONALES

Tiempos simples	Tiempos compuestos
Infinitivo: **reñir**	Infinitivo compuesto haber reñido
Gerundio:	
	Gerundio compuesto
Participio: **reñ** ido	habiendo reñido

FORMAS PERSONALES

MODO INDICATIVO		MODO SUBJUNTIVO	
Tiempos simples	Tiempos compuestos	Tiempos simples	Tiempos compuestos

Presente (Bello : Presente)	Pretérito perfecto compuesto (Bello : Antepresente)	Presente (Bello: Presente)		Pretérito perfecto (Bello: Antepresente)
ro o; **roigo; royo**	he roído	ro a; **roiga;** royea	roya haya roído
ro es	has roído	ro as; **roigas;** royas	royas hayas roído
ro e	ha roído	ro a; **roiga;** roya	roya haya roído
ro emos	hemos roído	ro amos; **roigamos;** royamos	royamos hayamos roído
ro éis	habéis roído	ro áis; **roigáis;** royáis	royáis hayáis roído
ro en	han roído	ro an; **roigan;** royan	royan hayan roído

Pretérito imperfecto (Bello : Copretérito)	Pretérito pluscuamperfecto (Bello : Antecopretérito)	Pretérito imperfecto (Bello : Pretérito)	Pretérito pluscuamperfecto (Bello : Antepretérito)
ro ía	había roído	royera	hubiera roído
ro ías	habías roído	royeras	hubieras roído
ro ía	había roído	royera	hubiera roído
ro íamos	habíamos roído	royéramos	hubiéramos roído
ro íais	habíais roído	royerais	hubierais roído
ro ían	habían roído	royeran	hubieran roído
		royese	hubiese roído
		royeses	hubieses roído
		royese	hubiese roído
		royésemos	hubiésemos roído
		royeseis	hubieseis roído
		royesen	hubiesen roído

Pretérito perfecto simple (Bello : Pretérito)	Pretérito anterior (Bello : Antepretérito)
ro í	hube roído
roíste	hubiste roído
royó	hubo roído
roimos	hubimos roído
roísteis	hubisteis roído
royeron	hubieron roído

Futuro (Bello : Futuro)	Futuro perfecto (Bello : Antefuturo)
royere	hubiere roído
royeres	hubieres roído
royere	hubiere roído
royéremos	hubiéremos roído
royereis	hubiereis roído
royeren	hubieren roído

Futuro (Bello : Futuro)	Futuro perfecto (Bello : Antefuturo)
roer é	habré roído
roer ás	habrás roído
roer á	habrá roído
roer emos	habremos roído
roer éis	habréis roído
roer án	habrán roído

MODO IMPERATIVO

Presente	
	ro amos; **roigamos; royamos** (nosotros)
ro e (tú)	ro ed (vosotros)
ro a; **roiga; roya** (él, usted)	ro an; **roigan; royan** (ellos, ustedes)

Condicional (Bello : Pospretérito)	Condicional perfecto (Bello : Antepospretérito)
roer ía	habría roído
roer ías	habrías roído
roer ía	habría roído
roer íamos	habríamos roído
roer íais	habríais roído
roer ían	habrían roído

FORMAS NO PERSONALES

Tiempos simples	Tiempos compuestos
Infinitivo: **roer**	Infinitivo compuesto haber roído
Gerundio: **royendo**	Gerundio compuesto habiendo roído
Participio: **roído**	

FORMAS PERSONALES

MODO INDICATIVO		MODO SUBJUNTIVO	
Tiempos simples	Tiempos compuestos	Tiempos simples	Tiempos compuestos

Presente (Bello : Presente)	Pretérito perfecto compuesto (Bello : Antepresente)	Presente (Bello : Presente)	Pretérito perfecto (Bello : Antepresente)
sé	he sabido	**sepa**	haya sabido
sab es	has sabido	**sepas**	hayas sabido
sab e	ha sabido	**sepa**	haya sabido
sab emos	hemos sabido	**sepamos**	hayamos sabido
sab éis	habéis sabido	**sepáis**	hayáis sabido
sab en	han sabido	**sepan**	hayan sabido

Pretérito imperfecto (Bello : Copretérito)	Pretérito pluscuamperfecto (Bello : Antecopretérito)	Pretérito imperfecto (Bello : Pretérito)	Pretérito pluscuamperfecto (Bello : Antepretérito)
sab ía	había sabido	**supiera**	hubiera sabido
sab ías	habías sabido	**supieras**	hubieras sabido
sab ía	había sabido	**supiera**	hubiera sabido
sab íamos	habíamos sabido	**supiéramos**	hubiéramos sabido
sab íais	habíais sabido	**supierais**	hubierais sabido
sab ían	habían sabido	**supieran**	hubieran sabido

		supiese	hubiese sabido
Pretérito perfecto simple (Bello : Pretérito)	Pretérito anterior (Bello : Antepretérito)	**supieses**	hubieses sabido
		supiese	hubiese sabido
supe	hube sabido	**supiésemos**	hubiésemos sabido
supiste	hubiste sabido	**supieseis**	hubieseis sabido
supo	hubo sabido	**supiesen**	hubiesen sabido
supimos	hubimos sabido		
supisteis	hubisteis sabido	Futuro (Bello : Futuro)	Futuro perfecto (Bello : Antefuturo)
supieron	hubieron sabido		
		supiere	hubiere sabido
		supieres	hubieres sabido
Futuro (Bello : Futuro)	Futuro perfecto (Bello : Antefuturo)	**supiere**	hubiere sabido
		supiéremos	hubiéremos sabido
sabré	habré sabido	**supiereis**	hubiereis sabido
sabrás	habrás sabido	**supieren**	hubieren sabido
sabrá	habrá sabido		
sabremos	habremos sabido		
sabréis	habréis sabido	**MODO IMPERATIVO**	
sabrán	habrán sabido		

Presente	
sab e (tú)	**sepamos** (nosotros)
sepa (él, usted)	**sab** ed (vosotros)
	sepan (ellos, ustedes)

Condicional (Bello : Pospretérito)	Condicional perfecto (Bello : Antepospretérito)
sabría	habría sabido
sabrías	habrías sabido
sabría	habría sabido
sabríamos	habríamos sabido
sabríais	habríais sabido
sabrían	habrían sabido

FORMAS NO PERSONALES

Tiempos simples	Tiempos compuestos
Infinitivo: **saber**	Infinitivo compuesto haber sabido
Gerundio: **sab** iendo	
	Gerundio compuesto
Participio: **sab** ido	habiendo sabido

59 salir verbos irregulares

FORMAS PERSONALES

MODO INDICATIVO

Tiempos simples | Tiempos compuestos

Presente
(Bello : Presente)

salgo
sal es
sal e
sal imos
sal ís
sal en

Pretérito perfecto compuesto
(Bello : Antepresente)

he salido
has salido
ha salido
hemos salido
habéis salido
han salido

Pretérito imperfecto
(Bello : Copretérito)

sal ía
sal ías
sal ía
sal íamos
sal íais
sal ían

Pretérito pluscuamperfecto
(Bello : Antecopretérito)

había salido
habías salido
había salido
habíamos salido
habíais salido
habían salido

Pretérito perfecto simple
(Bello : Pretérito)

sal í
sal iste
sal ió
sal imos
sal isteis
sal ie ron

Pretérito anterior
(Bello : Antepretérito)

hube salido
hubiste salido
hubo salido
hubimos salido
hubisteis salido
hubieron salido

Futuro
(Bello : Futuro)

saldré
saldrás
saldrá
saldremos
saldréis
saldrán

Futuro perfecto
(Bello : Antefuturo)

habré salido
habrás salido
habrá salido
habremos salido
habréis salido
habrán salido

Condicional
(Bello : Pospretérito)

saldría
saldrías
saldría
saldríamos
saldríais
saldrían

Condicional perfecto
(Bello : Antepospretérito)

habría salido
habrías salido
habría salido
habríamos salido
habríais salido
habrían salido

MODO SUBJUNTIVO

Tiempos simples | Tiempos compuestos

Presente
(Bello : Presente)

salga
salgas
salga
salgamos
salgáis
salgan

Pretérito perfecto
(Bello : Antepresente)

haya salido
hayas salido
haya salido
hayamos salido
hayáis salido
hayan salido

Pretérito imperfecto
(Bello : Pretérito)

sal ie ra
sal ie ras
sal ie ra
sal ié ramos
sal ie rais
sal ie ran

Pretérito pluscuamperfecto
(Bello : Antepretérito)

hubiera salido
hubieras salido
hubiera salido
hubiéramos salido
hubierais salido
hubieran salido

sal ie se
sal ie ses
sal ie se
sal ié semos
sal ie seis
sal ie sen

hubiese salido
hubieses salido
hubiese salido
hubiésemos salido
hubieseis salido
hubiesen salido

Futuro
(Bello : Futuro)

sal ie re
sal ie res
sal ie re
sal ié remos
sal ie reis
sal ie ren

Futuro perfecto
(Bello : Antefuturo)

hubiere salido
hubieres salido
hubiere salido
hubiéremos salido
hubiereis salido
hubieren salido

MODO IMPERATIVO

Presente
sal (tú)
salga (él, usted)

salgamos (nosotros)
sal id (vosotros)
salgan (ellos, ustedes)

FORMAS NO PERSONALES

Tiempos simples | Tiempos compuestos

Infinitivo: **salir**
Gerundio: **sal** iendo
Participio: **sal** ido

Infinitivo compuesto
haber salido
Gerundio compuesto
habiendo salido

60 satisfacer verbos irregulares

FORMAS PERSONALES

MODO INDICATIVO		MODO SUBJUNTIVO	
Tiempos simples	Tiempos compuestos	Tiempos simples	Tiempos compuestos

Presente (Bello : Presente)	Pretérito perfecto compuesto (Bello : Antepresente)	Presente (Bello : Presente)	Pretérito perfecto (Bello : Antepresente)
satisfago	he satisfecho	**satisfaga**	haya satisfecho
satisfac es	has satisfecho	**satisfagas**	hayas satisfecho
satisfac e	ha satisfecho	**satisfaga**	haya satisfecho
satisfac emos	hemos satisfecho	**satisfagamos**	hayamos satisfecho
satisfac éis	habéis satisfecho	**satisfagáis**	hayáis satisfecho
satisfac en	han satisfecho	**satisfagan**	hayan satisfecho

Pretérito imperfecto (Bello : Copretérito)	Pretérito pluscuamperfecto (Bello : Antecopretérito)	Pretérito imperfecto (Bello : Pretérito)	Pretérito pluscuamperfecto (Bello : Antepretérito)
satisfac ía	había satisfecho	**satisficiera**	hubiera satisfecho
satisfac ías	habías satisfecho	**satisficieras**	hubieras satisfecho
satisfac ía	había satisfecho	**satisficiera**	hubiera satisfecho
satisfac íamos	habíamos satisfecho	**satisficiéramos**	hubiéramos satisfecho
satisfac íais	habíais satisfecho	**satisficierais**	hubierais satisfecho
satisfac ían	habían satisfecho	**satisficieran**	hubieran satisfecho
		satisficiese	hubiese satisfecho
		satisficieses	hubieses satisfecho
		satisficiese	hubiese satisfecho
		satisficiésemos	hubiésemos satisfecho
		satisficieseis	hubieseis satisfecho
		satisficiesen	hubiesen satisfecho

Pretérito perfecto simple (Bello : Pretérito)	Pretérito anterior (Bello : Antepretérito)		
satisfice	hube satisfecho		
satisficiste	hubiste satisfecho		
satisfizo	hubo satisfecho		
satisficimos	hubimos satisfecho		
satisficisteis	hubisteis satisfecho		
satisficieron	hubieron satisfecho		

		Futuro (Bello : Futuro)	Futuro perfecto (Bello : Antefuturo)
		satisficiere	hubiere satisfecho
		satisficieres	hubieres satisfecho
		satisficiere	hubiere satisfecho
		satisficiéremos	hubiéremos satisfecho
		satisficiereis	hubiereis satisfecho
		satisficieren	hubieren satisfecho

Futuro (Bello : Futuro)	Futuro perfecto (Bello : Antefuturo)
satisfaré	habré satisfecho
satisfarás	habrás satisfecho
satisfará	habrá satisfecho
satisfaremos	habremos satisfecho
satisfaréis	habréis satisfecho
satisfarán	habrán satisfecho

MODO IMPERATIVO

Presente	
	satisfagamos (nosotros)
satisfaz ; satisface (tú)	**satisfac** ed (vosotros)
satisfaga (él, usted)	**satisfagan** (ellos, ustedes)

Condicional (Bello : Pospretérito)	Condicional perfecto (Bello : Antepospretérito)
satisfaría	habría satisfecho
satisfarías	habrías satisfecho
satisfaría	habría satisfecho
satisfaríamos	habríamos satisfecho
satisfaríais	habríais satisfecho
satisfarían	habrían satisfecho

FORMAS NO PERSONALES

Tiempos simples	Tiempos compuestos
Infinitivo: **satisfacer**	Infinitivo compuesto haber satisfecho
Gerundio: **satisfac** iendo	Gerundio compuesto habiendo satisfecho
Participio: **satisfecho**	

96

61 seguir verbos irregulares

FORMAS PERSONALES

MODO INDICATIVO		MODO SUBJUNTIVO	
Tiempos simples	Tiempos compuestos	Tiempos simples	Tiempos compuestos

Presente (Bello : Presente)	Pretérito perfecto compuesto (Bello : Antepresente)	Presente (Bello : Presente)	Pretérito perfecto (Bello : Antepresente)
sigo	he seguido	**siga**	haya seguido
sigues	has seguido	**sigas**	hayas seguido
sigue	ha seguido	**siga**	haya seguido
segu imos	hemos seguido	**sigamos**	hayamos seguido
segu ís	habéis seguido	**sigáis**	hayáis seguido
siguen	han seguido	**sigan**	hayan seguido

Pretérito imperfecto (Bello : Copretérito)	Pretérito pluscuamperfecto (Bello : Antecopretérito)	Pretérito imperfecto (Bello : Pretérito)	Pretérito pluscuamperfecto (Bello : Antepretérito)
segu ía	había seguido	**siguiera**	hubiera seguido
segu ías	habías seguido	**siguieras**	hubieras seguido
segu ía	había seguido	**siguiera**	hubiera seguido
segu íamos	habíamos seguido	**siguiéramos**	hubiéramos seguido
segu íais	habíais seguido	**siguierais**	hubierais seguido
segu ían	habían seguido	**siguieran**	hubieran seguido
		siguiese	hubiese seguido
		siguieses	hubieses seguido
		siguiese	hubiese seguido
		siguiésemos	hubiésemos seguido
		siguieseis	hubieseis seguido
		siguiesen	hubiesen seguido

Pretérito perfecto simple (Bello : Pretérito)	Pretérito anterior (Bello : Antepretérito)		
segu í	hube seguido		
segu iste	hubiste seguido		
siguió	hubo seguido		
segu imos	hubimos seguido	Futuro (Bello : Futuro)	Futuro perfecto (Bello : Antefuturo)
segu isteis	hubisteis seguido		
siguieron	hubieron seguido	**siguiere**	hubiere seguido
		siguieres	hubieres seguido
		siguiere	hubiere seguido
Futuro (Bello : Futuro)	Futuro perfecto (Bello : Antefuturo)	**siguiéremos**	hubiéremos seguido
		siguiereis	hubiereis seguido
seguir é	habré seguido	**siguieren**	hubieren seguido
seguir ás	habrás seguido		
seguir á	habrá seguido		
seguir emos	habremos seguido	MODO IMPERATIVO	
seguir éis	habréis seguido		
seguir án	habrán seguido	Presente	**sigamos** (nosotros)
		sigue (tú)	**segu** id (vosotros)
		siga (él, usted)	**sigan** (ellos, ustedes)

Condicional (Bello : Pospretérito)	Condicional perfecto (Bello : Antepospretérito)	FORMAS NO PERSONALES	
		Tiempos simples	Tiempos compuestos
seguir ía	habría seguido	Infinitivo: **seguir**	Infinitivo compuesto
seguir ías	habrías seguido		haber seguido
seguir ía	habría seguido	Gerundio: **siguiendo**	
seguir íamos	habríamos seguido		Gerundio compuesto
seguir íais	habríais seguido		habiendo seguido
seguir ían	habrían seguido	Participio: **segu** ido	

62 **sentir** verbos irregulares

FORMAS PERSONALES

MODO INDICATIVO		**MODO SUBJUNTIVO**	
Tiempos simples	Tiempos compuestos	Tiempos simples	Tiempos compuestos

Presente
(Bello : Presente)

Pretérito perfecto compuesto
(Bello : Antepresente)

Presente
(Bello : Presente)

Pretérito perfecto
(Bello : Antepresente)

siento	he	sentido	**sienta**	haya	sentido
sientes	has	sentido	**sientas**	hayas	sentido
siente	ha	sentido	**sienta**	haya	sentido
sent imos	hemos	sentido	**sintamos**	hayamos	sentido
sent ís	habéis	sentido	**sintáis**	hayáis	sentido
sienten	han	sentido	**sientan**	hayan	sentido

Pretérito imperfecto
(Bello : Copretérito)

Pretérito pluscuamperfecto
(Bello : Antecopretérito)

Pretérito imperfecto
(Bello : Pretérito)

Pretérito pluscuamperfecto
(Bello : Antepretérito)

sent ía	había	sentido	**sintiera**	hubiera	sentido
sent ías	habías	sentido	**sintieras**	hubieras	sentido
sent ía	había	sentido	**sintiera**	hubiera	sentido
sent íamos	habíamos	sentido	**sintiéramos**	hubiéramos	sentido
sent íais	habíais	sentido	**sintierais**	hubierais	sentido
sent ían	habían	sentido	**sintieran**	hubieran	sentido
			sintiese	hubiese	sentido
			sintieses	hubieses	sentido
			sintiese	hubiese	sentido
			sintiésemos	hubiésemos	sentido
			sintieseis	hubieseis	sentido
			sintiesen	hubiesen	sentido

Pretérito perfecto simple
(Bello : Pretérito)

Pretérito anterior
(Bello : Antepretérito)

sent í	hube	sentido
sent iste	hubiste	sentido
sintió	hubo	sentido
sent imos	hubimos	sentido
sent isteis	hubisteis	sentido
sintieron	hubieron	sentido

Futuro
(Bello : Futuro)

Futuro perfecto
(Bello : Antefuturo)

sintiere	hubiere	sentido
sintieres	hubieres	sentido
sintiere	hubiere	sentido
sintiéremos	hubiéremos	sentido
sintiereis	hubiereis	sentido
sintieren	hubieren	sentido

Futuro
(Bello : Futuro)

Futuro perfecto
(Bello : Antefuturo)

sentir é	habré	sentido
sentir ás	habrás	sentido
sentir á	habrá	sentido
sentir emos	habremos	sentido
sentir éis	habréis	sentido
sentir án	habrán	sentido

MODO IMPERATIVO

Presente

siente (tú)	**sintamos** (nosotros)
sienta (él, usted)	**sent** id (vosotros)
	sientan (ellos, ustedes)

Condicional
(Bello : Pospretérito)

Condicional perfecto
(Bello : Antepospretérito)

sentir ía	habría	sentido
sentir ías	habrías	sentido
sentir ía	habría	sentido
sentir íamos	habríamos	sentido
sentir íais	habríais	sentido
sentir ían	habrían	sentido

FORMAS NO PERSONALES

Tiempos simples	Tiempos compuestos
Infinitivo: **sentir**	Infinitivo compuesto
Gerundio: **sintiendo**	haber sentido
	Gerundio compuesto
Participio: **sent** ido	habiendo sentido

63 **soler** verbos irregulares

FORMAS PERSONALES

MODO INDICATIVO		MODO SUBJUNTIVO	
Tiempos simples	Tiempos compuestos	Tiempos simples	Tiempos compuestos

Presente (Bello : Presente)	Pretérito perfecto compuesto (Bello : Antepresente)	Presente (Bello : Presente)	Pretérito perfecto (Bello : Antepresente)
suelo	—	**suela**	—
sueles	—	**suelas**	—
suele	—	**suela**	—
sol emos	—	**sol** amos	—
sol éis	—	**sol** áis	—
suelen	—	**suelan**	—

Pretérito imperfecto (Bello : Copretérito)	Pretérito pluscuamperfecto (Bello : Antecopretérito)	Pretérito imperfecto (Bello : Pretérito)	Pretérito pluscuamperfecto (Bello : Antepretérito)
		sol ie*ra*	—
sol ía	—	**sol** ie *ras*	—
sol ías	—	**sol** ie *ra*	—
sol ía	—	**sol** ié *ramos*	—
sol íamos	—	**sol** ie *rais*	—
sol íais	—	**sol** ie *ran*	—
sol ían	—		
		sol ie *se*	—
		sol ie *ses*	—
Pretérito perfecto simple (Bello : Pretérito)	Pretérito anterior (Bello : Antepretérito)	**sol** ie *se*	—
		sol ié *semos*	—
sol í	—	**sol** ie *seis*	—
sol iste	—	**sol** ie *sen*	—
sol ió	—		
sol imos	—	Futuro (Bello : Futuro)	Futuro perfecto (Bello : Antefuturo)
sol isteis	—		
sol ie *ron*	—	—	—
		—	—
		—	—
Futuro (Bello : Futuro)	Futuro perfecto (Bello : Antefuturo)	—	—
—	—		
—	—		

MODO IMPERATIVO

Presente	
— (tú)	— (nosotros)
— (él, usted)	— (vosotros)
	— (ellos, ustedes)

Condicional (Bello : Pospretérito)	Condicional perfecto (Bello : Antepospretérito)

FORMAS NO PERSONALES

Tiempos simples	Tiempos compuestos
Infinitivo: **soler**	Infinitivo compuesto
	—
Gerundio: —	
	Gerundio compuesto
Participio: —	—

64 tañer verbos irregulares

FORMAS PERSONALES

MODO INDICATIVO			MODO SUBJUNTIVO		
Tiempos simples	Tiempos compuestos		Tiempos simples	Tiempos compuestos	

Presente
(Bello : Presente)

Pretérito perfecto compuesto
(Bello : Antepresente)

tañ o	he	tañido
tañ es	has	tañido
tañ e	ha	tañido
tañ emos	hemos	tañido
tañ éis	habéis	tañido
tañ en	han	tañido

Presente
(Bello : Presente)

Pretérito perfecto
(Bello : Antepresente)

tañ a	haya	tañido
tañ as	hayas	tañido
tañ a	haya	tañido
tañ amos	hayamos	tañido
tañ áis	hayáis	tañido
tañ an	hayan	tañido

Pretérito imperfecto
(Bello : Copretérito)

Pretérito pluscuamperfecto
(Bello : Antecopretérito)

tañ ía	había	tañido
tañ ías	habías	tañido
tañ ía	había	tañido
tañ íamos	habíamos	tañido
tañ íais	habíais	tañido
tañ ían	habían	tañido

Pretérito imperfecto
(Bello : Pretérito)

Pretérito pluscuamperfecto
(Bello : Antepretérito)

tañera	hubiera	tañido
tañeras	hubieras	tañido
tañera	hubiera	tañido
tañéramos	hubiéramos	tañido
tañerais	hubierais	tañido
tañeran	hubieran	tañido
tañese	hubiese	tañido
tañeses	hubieses	tañido
tañese	hubiese	tañido
tañésemos	hubiésemos	tañido
tañeseis	hubieseis	tañido
tañesen	hubiesen	tañido

Pretérito perfecto simple
(Bello : Pretérito)

Pretérito anterior
(Bello : Antepretérito)

tañ í	hube	tañido
tañ iste	hubiste	tañido
tañó	hubo	tañido
tañ imos	hubimos	tañido
tañ isteis	hubisteis	tañido
tañeron	hubieron	tañido

Futuro
(Bello : Futuro)

Futuro perfecto
(Bello : Antefuturo)

tañere	hubiere	tañido
tañeres	hubieres	tañido
tañere	hubiere	tañido
tañéremos	hubiéremos	tañido
tañereis	hubiereis	tañido
tañeren	hubieren	tañido

Futuro
(Bello : Futuro)

Futuro perfecto
(Bello : Antefuturo)

tañer é	habré	tañido
tañer ás	habrás	tañido
tañer á	habrá	tañido
tañer emos	habremos	tañido
tañer éis	habréis	tañido
tañer án	habrán	tañido

MODO IMPERATIVO

Presente

tañ e (tú)	tañ amos (nosotros)
tañ a (él, usted)	tañ ed (vosotros)
	tañ an (ellos, ustedes)

Condicional
(Bello : Pospretérito)

Condicional perfecto
(Bello : Antepospretérito)

tañer ía	habría	tañido
tañer ías	habrías	tañido
tañer ía	habría	tañido
tañer íamos	habríamos	tañido
tañer íais	habríais	tañido
tañer ían	habrían	tañido

FORMAS NO PERSONALES

Tiempos simples	Tiempos compuestos
Infinitivo: **tañer**	Infinitivo compuesto
	haber tañido
Gerundio: **tañendo**	
	Gerundio compuesto
Participio: **tañ** ido	habiendo tañido

65 traer verbos irregulares

FORMAS PERSONALES

MODO INDICATIVO		MODO SUBJUNTIVO	
Tiempos simples	Tiempos compuestos	Tiempos simples	Tiempos compuestos

Presente (Bello: Presente)	Pretérito perfecto compuesto (Bello: Antepresente)	Presente (Bello: Presente)	Pretérito perfecto (Bello: Antepresente)
traigo	he traído	traiga	haya traído
tra es	has traído	traigas	hayas traído
tra e	ha traído	traiga	haya traído
tra emos	hemos traído	traigamos	hayamos traído
tra éis	habéis traído	traigáis	hayáis traído
tra en	han traído	traigan	hayan traído

Pretérito imperfecto (Bello: Copretérito)	Pretérito pluscuamperfecto (Bello: Antecopretérito)	Pretérito imperfecto (Bello: Pretérito)	Pretérito pluscuamperfecto (Bello: Antepretérito)
		trajera	hubiera traído
tra ía	había traído	trajeras	hubieras traído
tra ías	habías traído	trajera	hubiera traído
tra ía	había traído	trajéramos	hubiéramos traído
tra íamos	habíamos traído	trajerais	hubierais traído
tra íais	habíais traído	trajeran	hubieran traído
tra ían	habían traído		
		trajese	hubiese traído
		trajeses	hubieses traído
		trajese	hubiese traído
Pretérito perfecto simple (Bello: Pretérito)	Pretérito anterior (Bello: Antepretérito)	trajésemos	hubiésemos traído
		trajeseis	hubieseis traído
		trajesen	hubiesen traído
traje	hube traído		
trajiste	hubiste traído	Futuro (Bello: Futuro)	Futuro perfecto (Bello: Antefuturo)
trajo	hubo traído		
trajimos	hubimos traído		
trajisteis	hubisteis traído	trajere	hubiere traído
trajeron	hubieron traído	trajeres	hubieres traído
		trajere	hubiere traído
		trajéremos	hubiéremos traído
Futuro (Bello: Futuro)	Futuro perfecto (Bello: Antefuturo)	trajereis	hubiereis traído
		trajeren	hubieren traído
traer é	habré traído		
traer ás	habrás traído		
traer á	habrá traído		
traer emos	habremos traído	**MODO IMPERATIVO**	
traer éis	habréis traído		
traer án	habrán traído	Presente	traigamos (nosotros)
		tra e (tú)	tra ed (vosotros)
		traiga (él, usted)	traigan (ellos, ustedes)

Condicional (Bello: Pospretérito)	Condicional perfecto (Bello: Antepospretérito)
traer ía	habría traído
traer ías	habrías traído
traer ía	habría traído
traer íamos	habríamos traído
traer íais	habríais traído
traer ían	habrían traído

FORMAS NO PERSONALES

Tiempos simples	Tiempos compuestos
Infinitivo: **traer**	Infinitivo compuesto haber traído
Gerundio: **trayendo**	Gerundio compuesto habiendo traído
Participio: **traído**	

66 trocar verbos irregulares

FORMAS PERSONALES

MODO INDICATIVO		MODO SUBJUNTIVO	
Tiempos simples	Tiempos compuestos	Tiempos simples	Tiempos compuestos

Presente (Bello : Presente)	Pretérito perfecto compuesto (Bello : Antepresente)	Presente (Bello : Presente)	Pretérito perfecto (Bello : Antepresente)
trueco	he trocado	**trueque**	haya trocado
truecas	has trocado	**trueques**	hayas trocado
trueca	ha trocado	**trueque**	haya trocado
troc amos	hemos trocado	**troquemos**	hayamos trocado
troc áis	habéis trocado	**troquéis**	hayáis trocado
truecan	han trocado	**truequen**	hayan trocado

Pretérito imperfecto (Bello : Copretérito)	Pretérito pluscuamperfecto (Bello : Antecopretérito)	Pretérito imperfecto (Bello : Pretérito)	Pretérito pluscuamperfecto (Bello : Antepretérito)
troc aba	había trocado	**troc** a *ra*	hubiera trocado
troc abas	habías trocado	**troc** a *ras*	hubieras trocado
troc aba	había trocado	**troc** a *ra*	hubiera trocado
troc ábamos	habíamos trocado	**troc** á *ramos*	hubiéramos trocado
troc abais	habíais trocado	**troc** a *rais*	hubierais trocado
troc aban	habían trocado	**troc** a *ran*	hubieran trocado
		troc a *se*	hubiese trocado
		troc a *ses*	hubieses trocado
Pretérito perfecto simple (Bello : Pretérito)	Pretérito anterior (Bello : Antepretérito)	**troc** a *se*	hubiese trocado
		troc á *semos*	hubiésemos trocado
troqué	hube trocado	**troc** a *seis*	hubieseis trocado
troc aste	hubiste trocado	**troc** a *sen*	hubiesen trocado
troc ó	hubo trocado		
troc amos	hubimos trocado	Futuro (Bello : Futuro)	Futuro perfecto (Bello : Antefuturo)
troc asteis	hubisteis trocado		
troc a *ron*	hubieron trocado	**troc** a *re*	hubiere trocado
		troc a *res*	hubieres trocado
		troc a *re*	hubiere trocado
Futuro (Bello : Futuro)	Futuro perfecto (Bello : Antefuturo)	**troc** á *remos*	hubiéremos trocado
		troc a *reis*	hubiereis trocado
trocar é	habré trocado	**troc** a *ren*	hubieren trocado
trocar ás	habrás trocado		
trocar á	habrá trocado		
trocar emos	habremos trocado		
trocar éis	habréis trocado		
trocar án	habrán trocado		

MODO IMPERATIVO

Presente	
trueca (tú)	**troquemos** (nosotros)
trueque (él, usted)	**troc** ad (vosotros)
	truequen (ellos, ustedes)

Condicional (Bello : Pospretérito)	Condicional perfecto (Bello : Antepospretérito)
trocar ía	habría trocado
trocar ías	habrías trocado
trocar ía	habría trocado
trocar íamos	habríamos trocado
trocar íais	habríais trocado
trocar ían	habrían trocado

FORMAS NO PERSONALES

Tiempos simples	Tiempos compuestos
Infinitivo: **trocar**	Infinitivo compuesto haber trocado
Gerundio: **troc** ando	
	Gerundio compuesto
Participio: **troc** ado	habiendo trocado

FORMAS COMPUESTAS

MODO INDICATIVO		**MODO SUBJUNTIVO**	
Tiempos simples	Tiempos compuestos	Tiempos simples	Tiempos compuestos

Presente (Bello : Presente)	Pretérito perfecto compuesto (Bello : Antepresente)	Presente (Bello : Presente)	Pretérito perfecto (Bello : Antepresente)
valgo	he valido	valga	haya valido
val es	has valido	valgas	hayas valido
val e	ha valido	valga	haya valido
val emos	hemos valido	valgamos	hayamos valido
val éis	habéis valido	valgáis	hayáis valido
val en	han valido	valgan	hayan valido

Pretérito imperfecto (Bello : Copretérito)	Pretérito pluscuamperfecto (Bello : Antecopretérito)	Pretérito imperfecto (Bello : Pretérito)	Pretérito pluscuamperfecto (Bello : Antepretérito)
val ía	había valido	val ie *ra*	hubiera valido
val ías	habías valido	val ie *ras*	hubieras valido
val ía	había valido	val ie *ra*	hubiera valido
val íamos	habíamos valido	val ié *ramos*	hubiéramos valido
val íais	habíais valido	val ie *rais*	hubierais valido
val ían	habían valido	val ie *ran*	hubieran valido
		val ie *se*	hubiese valido
		val ie *ses*	hubieses valido
Pretérito perfecto simple (Bello : Pretérito)	Pretérito anterior (Bello : Antepretérito)	val ie *se*	hubiese valido
		val ié *semos*	hubiésemos valido
val í	hube valido	val ie *seis*	hubieseis valido
val iste	hubiste valido	val ie *sen*	hubiesen valido
val ió	hubo valido		
val imos	hubimos valido	Futuro (Bello : Futuro)	Futuro perfecto (Bello : Antefuturo)
val isteis	hubisteis valido		
val ie *ron*	hubieron valido	val ie *re*	hubiere valido
		val ie *res*	hubieres valido
		val ie *re*	hubiere valido
Futuro (Bello : Futuro)	Futuro perfecto (Bello : Antefuturo)	val ié *remos*	hubiéremos valido
		val ie *reis*	hubiereis valido
valdré	habré valido	val ie *ren*	hubieren valido
valdrás	habrás valido		
valdrá	habrá valido		
valdremos	habremos valido		
valdréis	habréis valido	**MODO IMPERATIVO**	
valdrán	habrán valido		

		Presente	
		val! e (tú)	**valgamos** (nosotros)
		valga (él, usted)	**val** ed (vosotros)
			valgan (ellos, ustedes)

Condicional (Bello : Pospretérito)	Condicional perfecto (Bello : Antepospretérito)		
		## FORMAS NO PERSONALES	
valdría	habría valido	Tiempos simples	Tiempos compuestos
valdrías	habrías valido		
valdría	habría valido	Infinitivo: **valer**	Infinitivo compuesto haber valido
valdríamos	habríamos valido	Gerundio: **val** iendo	
valdríais	habríais valido		Gerundio compuesto
valdrían	habrían valido	Participio: **val** ido	habiendo valido

68 **venir** verbos irregulares

FORMAS PERSONALES

MODO INDICATIVO		MODO SUBJUNTIVO	
Tiempos simples	Tiempos compuestos	Tiempos simples	Tiempos compuestos

Presente (Bello : Presente)	Pretérito perfecto compuesto (Bello : Antepresente)	Presente (Bello : Presente)	·Pretérito perfecto (Bello : Antepresente)
vengo	he venido	**venga**	haya venido
vienes	has venido	**vengas**	hayas venido
viene	ha venido	**venga**	haya venido
ven imos	hemos venido	**vengamos**	hayamos venido
ven ís	habéis venido	**vengáis**	hayáis venido
vienen	han venido	**vengan**	hayan venido

Pretérito imperfecto (Bello : Copretérito)	Pretérito pluscuamperfecto (Bello : Antecopretérito)	Pretérito imperfecto (Bello : Pretérito)	Pretérito pluscuamperfecto (Bello : Antepretérito)
ven ía	había venido	**viniera**	hubiera venido
ven ías	habías venido	**vinieras**	hubieras venido
ven ía	había venido	**viniera**	hubiera venido
ven íamos	habíamos venido	**viniéramos**	hubiéramos venido
ven íais	habíais venido	**vinierais**	hubierais venido
ven ían	habían venido	**vinieran**	hubieran venido
		viniese	hubiese venido
		vinieses	hubieses venido
Pretérito perfecto simple (Bello : Pretérito)	Pretérito anterior (Bello : Antepretérito)	**viniese**	hubiese venido
		viniésemos	hubiésemos venido
vine	hube venido	**vinieseis**	hubieseis venido
viniste	hubiste venido	**viniesen**	hubiesen venido
vino	hubo venido		
vinimos	hubimos venido	Futuro (Bello : Futuro)	Futuro perfecto (Bello : Antefuturo)
vinisteis	hubisteis venido		
vinieron	hubieron venido	**viniere**	hubiere venido
		vinieres	hubieres venido
		viniere	hubiere venido
Futuro (Bello : Futuro)	Futuro perfecto (Bello : Antefuturo)	**viniéremos**	hubiéremos venido
		viniereis	hubiereis venido
vendré	habré venido	**vinieren**	hubieren venido
vendrás	habrás venido		
vendrá	habrá venido		
vendremos	habremos venido		
vendréis	habréis venido		
vendrán	habrán venido		

MODO IMPERATIVO

Presente	
	vengamos (nosotros)
ven (tú)	**ven** id (vosotros)
venga (él, usted)	**vengan** (ellos, ustedes)

Condicional (Bello : Pospretérito)	Condicional perfecto (Bello : Antepospretérito)
vendría	habría venido
vendrías	habrías venido
vendría	habría venido
vendríamos	habríamos venido
vendríais	habríais venido
vendrían	habrían venido

FORMAS NO PERSONALES

Tiempos simples	Tiempos compuestos
Infinitivo: **venir**	Infinitivo compuesto haber venido
Gerundio: **viniendo**	Gerundio compuesto habiendo venido
Participio: **ven** ido	

FORMAS PERSONALES

MODO INDICATIVO		**MODO SUBJUNTIVO**	
Tiempos simples	Tiempos compuestos	Tiempos simples	Tiempos compuestos

Presente (Bello : Presente)	Pretérito perfecto compuesto (Bello : Antepresente)	Presente (Bello : Presente)	Pretérito perfecto (Bello : Antepresente)
ve o	he visto	**ve** a	haya visto
ves	has visto	**ve** as	hayas visto
ve	ha visto	**ve** a	haya visto
vemos	hemos visto	**ve** amos	hayamos visto
veis	habéis visto	**ve** áis	hayáis visto
ven	han visto	**ve** an	hayan visto

Pretérito imperfecto (Bello : Copretérito)	Pretérito pluscuamperfecto (Bello : Antecopretérito)	Pretérito imperfecto (Bello : Pretérito)	Pretérito pluscuamperfecto (Bello : Antepretérito)
ve ía	había visto	**viera**	hubiera visto
ve ías	habías visto	**vieras**	hubieras visto
ve ía	había visto	**viera**	hubiera visto
ve íamos	habíamos visto	**viéramos**	hubiéramos visto
ve íais	habíais visto	**vierais**	hubierais visto
ve ían	habían visto	**vieran**	hubieran visto
		viese	hubiese visto
		vieses	hubieses visto
		viese	hubiese visto
		viésemos	hubiésemos visto
		vieseis	hubieseis visto
		viesen	hubiesen visto

Pretérito perfecto simple (Bello : Pretérito)	Pretérito anterior (Bello : Antepretérito)	Futuro (Bello : Futuro)	Futuro perfecto (Bello : Antefuturo)
vi	hube visto	**viere**	hubiere visto
viste	hubiste visto	**vieres**	hubieres visto
vio	hubo visto	**viere**	hubiere visto
vimos	hubimos visto	**viéremos**	hubiéremos visto
visteis	hubisteis visto	**viereis**	hubiereis visto
vieron	hubieron visto	**vieren**	hubieren visto

Futuro (Bello : Futuro)	Futuro perfecto (Bello : Antefuturo)
ver é	habré visto
ver ás	habrás visto
ver á	habrá visto
ver emos	habremos visto
ver éis	habréis visto
ver án	habrán visto

MODO IMPERATIVO

Presente	
	ve amos (nosotros)
ve (tú)	**ved** (vosotros)
ve a (él, usted)	**ve** an (ellos, ustedes)

Condicional (Bello : Pospretérito)	Condicional perfecto (Bello : Antepospretérito)
ver ía	habría visto
ver ías	habrías visto
ver ía	habría visto
ver íamos	habríamos visto
ver íais	habríais visto
ver ían	habrían visto

FORMAS NO PERSONALES

Tiempos simples	Tiempos compuestos
Infinitivo: **ver**	Infinitivo compuesto haber visto
Gerundio: **viendo**	Gerundio compuesto habiendo visto
Participio: **visto**	

FORMAS PERSONALES

MODO INDICATIVO

Tiempos simples   Tiempos compuestos

Presente
(Bello : Presente)

vuelvo	he	vuelto
vuelves	has	vuelto
vuelve	ha	vuelto
volv emos	hemos	vuelto
volv éis	habéis	vuelto
vuelven	han	vuelto

Pretérito perfecto compuesto
(Bello : Antepresente)

Pretérito imperfecto
(Bello : Copretérito)

volv ía	había	vuelto
volv ías	habías	vuelto
volv ía	había	vuelto
volv íamos	habíamos	vuelto
volv íais	habíais	vuelto
volv ían	habían	vuelto

Pretérito pluscuamperfecto
(Bello : Antecopretérito)

Pretérito perfecto simple
(Bello : Pretérito)

Pretérito anterior
(Bello : Antepretérito)

volv í	hube	vuelto
volv iste	hubiste	vuelto
volv ió	hubo	vuelto
volv imos	hubimos	vuelto
volv isteis	hubisteis	vuelto
volv ie ron	hubieron	vuelto

Futuro
(Bello : Futuro)

Futuro perfecto
(Bello : Antefuturo)

volver é	habré	vuelto
volver ás	habrás	vuelto
volver á	habrá	vuelto
volver emos	habremos	vuelto
volver éis	habréis	vuelto
volver án	habrán	vuelto

Condicional
(Bello : Pospretérito)

Condicional perfecto
(Bello : Antepospretérito)

volver ía	habría	vuelto
volver ías	habrías	vuelto
volver ía	habría	vuelto
volver íamos	habríamos	vuelto
volver íais	habríais	vuelto
volver ían	habrían	vuelto

MODO SUBJUNTIVO

Tiempos simples   Tiempos compuestos

Presente
(Bello : Presente)

vuelva	haya	vuelto
vuelvas	hayas	vuelto
vuelva	haya	vuelto
volv amos	hayamos	vuelto
volv áis	hayáis	vuelto
vuelvan	hayan	vuelto

Pretérito perfecto
(Bello : Antepresente)

Pretérito imperfecto
(Bello : Pretérito)

volv ie ra	hubiera	vuelto
volv ie ras	hubieras	vuelto
volv ie ra	hubiera	vuelto
volv ié ramos	hubiéramos	vuelto
volv ie rais	hubierais	vuelto
volv ie ran	hubieran	vuelto
volv ie se	hubiese	vuelto
volv ie ses	hubieses	vuelto
volv ie se	hubiese	vuelto
volv ié semos	hubiésemos	vuelto
volv ie seis	hubieseis	vuelto
volv ie sen	hubiesen	vuelto

Pretérito pluscuamperfecto
(Bello : Antepretérito)

Futuro
(Bello : Futuro)

Futuro perfecto
(Bello : Antefuturo)

volv ie re	hubiere	vuelto
volv ie res	hubieres	vuelto
volv ie re	hubiere	vuelto
volv ié remos	hubiéremos	vuelto
volv ie reis	hubiereis	vuelto
volv ie ren	hubieren	vuelto

MODO IMPERATIVO

Presente

vuelve (tú)	**volv** amos (nosotros)
vuelva (él, usted)	**volv** ed (vosotros)
	vuelvan (ellos, ustedes)

FORMAS NO PERSONALES

Tiempos simples   Tiempos compuestos

Infinitivo: **volver**

Gerundio: **volv** iendo

Participio: **vuelto**

Infinitivo compuesto
haber vuelto

Gerundio compuesto
habiendo vuelto

71 yacer   verbos irregulares

MODO INDICATIVO

Tiempos simples	Tiempos compuestos

Presente
(Bello : Presente)

Pretérito perfecto compuesto
(Bello : Antepresente)

yazco; yazgo; yago	he yacido
yac es	has yacido
yac e	ha yacido
yac emos	hemos yacido
yac éis	habéis yacido
yac en	han yacido

Pretérito imperfecto
(Bello : Copretérito)

Pretérito pluscuamperfecto
(Bello : Antecopretérito)

yac ía	había yacido
yac ías	habías yacido
yac ía	había yacido
yac íamos	habíamos yacido
yac íais	habíais yacido
yac ían	habían yacido

Pretérito perfecto simple
(Bello : Pretérito)

Pretérito anterior
(Bello : Antepretérito)

yac í	hube yacido
yac iste	hubiste yacido
yac ió	hubo yacido
yac imos	hubimos yacido
yac isteis	hubisteis yacido
yac ie *ron*	hubieron yacido

Futuro
(Bello : Futuro)

Futuro perfecto
(Bello : Antefuturo)

yacer é	habré yacido
yacer ás	habrás yacido
yacer á	habrá yacido
yacer emos	habremos yacido
yacer éis	habréis yacido
yacer án	habrán yacido

Condicional
(Bello : Pospretérito)

Condicional perfecto
(Bello : Antepospretérito)

yacer ía	habría yacido
yacer ías	habrías yacido
yacer ía	habría yacido
yacer íamos	habríamos yacido
yacer íais	habríais yacido
yacer ían	habrían yacido

MODO SUBJUNTIVO

Tiempos simples	Tiempos compuestos

Presente
(Bello : Presente)

Pretérito perfecto
(Bello : Antepresente)

yazca;	**yazga;**	**yaga**	haya	yacido
yazcas;	**yazgas;**	**yagas**	hayas	yacido
yazca;	**yazga;**	**yaga**	haya	yacido
yazcamos;	**yazgamos;**	**yagamos**	hayamos	yacido
yazcáis;	**yazgáis;**	**yagáis**	hayáis	yacido
yazcan;	**yazgan;**	**yagan**	hayan	yacido

Pretérito imperfecto
(Bello : Pretérito)

Pretérito pluscuamperfecto
(Bello : Antepretérito)

yac ie *ra*	hubiera yacido
yac ie *ras*	hubieras yacido
yac ie *ra*	hubiera yacido
yac ié *ramos*	hubiéramos yacido
yac ie *rais*	hubierais yacido
yac ie *ran*	hubieran yacido
yac ie *se*	hubiese yacido
yac ie *ses*	hubieses yacido
yac ie *se*	hubiese yacido
yac ié *semos*	hubiésemos yacido
yac ie *seis*	hubieseis yacido
yac ie *sen*	hubiesen yacido

Futuro
(Bello : Futuro)

Futuro perfecto
(Bello : Antefuturo)

yac ie *re*	hubiere yacido
yac ie *res*	hubieres yacido
yac ie *re*	hubiere yacido
yac ié *remos*	hubiéremos yacido
yac ie *reis*	hubiereis yacido
yac ie *ren*	hubieren yacido

MODO IMPERATIVO

Presente

yac e ; **yaz** (tú)	**yazcamos; yazgamos; yagamos** (nosotros)
yazca; yazga; yaga (él, usted)	**yac** ed (vosotros)
	yazcan; yazgan; yagan (ellos, ustedes)

FORMAS NO PERSONALES

Tiempos simples	Tiempos compuestos
Infinitivo: **yacer**	Infinitivo compuesto haber yacido
Gerundio: **yac** iendo	Gerundio compuesto habiendo yacido
Participio: **yac** ido	

FORMAS PERSONALES

MODO INDICATIVO		MODO SUBJUNTIVO	
Tiempos simples	Tiempos compuestos	Tiempos simples	Tiempos compuestos

Presente (Bello : Presente)	Pretérito perfecto compuesto (Bello : Antepresente)	Presente (Bello : Presente)	Pretérito perfecto (Bello : Antepresente)
actúo	he actuado	**actúe**	haya actuado
actúas	has actuado	**actúes**	hayas actuado
actúa	ha actuado	**actúe**	haya actuado
actu amos	hemos actuado	**actu** emos	hayamos actuado
actu áis	habéis actuado	**actu** éis	hayáis actuado
actúan	han actuado	**actúen**	hayan actuado

Pretérito imperfecto (Bello : Copretérito)	Pretérito pluscuamperfecto (Bello : Antecopretérito)	Pretérito imperfecto (Bello : Pretérito)	Pretérito pluscuamperfecto (Bello : Antepretérito)
actu aba	había actuado	**actu** a ra	hubiera actuado
actu abas	habías actuado	**actu** a ras	hubieras actuado
actu aba	había actuado	**actu** a ra	hubiera actuado
actu ábamos	habíamos actuado	**actu** á ramos	hubiéramos actuado
actu abais	habíais actuado	**actu** a rais	hubierais actuado
actu aban	habían actuado	**actu** a ran	hubieran actuado
		actu a se	hubiese actuado
		actu a ses	hubieses actuado
Pretérito perfecto simple (Bello : Pretérito)	Pretérito anterior (Bello : Antepretérito)	**actu** a se	hubiese actuado
		actu a semos	hubiésemos actuado
actu é	hube actuado	**actu** a seis	hubieseis actuado
actu aste	hubiste actuado	**actu** a sen	hubiesen actuado
actu ó	hubo actuado		
actu amos	hubimos actuado	Futuro (Bello : Futuro)	Futuro perfecto (Bello : Antefuturo)
actu asteis	hubisteis actuado		
actu a ron	hubieron actuado	**actu** a re	hubiere actuado
		actu a res	hubieres actuado
Futuro (Bello : Futuro)	Futuro perfecto (Bello : Antefuturo)	**actu** a re	hubiere actuado
		actu á remos	hubiéremos actuado
actuar é	habré actuado	**actu** a reis	hubiereis actuado
actuar ás	habrás actuado	**actu** a ren	hubieren actuado
actuar á	habrá actuado		
actuar emos	habremos actuado		
actuar éis	habréis actuado		
actuar án	habrán actuado		

MODO IMPERATIVO

Presente	
actúa (tú)	**actu** emos (nosotros)
actúe (él, usted)	**actu** ad (vosotros)
	actúen (ellos, ustedes)

Condicional (Bello : Pospretérito)	Condicional perfecto (Bello : Antepospretérito)
actuar ía	habría actuado
actuar ías	habrías actuado
actuar ía	habría actuado
actuar íamos	habríamos actuado
actuar íais	habríais actuado
actuar ían	habrían actuado

FORMAS NO PERSONALES

Tiempos simples	Tiempos compuestos
Infinitivo: **actuar**	Infinitivo compuesto haber actuado
Gerundio: **actu** ando	Gerundio compuesto habiendo actuado
Participio: **actu** ado	

73 ahincar verbos con cambios de ortografía o prosodia

FORMAS PERSONALES

MODO INDICATIVO

Tiempos simples	Tiempos compuestos

Presente
(Bello : Presente)

Pretérito perfecto compuesto
(Bello : Antepresente)

ahinco	he	ahincado
ahincas	has	ahincado
ahinca	ha	ahincado
ahinc amos	hemos	ahincado
ahinc áis	habéis	ahincado
ahincan	han	ahincado

Pretérito imperfecto
(Bello : Copretérito)

Pretérito pluscuamperfecto
(Bello : Antecopretérito)

ahinc aba	había	ahincado
ahinc abas	habías	ahincado
ahinc aba	había	ahincado
ahinc ábamos	habíamos	ahincado
ahinc abais	habíais	ahincado
ahinc aban	habían	ahincado

Pretérito perfecto simple
(Bello : Pretérito)

Pretérito anterior
(Bello : Antepretérito)

ahinqué	hube	ahincado
ahinc aste	hubiste	ahincado
ahinc ó	hubo	ahincado
ahinc amos	hubimos	ahincado
ahinc asteis	hubisteis	ahincado
ahinc a ron	hubieron	ahincado

Futuro
(Bello : Futuro)

Futuro perfecto
(Bello : Antefuturo)

ahincar é	habré	ahincado
ahincar ás	habrás	ahincado
ahincar á	habrá	ahincado
ahincar emos	habremos	ahincado
ahincar éis	habréis	ahincado
ahincar án	habrán	ahincado

Condicional
(Bello : Pospretérito)

Condicional perfecto
(Bello : Antepospretérito)

ahincar ía	habría	ahincado
ahincar ías	habrías	ahincado
ahincar ía	habría	ahincado
ahincar íamos	habríamos	ahincado
ahincar íais	habríais	ahincado
ahincar ían	habrían	ahincado

MODO SUBJUNTIVO

Tiempos simples	Tiempos compuestos

Presente
(Bello : Presente)

Pretérito perfecto
(Bello : Antepresente)

ahínque	haya	ahincado
ahínques	hayas	ahincado
ahínque	haya	ahincado
ahinquemos	hayamos	ahincado
ahinquéis	hayáis	ahincado
ahínquen	hayan	ahincado

Pretérito imperfecto
(Bello : Pretérito)

Pretérito pluscuamperfecto
(Bello : Antepretérito)

ahinc a ra	hubiera	ahincado
ahinc a ras	hubieras	ahincado
ahinc a ra	hubiera	ahincado
ahinc á ramos	hubiéramos	ahincado
ahinc a rais	hubierais	ahincado
ahinc a ran	hubieran	ahincado
ahinc a se	hubiese	ahincado
ahinc a ses	hubieses	ahincado
ahinc a se	hubiese	ahincado
ahinc á semos	hubiésemos	ahincado
ahinc a seis	hubieseis	ahincado
ahinc a sen	hubiesen	ahincado

Futuro
(Bello : Futuro)

Futuro perfecto
(Bello : Antefuturo)

ahinc a re	hubiere	ahincado
ahinc a res	hubieres	ahincado
ahinc a re	hubiere	ahincado
ahinc á remos	hubiéremos	ahincado
ahinc a reis	hubiereis	ahincado
ahinc a ren	hubieren	ahincado

MODO IMPERATIVO

Presente
ahinca (tú)
ahínque (él, usted)
ahinquemos (nosotros)
ahinc ad (vosotros)
ahínquen (ellos, ustedes)

FORMAS NO PERSONALES

Tiempos simples	Tiempos compuestos

Infinitivo: **ahincar**

Gerundio: **ahinc** ando

Participio: **ahinc** ado

Infinitivo compuesto
haber ahincado

Gerundio compuesto
habiendo ahincado

FORMAS PERSONALES

MODO INDICATIVO		MODO SUBJUNTIVO	
Tiempos simples	Tiempos compuestos	Tiempos simples	Tiempos compuestos

Presente (Bello : Presente)	Pretérito perfecto compuesto (Bello : Antepresente)	Presente (Bello : Presente)	Pretérito perfecto (Bello : Antepresente)
aíro	he airado	**aíre**	haya airado
aíras	has airado	**aíres**	hayas airado
aíra	ha airado	**aíre**	haya airado
air amos	hemos airado	**air** emos	hayamos airado
air áis	habéis airado	**air** éis	hayáis airado
aíran	han airado	**airen**	hayan airado

Pretérito imperfecto (Bello : Copretérito)	Pretérito pluscuamperfecto (Bello : Antecopretérito)	Pretérito imperfecto (Bello : Pretérito)	Pretérito pluscuamperfecto (Bello : Antepretérito)
air aba	había airado	**air** a ra	hubiera airado
air abas	habías airado	**air** a ras	hubieras airado
air aba	había airado	**air** a ra	hubiera airado
air ábamos	habíamos airado	**air** á ramos	hubiéramos airado
air abais	habíais airado	**air** a rais	hubierais airado
air aban	habían airado	**air** a ran	hubieran airado
		air a se	hubiese airado
		air a ses	hubieses airado
Pretérito perfecto simple (Bello : Pretérito)	Pretérito anterior (Bello : Antepretérito)	**air** a se	hubiese airado
		air á semos	hubiésemos airado
air é	hube airado	**air** a seis	hubieseis airado
air aste	hubiste airado	**air** a sen	hubiesen airado
air ó	hubo airado		
air amos	hubimos airado	Futuro (Bello : Futuro)	Futuro perfecto (Bello : Antefuturo)
air asteis	hubisteis airado		
air a ron	hubieron airado	**air** a re	hubiere airado
		air a res	hubieres airado
Futuro (Bello : Futuro)	Futuro perfecto (Bello : Antefuturo)	**air** a re	hubiere airado
		air á remos	hubiéremos airado
airar é	habré airado	**air** a reis	hubiereis airado
airar ás	habrás airado	**air** a ren	hubieren airado
airar á	habrá airado		
airar emos	habremos airado		
airar éis	habréis airado		
airar án	habrán airado		

MODO IMPERATIVO

Presente	
aíra (tú)	**air** emos (nosotros)
aíre (él, usted)	**air** ad (vosotros)
	airen (ellos, ustedes)

Condicional (Bello : Pospretérito)	Condicional perfecto (Bello : Antepospretérito)
airar ía	habría airado
airar ías	habrías airado
airar ía	habría airado
airar íamos	habríamos airado
airar íais	habríais airado
airar ían	habrían airado

FORMAS NO PERSONALES

Tiempos simples	Tiempos compuestos
Infinitivo: **airar**	Infinitivo compuesto haber airado
Gerundio: **air** ando	Gerundio compuesto habiendo airado
Participio: **air** ado	

75 aullar verbos con cambios de ortografía o prosodia

FORMAS PERSONALES

MODO INDICATIVO

| Tiempos simples | Tiempos compuestos |

Presente
(Bello : Presente)

Pretérito perfecto compuesto
(Bello : Antepresente)

aúllo	he aullado
aúllas	has aullado
aúlla	ha aullado
aull amos	hemos aullado
aull áis	habéis aullado
aúllan	han aullado

Pretérito imperfecto
(Bello : Copretérito)

Pretérito pluscuamperfecto
(Bello : Antecopretérito)

aull aba	había aullado
aull abas	habías aullado
aull aba	había aullado
aull ábamos	habíamos aullado
aull abais	habíais aullado
aull aban	habían aullado

Pretérito perfecto simple
(Bello : Pretérito)

Pretérito anterior
(Bello : Antepretérito)

aull é	hube aullado
aull aste	hubiste aullado
aull ó	hubo aullado
aull amos	hubimos aullado
aull asteis	hubisteis aullado
aull a ron	hubieron aullado

Futuro
(Bello : Futuro)

Futuro perfecto
(Bello : Antefuturo)

aullar é	habré aullado
aullar ás	habrás aullado
aullar á	habrá aullado
aullar emos	habremos aullado
aullar éis	habréis aullado
aullar án	habrán aullado

Condicional
(Bello : Pospretérito)

Condicional perfecto
(Bello : Antepospretérito)

aullar ía	habría aullado
aullar ías	habrías aullado
aullar ía	habría aullado
aullar íamos	habríamos aullado
aullar íais	habríais aullado
aullar ían	habrían aullado

MODO SUBJUNTIVO

| Tiempos simples | Tiempos compuestos |

Presente
(Bello : Presente)

Pretérito perfecto
(Bello : Antepresente)

aúlle	haya aullado
aúlles	hayas aullado
aúlle	haya aullado
aull emos	hayamos aullado
aull éis	hayáis aullado
aúllen	hayan aullado

Pretérito imperfecto
(Bello : Pretérito)

Pretérito pluscuamperfecto
(Bello : Antepretérito)

aull a ra	hubiera aullado
aull a ras	hubieras aullado
aull a ra	hubiera aullado
aull á ramos	hubiéramos aullado
aull a rais	hubierais aullado
aull a ran	hubieran aullado

aull a se	hubiese aullado
aull a ses	hubieses aullado
aull a se	hubiese aullado
aull á semos	hubiésemos aullado
aull a seis	hubieseis aullado
aull a sen	hubiesen aullado

Futuro
(Bello : Futuro)

Futuro perfecto
(Bello : Antefuturo)

aull a re	hubiere aullado
aull a res	hubieres aullado
aull a re	hubiere aullado
aull á remos	hubiéremos aullado
aull a reis	hubiereis aullado
aull a ren	hubieren aullado

MODO IMPERATIVO

Presente

aúlla (tú)
aúlle (él, usted)
aull emos (nosotros)
aull ad (vosotros) '
aúllen (ellos, ustedes)

FORMAS NO PERSONALES

| Tiempos simples | Tiempos compuestos |

Infinitivo: **aullar**

Gerundio: **aull** ando

Participio: **aull** ado

Infinitivo compuesto
haber aullado

Gerundio compuesto
habiendo aullado

FORMAS PERSONALES

MODO INDICATIVO		MODO SUBJUNTIVO	
Tiempos simples	Tiempos compuestos	Tiempos simples	Tiempos compuestos

MODO INDICATIVO

Presente
(Bello : Presente)

averigu o	
averigu as	
averigu a	
averigu amos	
averigu áis	
averigu an	

Pretérito perfecto compuesto
(Bello : Antepresente)

he	averiguado
has	averiguado
ha	averiguado
hemos	averiguado
habéis	averiguado
han	averiguado

Pretérito imperfecto
(Bello : Copretérito)

averigu aba
averigu abas
averigu aba
averigu ábamos
averigu abais
averigu aban

Pretérito pluscuamperfecto
(Bello : Antecopretérito)

había	averiguado
habías	averiguado
había	averiguado
habíamos	averiguado
habíais	averiguado
habían	averiguado

Pretérito perfecto simple
(Bello : Pretérito)

averigüé
averigu aste
averigu ó
averigu amos
averigu asteis
averigu a *ron*

Pretérito anterior
(Bello : Antepretérito)

hube	averiguado
hubiste	averiguado
hubo	averiguado
hubimos	averiguado
hubisteis	averiguado
hubieron	averiguado

Futuro
(Bello : Futuro)

averiguar é
averiguar ás
averiguar á
averiguar emos
averiguar éis
averiguar án

Futuro perfecto
(Bello : Antefuturo)

habré	averiguado
habrás	averiguado
habrá	averiguado
habremos	averiguado
habréis	averiguado
habrán	averiguado

Condicional
(Bello : Pospretérito)

averiguar ía
averiguar ías
averiguar ía
averiguar íamos
averiguar íais
averiguar ían

Condicional perfecto
(Bello : Antepospretérito)

habría	averiguado
habrías	averiguado
habría	averiguado
habríamos	averiguado
habríais	averiguado
habrían	averiguado

MODO SUBJUNTIVO

Presente
(Bello : Presente)

averigüe
averigües
averigüe
averigüemos
averigüéis
averigüen

Pretérito perfecto
(Bello : Antepresente)

haya	averiguado
hayas	averiguado
haya	averiguado
hayamos	averiguado
hayáis	averiguado
hayan	averiguado

Pretérito imperfecto
(Bello : Pretérito)

averigu a *ra*
averigu a *ras*
averigu a *ra*
averigu á *ramos*
averigu a *rais*
averigu a *ran*
averigu a *se*
averigu a *ses*
averigu a *se*
averigu á *semos*
averigu a *seis*
averigu a *sen*

Pretérito pluscuamperfecto
(Bello : Antepretérito)

hubiera	averiguado
hubieras	averiguado
hubiera	averiguado
hubiéramos	averiguado
hubierais	averiguado
hubieran	averiguado
hubiese	averiguado
hubieses	averiguado
hubiese	averiguado
hubiésemos	averiguado
hubieseis	averiguado
hubiesen	averiguado

Futuro
(Bello : Futuro)

averigu a *re*
averigu a *res*
averigu a *re*
averigu á *remos*
averigu a *reis*
averigu a *ren*

Futuro perfecto
(Bello : Antefuturo)

hubiere	averiguado
hubieres	averiguado
hubiere	averiguado
hubiéremos	averiguado
hubiereis	averiguado
hubieren	averiguado

MODO IMPERATIVO

Presente

averigu a (tú)	**averigüemos** (nosotros)
averigüe (él, usted)	**averigu** ad (vosotros)
	averigüen (ellos, ustedes)

FORMAS NO PERSONALES

Tiempos simples	Tiempos compuestos
Infinitivo: **averiguar**	Infinitivo compuesto
	haber averiguado
Gerundio: **averigu** ando	Gerundio compuesto
Participio: **averigu** ado	habiendo averiguado

77 cabrahigar verbos con cambios de ortografía o prosodia

FORMAS PERSONALES

MODO INDICATIVO		MODO SUBJUNTIVO	
Tiempos simples	Tiempos compuestos	Tiempos simples	Tiempos compuestos

Presente
(Bello : Presente)

Pretérito perfecto compuesto
(Bello : Antepresente)

Presente
(Bello : Presente)

Pretérito perfecto
(Bello : Antepresente)

cabrahigo	he	cabrahigado	**cabrahigue**	haya	cabrahigado
cabrahigas	has	cabrahigado	**cabrahigues**	hayas	cabrahigado
cabrahiga	ha	cabrahigado	**cabrahigue**	haya	cabrahigado
cabrahig amos	hemos	cabrahigado	**cabrahiguemos**	hayamos	cabrahigado
cabrahig áis	habéis	cabrahigado	**cabrahiguéis**	hayáis	cabrahigado
cabrahigan	han	cabrahigado	**cabrahiguen**	hayan	cabrahigado

Pretérito imperfecto
(Bello : Pretérito)

Pretérito pluscuamperfecto
(Bello : Antepretérito)

cabrahig aba	había	cabrahigado	**cabrahig** a *ra*	hubiera	cabrahigado
cabrahig abas	habías	cabrahigado	**cabrahig** a *ras*	hubieras	cabrahigado
cabrahig aba	había	cabrahigado	**cabrahig** a *ra*	hubiera	cabrahigado
cabrahig ábamos	habíamos	cabrahigado	**cabrahig** á *ramos*	hubiéramos	cabrahigado
cabrahig abais	habíais	cabrahigado	**cabrahig** a *rais*	hubierais	cabrahigado
cabrahig aban	habían	cabrahigado	**cabrahig** a *ran*	hubieran	cabrahigado

Pretérito imperfecto
(Bello : Copretérito)

Pretérito pluscuamperfecto
(Bello : Antecopretérito)

cabrahig a *se*	hubiese	cabrahigado
cabrahig a *ses*	hubieses	cabrahigado
cabrahig a *se*	hubiese	cabrahigado
cabrahig á *semos*	hubiésemos	cabrahigado
cabrahig a *seis*	hubieseis	cabrahigado
cabrahig a *sen*	hubiesen	cabrahigado

Pretérito perfecto simple
(Bello : Pretérito)

Pretérito anterior
(Bello : Antepretérito)

Futuro
(Bello : Futuro)

Futuro perfecto
(Bello : Antefuturo)

cabrahigué	hube	cabrahigado	**cabrahig** a *re*	hubiere	cabrahigado
cabrahig aste	hubiste	cabrahigado	**cabrahig** a *res*	hubieres	cabrahigado
cabrahig ó	hubo	cabrahigado	**cabrahig** a *re*	hubiere	cabrahigado
cabrahig amos	hubimos	cabrahigado	**cabrahig** á *remos*	hubiéremos	cabrahigado
cabrahig asteis	hubisteis	cabrahigado	**cabrahig** a *reis*	hubiereis	cabrahigado
cabrahig a *ron*	hubieron	cabrahigado	**cabrahig** a *ren*	hubieren	cabrahigado

Futuro
(Bello : Futuro)

Futuro perfecto
(Bello : Antefuturo)

cabrahigar é	habré	cabrahigado
cabrahigar ás	habrás	cabrahigado
cabrahigar á	habrá	cabrahigado
cabrahigar emos	habremos	cabrahigado
cabrahigar éis	habréis	cabrahigado
cabrahigar án	habrán	cabrahigado

MODO IMPERATIVO

Presente

cabrahíga (tú)	**cabrahiguemos** (nosotros)
cabrahígue (él, usted)	**cabrahig** ad (vosotros)
	cabrahíguen (ellos, ustedes)

Condicional
(Bello : Pospretérito)

Condicional perfecto
(Bello : Antepospretérito)

cabrahigar ía	habría	cabrahigado
cabrahigar ías	habrías	cabrahigado
cabrahigar ía	habría	cabrahigado
cabrahigar íamos	habríamos	cabrahigado
cabrahigar íais	habríais	cabrahigado
cabrahigar ían	habrían	cabrahigado

FORMAS NO PERSONALES

Tiempos simples	Tiempos compuestos
Infinitivo: **cabrahigar**	Infinitivo compuesto
Gerundio: **cabrahig** ando	haber cabrahigado
	Gerundio compuesto
Participio: **cabrahig** ado	habiendo cabrahigado

113

78 cazar verbos con cambios de ortografía o prosodia

FORMAS PERSONALES

MODO INDICATIVO		MODO SUBJUNTIVO	
Tiempos simples	Tiempos compuestos	Tiempos simples	Tiempos compuestos

Presente (Bello : Presente)	Pretérito perfecto compuesto (Bello : Antepresente)	Presente (Bello : Presente)	Pretérito perfecto (Bello : Antepresente)
caz o	he cazado	cace	haya cazado
caz as	has cazado	caces	hayas cazado
caz a	ha cazado	cace	haya cazado
caz amos	hemos cazado	cacemos	hayamos cazado
caz áis	habéis cazado	cacéis	hayáis cazado
caz an	han cazado	cacen	hayan cazado

Pretérito imperfecto (Bello : Copretérito)	Pretérito pluscuamperfecto (Bello : Antecopretérito)	Pretérito imperfecto (Bello : Pretérito)	Pretérito pluscuamperfecto (Bello : Antepretérito)
caz aba	había cazado	caz a ra	hubiera cazado
caz abas	habías cazado	caz a ras	hubieras cazado
caz aba	había cazado	caz a ra	hubiera cazado
caz ábamos	habíamos cazado	caz á ramos	hubiéramos cazado
caz abais	habíais cazado	caz a rais	hubierais cazado
caz aban	habían cazado	caz a ran	hubieran cazado
		caz a se	hubiese cazado
		caz a ses	hubieses cazado
Pretérito perfecto simple (Bello : Pretérito)	Pretérito anterior (Bello : Antepretérito)	caz a se	hubiese cazado
		caz á semos	hubiésemos cazado
cacé	hube cazado	caz a seis	hubieseis cazado
caz aste	hubiste cazado	caz a sen	hubiesen cazado
caz ó	hubo cazado		
caz amos	hubimos cazado	Futuro (Bello : Futuro)	Futuro perfecto (Bello : Antefuturo)
caz asteis	hubisteis cazado		
caz a ron	hubieron cazado	caz a re	hubiere cazado
		caz a res	hubieres cazado
Futuro (Bello : Futuro)	Futuro perfecto (Bello : Antefuturo)	caz a re	hubiere cazado
		caz á remos	hubiéremos cazado
cazar é	habré cazado	caz a reis	hubiereis cazado
cazar ás	habrás cazado	caz a ren	hubieren cazado
cazar á	habrá cazado		
cazar emos	habremos cazado		
cazar éis	habréis cazado	**MODO IMPERATIVO**	
cazar án	habrán cazado		
		Presente	cacemos (nosotros)
		caz a (tú)	caz ad (vosotros)
Condicional (Bello : Pospretérito)	Condicional perfecto (Bello : Antepospretérito)	cace (él, usted)	cacen (ellos, ustedes)

Condicional (Bello : Pospretérito)	Condicional perfecto (Bello : Antepospretérito)		
cazar ía	habría cazado	**FORMAS NO PERSONALES**	
cazar ías	habrías cazado	Tiempos simples	Tiempos compuestos
cazar ía	habría cazado	Infinitivo: **cazar**	Infinitivo compuesto haber cazado
cazar íamos	habríamos cazado	Gerundio: **caz ando**	
cazar íais	habríais cazado		Gerundio compuesto habiendo cazado
cazar ían	habrían cazado	Participio: **caz ado**	

FORMAS PERSONALES

MODO INDICATIVO		MODO SUBJUNTIVO	
Tiempos simples	Tiempos compuestos	Tiempos simples	Tiempos compuestos

Presente (Bello : Presente)		Pretérito perfecto compuesto (Bello : Antepresente)		Presente (Bello : Presente)		Pretérito perfecto (Bello : Antepresente)	
cojo		he	cogido	**coja**		haya	cogido
cog es		has	cogido	**cojas**		hayas	cogido
cog e		ha	cogido	**coja**		haya	cogido
cog emos		hemos	cogido	**cojamos**		hayamos	cogido
cog éis		habéis	cogido	**cojáis**		hayáis	cogido
cog en		han	cogido	**cojan**		hayan	cogido

Pretérito imperfecto (Bello : Copretérito)		Pretérito pluscuamperfecto (Bello : Antecopretérito)		Pretérito imperfecto (Bello : Pretérito)		Pretérito pluscuamperfecto (Bello : Antepretérito)	
				cog ie *ra*		hubiera	cogido
cog ía		había	cogido	**cog** ie *ras*		hubieras	cogido
cog ías		habías	cogido	**cog** ie *ra*		hubiera	cogido
cog ía		había	cogido	**cog** ié *ramos*		hubiéramos	cogido
cog íamos		habíamos	cogido	**cog** ie *rais*		hubierais	cogido
cog íais		habíais	cogido	**cog** ie *ran*		hubieran	cogido
cog ían		habían	cogido				
				cog ie *se*		hubiese	cogido
				cog ie *ses*		hubieses	cogido
				cog ie *se*		hubiese	cogido
Pretérito perfecto simple (Bello : Pretérito)		Pretérito anterior (Bello : Antepretérito)		**cog** ié *semos*		hubiésemos	cogido
				cog ie *seis*		hubieseis	cogido
cog í		hube	cogido	**cog** ie *sen*		hubiesen	cogido
cog iste		hubiste	cogido				
cog ió		hubo	cogido	Futuro (Bello : Futuro)		Futuro perfecto (Bello : Antefuturo)	
cog imos		hubimos	cogido				
cog isteis		hubisteis	cogido	**cog** ie *re*		hubiere	cogido
cog ie *ron*		hubieron	cogido	**cog** ie *res*		hubieres	cogido
				cog ie *re*		hubiere	cogido
Futuro (Bello : Futuro)		Futuro perfecto (Bello : Antefuturo)		**cog** ié *remos*		hubiéremos	cogido
				cog ie *reis*		hubiereis	cogido
coger é		habré	cogido	**cog** ie *ren*		hubieren	cogido
coger ás		habrás	cogido				
coger á		habrá	cogido				

MODO IMPERATIVO

coger emos		habremos	cogido
coger éis		habréis	cogido
coger án		habrán	cogido

Presente		
	cojamos (nosotros)	
cog e (tú)	**cog** ed (vosotros)	
coja (él, usted)	**cojan** (ellos, ustedes)	

Condicional (Bello : Pospretérito)		Condicional perfecto (Bello : Antepospretérito)	
coger ía		habría	cogido
coger ías		habrías	cogido
coger ía		habría	cogido
coger íamos		habríamos	cogido
coger íais		habríais	cogido
coger ían		habrían	cogido

FORMAS NO PERSONALES

Tiempos simples	Tiempos compuestos
Infinitivo: **coger**	Infinitivo compuesto haber cogido
Gerundio: **cog** iendo	
	Gerundio compuesto
Participio: **cog** ido	habiendo cogido

80 **delinquir** verbos con cambios de ortografía o prosodia

FORMAS PERSONALES

MODO INDICATIVO		**MODO SUBJUNTIVO**	
Tiempos simples	Tiempos compuestos	Tiempos simples	Tiempos compuestos

Presente (Bello : Presente)	Pretérito perfecto compuesto (Bello : Antepresente)	Presente (Bello : Presente)	Pretérito perfecto (Bello : Antepresente)
delinco	he delinquido	**delinca**	haya delinquido
delinqu es	has delinquido	**delincas**	hayas delinquido
delinqu e	ha delinquido	**delinca**	haya delinquido
delinqu imos	hemos delinquido	**delincamos**	hayamos delinquido
delinqu ís	habéis delinquido	**delincáis**	hayáis delinquido
delinqu en	han delinquido	**delincan**	hayan delinquido

Pretérito imperfecto (Bello : Copretérito)	Pretérito pluscuamperfecto (Bello : Antecopretérito)	Pretérito imperfecto (Bello : Pretérito)	Pretérito pluscuamperfecto (Bello : Antepretérito)
delinqu ía	había delinquido	**delinqu** ie *ra*	hubiera delinquido
delinqu ías	habías delinquido	**delinqu** ie *ras*	hubieras delinquido
delinqu ía	había delinquido	**delinqu** ie *ra*	hubiera delinquido
delinqu íamos	habíamos delinquido	**delinqu** ié *ramos*	hubiéramos delinquido
delinqu íais	habíais delinquido	**delinqu** ie *rais*	hubierais delinquido
delinqu ían	habían delinquido	**delinqu** ie *ran*	hubieran delinquido

		delinqu ie *se*	hubiese delinquido
		delinqu ie *ses*	hubieses delinquido
		delinqu ie *se*	hubiese delinquido
		delinqu ié *semos*	hubiésemos delinquido
		delinqu ie *seis*	hubieseis delinquido
		delinqu ie *sen*	hubiesen delinquido

Pretérito perfecto simple (Bello : Pretérito)	Pretérito anterior (Bello : Antepretérito)		
delinqu í	hube delinquido		
delinqu iste	hubiste delinquido		
delinqu ió	hubo delinquido		
delinqu imos	hubimos delinquido		
delinqu isteis	hubisteis delinquido		
delinqu ie *ron*	hubieron delinquido		

		Futuro (Bello : Futuro)	Futuro perfecto (Bello : Antefuturo)
		delinqu ie *re*	hubiere delinquido
		delinqu ie *res*	hubieres delinquido
		delinqu ie *re*	hubiere delinquido
		delinqu ié *remos*	hubiéremos delinquido
		delinqu ie *reis*	hubiereis delinquido
		delinqu ie *ren*	hubieren delinquido

Futuro (Bello : Futuro)	Futuro perfecto (Bello : Antefuturo)
delinquir é	habré delinquido
delinquir ás	habrás delinquido
delinquir á	habrá delinquido
delinquir emos	habremos delinquido
delinquir éis	habréis delinquido
delinquir án	habrán delinquido

MODO IMPERATIVO

Presente	
delinqu e (tú)	**delincamos** (nosotros)
delinca (él, usted)	**delinqu** id (vosotros)
	delincan (ellos, ustedes)

Condicional (Bello : Pospretérito)	Condicional perfecto (Bello : Antepospretérito)
delinquir ía	habría delinquido
delinquir ías	habrías delinquido
delinquir ía	habría delinquido
delinquir íamos	habríamos delinquido
delinquir íais	habríais delinquido
delinquir ían	habrían delinquido

FORMAS NO PERSONALES

Tiempos simples	Tiempos compuestos
Infinitivo: **delinquir**	Infinitivo compuesto haber delinquido
Gerundio: **delinqu** iendo	
Participio: **delinqu** ido	Gerundio compuesto habiendo delinquido

81 dirigir verbos con cambios de ortografía o prosodia

FORMAS PERSONALES

MODO INDICATIVO		MODO SUBJUNTIVO	
Tiempos simples	Tiempos compuestos	Tiempos simples	Tiempos compuestos

Presente (Bello : Presente)	Pretérito perfecto compuesto (Bello : Antepresente)		Presente (Bello : Presente)	Pretérito perfecto (Bello : Antepresente)	
dirijo	he	dirigido	dirija	haya	dirigido
dirig es	has	dirigido	dirijas	hayas	dirigido
dirig e	ha	dirigido	dirija	haya	dirigido
dirig imos	hemos	dirigido	dirijamos	hayamos	dirigido
dirig ís	habéis	dirigido	dirijáis	hayáis	dirigido
dirig en	han	dirigido	dirijan	hayan	dirigido

Pretérito imperfecto (Bello : Copretérito)	Pretérito pluscuamperfecto (Bello : Antecopretérito)		Pretérito imperfecto (Bello : Pretérito)	Pretérito pluscuamperfecto (Bello : Antepretérito)	
			dirig ie ra	hubiera	dirigido
dirig ía	había	dirigido	dirig ie ras	hubieras	dirigido
dirig ías	habías	dirigido	dirig ie ra	hubiera	dirigido
dirig ía	había	dirigido	dirig ié ramos	hubiéramos	dirigido
dirig íamos	habíamos	dirigido	dirig ie rais	hubierais	dirigido
dirig íais	habíais	dirigido	dirig ie ran	hubieran	dirigido
dirig ían	habían	dirigido			
			dirig ie se	hubiese	dirigido
			dirig ie ses	hubieses	dirigido
Pretérito perfecto simple (Bello : Pretérito)	Pretérito anterior (Bello : Antepretérito)		dirig ie se	hubiese	dirigido
			dirig ié semos	hubiésemos	dirigido
dirig í	hube	dirigido	dirig ie seis	hubieseis	dirigido
dirig iste	hubiste	dirigido	dirig ie sen	hubiesen	dirigido
dirig ió	hubo	dirigido			
dirig imos	hubimos	dirigido	Futuro (Bello : Futuro)	Futuro perfecto (Bello : Antefuturo)	
dirig isteis	hubisteis	dirigido			
dirig ie ron	hubieron	dirigido	dirig ie re	hubiere	dirigido
			dirig ie res	hubieres	dirigido
			dirig ie re	hubiere	dirigido
Futuro (Bello : Futuro)	Futuro perfecto (Bello : Antefuturo)		dirig ié remos	hubiéremos	dirigido
			dirig ie reis	hubiereis	dirigido
dirigir é	habré	dirigido	dirig ie ren	hubieren	dirigido
dirigir ás	habrás	dirigido			
dirigir á	habrá	dirigido			
dirigir emos	habremos	dirigido	MODO IMPERATIVO		
dirigir éis	habréis	dirigido			
dirigir án	habrán	dirigido	Presente	dirijamos (nosotros)	
			dirig e (tú)	dirig id (vosotros)	
			dirija (él, usted)	dirijan (ellos, ustedes)	
Condicional (Bello : Pospretérito)	Condicional perfecto (Bello : Antepospretérito)				
			FORMAS NO PERSONALES		
dirigir ía	habría	dirigido	Tiempos simples	Tiempos compuestos	
dirigir ías	habrías	dirigido	Infinitivo: **dirigir**	Infinitivo compuesto	
dirigir ía	habría	dirigido		haber dirigido	
dirigir íamos	habríamos	dirigido	Gerundio: **dirig** iendo		
dirigir íais	habríais	dirigido		Gerundio compuesto	
dirigir ían	habrían	dirigido	Participio: **dirig** ido	habiendo dirigido	

FORMAS PERSONALES

MODO INDICATIVO		MODO SUBJUNTIVO	
Tiempos simples	Tiempos compuestos	Tiempos simples	Tiempos compuestos

Presente (Bello : Presente)	Pretérito perfecto compuesto (Bello : Antepresente)	Presente (Bello : Presente)	Pretérito perfecto (Bello : Antepresente)
distingo	he distinguido	**distinga**	haya distinguido
distingu es	has distinguido	**distingas**	hayas distinguido
distingu e	ha distinguido	**distinga**	haya distinguido
distingu imos	hemos distinguido	**distingamos**	hayamos distinguido
distingu ís	habéis distinguido	**distingáis**	hayáis distinguido
distingu en	han distinguido	**distingan**	hayan distinguido

Pretérito imperfecto (Bello : Copretérito)	Pretérito pluscuamperfecto (Bello : Antecopretérito)	Pretérito imperfecto (Bello : Pretérito)	Pretérito pluscuamperfecto (Bello : Antepretérito)
distingu ía	había distinguido	**distingu** ie *ra*	hubiera distinguido
distingu ías	habías distinguido	**distingu** ie *ras*	hubieras distinguido
distingu ía	había distinguido	**distingu** ie *ra*	hubiera distinguido
distingu íamos	habíamos distinguido	**distingu** ié *ramos*	hubiéramos distinguido
distingu íais	habíais distinguido	**distingu** ie *rais*	hubierais distinguido
distingu ían	habían distinguido	**distingu** ie *ran*	hubieran distinguido

		distingu ie *se*	hubiese distinguido
		distingu ie *ses*	hubieses distinguido
		distingu ie *se*	hubiese distinguido
		distingu ié *semos*	hubiésemos distinguido
		distingu ie *seis*	hubieseis distinguido
		distingu ie *sen*	hubiesen distinguido

Pretérito perfecto simple (Bello : Pretérito)	Pretérito anterior (Bello : Antepretérito)		
distingu í	hube distinguido		
distingu iste	hubiste distinguido		
distingu ió	hubo distinguido		
distingu imos	hubimos distinguido	Futuro (Bello : Futuro)	Futuro perfecto (Bello : Antefuturo)
distingu isteis	hubisteis distinguido		
distingu ie *ron*	hubieron distinguido	**distingu** ie *re*	hubiere distinguido

Futuro (Bello : Futuro)	Futuro perfecto (Bello : Antefuturo)	**distingu** ie *re*	hubiere distinguido
		distingu ie *res*	hubieres distinguido
		distingu ie *re*	hubiere distinguido
distinguir é	habré distinguido	**distingu** ié *remos*	hubiéremos distinguido
distinguir ás	habrás distinguido	**distingu** ie *reis*	hubiereis distinguido
distinguir á	habrá distinguido	**distingu** ie *ren*	hubieren distinguido
distinguir emos	habremos distinguido		
distinguir éis	habréis distinguido		
distinguir án	habrán distinguido		

MODO IMPERATIVO	
Presente	
distingu e (tú)	**distingamos** (nosotros)
distinga (él, usted)	**distingu** id (vosotros)
	distingan (ellos, ustedes)

Condicional (Bello : Pospretérito)	Condicional perfecto (Bello : Antepospretérito)
distinguir ía	habría distinguido
distinguir ías	habrías distinguido
distinguir ía	habría distinguido
distinguir íamos	habríamos distinguido
distinguir íais	habríais distinguido
distinguir ían	habrían distinguido

FORMAS NO PERSONALES

Tiempos simples	Tiempos compuestos
Infinitivo: **distinguir**	Infinitivo compuesto haber distinguido
Gerundio: **distingu** iendo	Gerundio compuesto habiendo distinguido
Participio: **distingu** ido	

83 enraizar verbos con cambios de ortografía o prosodia

FORMAS PERSONALES

MODO INDICATIVO		MODO SUBJUNTIVO	
Tiempos simples	Tiempos compuestos	Tiempos simples	Tiempos compuestos

Presente
(Bello : Presente)

enraízo	
enraízas	
enraíza	
enraiz amos	
enraiz áis	
enraízan	

Pretérito perfecto compuesto
(Bello : Antepresente)

he	enraizado
has	enraizado
ha	enraizado
hemos	enraizado
habéis	enraizado
han	enraizado

Presente
(Bello : Presente)

enraíce	
enraíces	
enraíce	
enraicemos	
enraicéis	
enraícen	

Pretérito perfecto
(Bello : Antepresente)

haya	enraizado
hayas	enraizado
haya	enraizado
hayamos	enraizado
hayáis	enraizado
hayan	enraizado

Pretérito imperfecto
(Bello : Copretérito)

enraiz aba	
enraiz abas	
enraiz aba	
enraiz ábamos	
enraiz abais	
enraiz aban	

Pretérito pluscuamperfecto
(Bello : Antecopretérito)

había	enraizado
habías	enraizado
había	enraizado
habíamos	enraizado
habíais	enraizado
habían	enraizado

Pretérito imperfecto
(Bello : Pretérito)

enraiz a ra	
enraiz a ras	
enraiz a ra	
enraiz á ramos	
enraiz a rais	
enraiz a ran	

enraiz a se	
enraiz a ses	
enraiz a se	
enraiz á semos	
enraiz a seis	
enraiz a sen	

Pretérito pluscuamperfecto
(Bello : Antepretérito)

hubiera	enraizado
hubieras	enraizado
hubiera	enraizado
hubiéramos	enraizado
hubierais	enraizado
hubieran	enraizado

hubiese	enraizado
hubieses	enraizado
hubiese	enraizado
hubiésemos	enraizado
hubieseis	enraizado
hubiesen	enraizado

Pretérito perfecto simple
(Bello : Pretérito)

enraicé	
enraiz aste	
enraiz ó	
enraiz amos	
enraiz asteis	
enraiz a ron	

Pretérito anterior
(Bello : Antepretérito)

hube	enraizado
hubiste	enraizado
hubo	enraizado
hubimos	enraizado
hubisteis	enraizado
hubieron	enraizado

Futuro
(Bello : Futuro)

enraiz a re	
enraiz a res	
enraiz a re	
enraiz á remos	
enraiz a reis	
enraiz a ren	

Futuro perfecto
(Bello : Antefuturo)

hubiere	enraizado
hubieres	enraizado
hubiere	enraizado
hubiéremos	enraizado
hubiereis	enraizado
hubieren	enraizado

Futuro
(Bello : Futuro)

enraizar é	
enraizar ás	
enraizar á	
enraizar emos	
enraizar éis	
enraizar án	

Futuro perfecto
(Bello : Antefuturo)

habré	enraizado
habrás	enraizado
habrá	enraizado
habremos	enraizado
habréis	enraizado
habrán	enraizado

MODO IMPERATIVO

Presente

enraíza (tú)	enraicemos (nosotros)
enraíce (él, usted)	enraiz ad (vosotros)
	enraícen (ellos, ustedes)

Condicional
(Bello : Pospretérito)

enraizar ía	
enraizar ías	
enraizar ía	
enraizar íamos	
enraizar íais	
enraizar ían	

Condicional perfecto
(Bello : Antepospretérito)

habría	enraizado
habrías	enraizado
habría	enraizado
habríamos	enraizado
habríais	enraizado
habrían	enraizado

FORMAS NO PERSONALES

Tiempos simples	Tiempos compuestos
Infinitivo: enraizar	Infinitivo compuesto haber enraizado
Gerundio: enraiz ando	
	Gerundio compuesto habiendo enraizado
Participio: enraiz ado	

84 guiar verbos con cambios de ortografía o prosodia

FORMAS PERSONALES

MODO INDICATIVO

Tiempos simples	Tiempos compuestos		

Presente
(Bello : Presente)

Pretérito perfecto compuesto
(Bello : Antepresente)

guío	he	guiado
guías	has	guiado
guía	ha	guiado
gui amos	hemos	guiado
gui áis	habéis	guiado
guían	han	guiado

Pretérito imperfecto
(Bello : Copretérito)

Pretérito pluscuamperfecto
(Bello : Antecopretérito)

gui aba	había	guiado
gui abas	habías	guiado
gui aba	había	guiado
gui ábamos	habíamos	guiado
gui abais	habíais	guiado
gui aban	habían	guiado

Pretérito perfecto simple
(Bello : Pretérito)

Pretérito anterior
(Bello : Antepretérito)

gui é	hube	guiado
gui aste	hubiste	guiado
gui ó	hubo	guiado
gui amos	hubimos	guiado
gui asteis	hubisteis	guiado
gui a ron	hubieron	guiado

Futuro
(Bello : Futuro)

Futuro perfecto
(Bello : Antefuturo)

guiar é	habré	guiado
guiar ás	habrás	guiado
guiar á	habrá	guiado
guiar emos	habremos	guiado
guiar éis	habréis	guiado
guiar án	habrán	guiado

Condicional
(Bello : Pospretérito)

Condicional perfecto
(Bello : Antepospretérito)

guiar ía	habría	guiado
guiar ías	habrías	guiado
guiar ía	habría	guiado
guiar íamos	habríamos	guiado
guiar íais	habríais	guiado
guiar ían	habrían	guiado

MODO SUBJUNTIVO

Tiempos simples	Tiempos compuestos		

Presente
(Bello : Presente)

Pretérito perfecto
(Bello : Antepresente)

guíe	haya	guiado
guíes	hayas	guiado
guíe	haya	guiado
gui emos	hayamos	guiado
gui éis	hayáis	guiado
guíen	hayan	guiado

Pretérito imperfecto
(Bello : Pretérito)

Pretérito pluscuamperfecto
(Bello : Antepretérito)

gui a ra	hubiera	guiado
gui a ras	hubieras	guiado
gui a ra	hubiera	guiado
gui á ramos	hubiéramos	guiado
gui a rais	hubierais	guiado
gui a ran	hubieran	guiado

gui a se	hubiese	guiado
gui a ses	hubieses	guiado
gui a se	hubiese	guiado
gui á semos	hubiésemos	guiado
gui a seis	hubieseis	guiado
gui a sen	hubiesen	guiado

Futuro
(Bello : Futuro)

Futuro perfecto
(Bello : Antefuturo)

gui a re	hubiere	guiado
gui a res	hubieres	guiado
gui a re	hubiere	guiado
gui á remos	hubiéremos	guiado
gui a reis	hubiereis	guiado
gui a ren	hubieren	guiado

MODO IMPERATIVO

Presente

guía (tú)	gui emos (nosotros)
guíe (él, usted)	gui ad (vosotros)
	guíen (ellos, ustedes)

FORMAS NO PERSONALES

Tiempos simples	Tiempos compuestos
Infinitivo: **guiar**	Infinitivo compuesto haber guiado
Gerundio: **gui** ando	Gerundio compuesto habiendo guiado
Participio: **gui** ado	

85 **mecer** verbos con cambios de ortografía o prosodia

FORMAS PERSONALES

MODO INDICATIVO		MODO SUBJUNTIVO	
Tiempos simples	Tiempos compuestos	Tiempos simples	Tiempos compuestos

Presente (Bello : Presente)	Pretérito perfecto compuesto (Bello : Antepresente)		Presente (Bello : Presente)	Pretérito perfecto (Bello : Antepresente)	
mezo	he	mecido	**meza**	haya	mecido
mec es	has	mecido	**mezas**	hayas	mecido
mec e	ha	mecido	**meza**	haya	mecido
mec emos	hemos	mecido	**mezamos**	hayamos	mecido
mec éis	habéis	mecido	**mezáis**	hayáis	mecido
mec en	han	mecido	**mezan**	hayan	mecido

Pretérito imperfecto (Bello : Copretérito)	Pretérito pluscuamperfecto (Bello : Antecopretérito)		Pretérito imperfecto (Bello : Pretérito)	Pretérito pluscuamperfecto (Bello : Antepretérito)	
mec ía	había	mecido	**mec** ie *ra*	hubiera	mecido
mec ías	habías	mecido	**mec** ie *ras*	hubieras	mecido
mec ía	había	mecido	**mec** ie *ra*	hubiera	mecido
mec íamos	habíamos	mecido	**mec** ié *ramos*	hubiéramos	mecido
mec íais	habíais	mecido	**mec** ie *rais*	hubierais	mecido
mec ían	habían	mecido	**mec** ie *ran*	hubieran	mecido
			mec ie *se*	hubiese	mecido
			mec ie *ses*	hubieses	mecido
			mec ie *se*	hubiese	mecido
			mec ié *semos*	hubiésemos	mecido
			mec ie *seis*	hubieseis	mecido
			mec ie *sen*	hubiesen	mecido

Pretérito perfecto simple (Bello : Pretérito)	Pretérito anterior (Bello : Antepretérito)				
mec í	hube	mecido			
mec iste	hubiste	mecido			
mec ió	hubo	mecido	Futuro (Bello : Futuro)	Futuro perfecto (Bello : Antefuturo)	
mec imos	hubimos	mecido			
mec isteis	hubisteis	mecido	**mec** ie *re*	hubiere	mecido
mec ie *ron*	hubieron	mecido	**mec** ie *res*	hubieres	mecido
			mec ie *re*	hubiere	mecido
			mec ié *remos*	hubiéremos	mecido
Futuro (Bello : Futuro)	Futuro perfecto (Bello : Antefuturo)		**mec** ie *reis*	hubiereis	mecido
			mec ie *ren*	hubieren	mecido
mecer é	habré	mecido			
mecer ás	habrás	mecido			
mecer á	habrá	mecido	**MODO IMPERATIVO**		
mecer emos	habremos	mecido			
mecer éis	habréis	mecido	Presente	**mezamos** (nosotros)	
mecer án	habrán	mecido	**mec** e (tú)	**mec** ed (vosotros)	
			meza (él, usted)	**mezan** (ellos, ustedes)	

Condicional (Bello : Pospretérito)	Condicional perfecto (Bello : Antepospretérito)	
mecer ía	habría	mecido
mecer ías	habrías	mecido
mecer ía	habría	mecido
mecer íamos	habríamos	mecido
mecer íais	habríais	mecido
mecer ían	habrían	mecido

FORMAS NO PERSONALES

Tiempos simples	Tiempos compuestos
Infinitivo: **mecer**	Infinitivo compuesto haber mecido
Gerundio: **mec** iendo	Gerundio compuesto habiendo mecido
Participio: **mec** ido	

86 **pagar** verbos con cambios de ortografía o prosodia

FORMAS PERSONALES

MODO INDICATIVO		MODO SUBJUNTIVO	
Tiempos simples	Tiempos compuestos	Tiempos simples	Tiempos compuestos

Presente
(Bello : Presente)

Pretérito perfecto compuesto
(Bello : Antepresente)

Presente
(Bello : Presente)

Pretérito perfecto
(Bello : Antepresente)

pag o	he	pagado	**pague**	haya	pagado
pag as	has	pagado	**pagues**	hayas	pagado
pag a	ha	pagado	**pague**	haya	pagado
pag amos	hemos	pagado	**paguemos**	hayamos	pagado
pag áis	habéis	pagado	**paguéis**	hayáis	pagado
pag an	han	pagado	**paguen**	hayan	pagado

Pretérito imperfecto
(Bello : Copretérito)

Pretérito pluscuamperfecto
(Bello : Antecopretérito)

Pretérito imperfecto
(Bello : Pretérito)

Pretérito pluscuamperfecto
(Bello : Antepretérito)

pag aba	había	pagado	**pag** a *ra*	hubiera	pagado
pag abas	habías	pagado	**pag** a *ras*	hubieras	pagado
pag aba	había	pagado	**pag** a *ra*	hubiera	pagado
pag ábamos	habíamos	pagado	**pag** á *ramos*	hubiéramos	pagado
pag abais	habíais	pagado	**pag** a *rais*	hubierais	pagado
pag aban	habían	pagado	**pag** a *ran*	hubieran	pagado

pag a *se*	hubiese	pagado
pag a *ses*	hubieses	pagado
pag a *se*	hubiese	pagado
pag á *semos*	hubiésemos	pagado
pag a *seis*	hubieseis	pagado
pag a *sen*	hubiesen	pagado

Pretérito perfecto simple
(Bello : Pretérito)

Pretérito anterior
(Bello : Antepretérito)

pagué	hube	pagado
pag aste	hubiste	pagado
pag ó	hubo	pagado
pag amos	hubimos	pagado
pag asteis	hubisteis	pagado
pag a *ron*	hubieron	pagado

Futuro
(Bello : Futuro)

Futuro perfecto
(Bello : Antefuturo)

pag a *re*	hubiere	pagado
pag a *res*	hubieres	pagado
pag a *re*	hubiere	pagado
pag á *remos*	hubiéremos	pagado
pag a *reis*	hubiereis	pagado
pag a *ren*	hubieren	pagado

Futuro
(Bello : Futuro)

Futuro perfecto
(Bello : Antefuturo)

pagar é	habré	pagado
pagar ás	habrás	pagado
pagar á	habrá	pagado
pagar emos	habremos	pagado
pagar éis	habréis	pagado
pagar án	habrán	pagado

MODO IMPERATIVO

Presente

pag a (tú)	**paguemos** (nosotros)
pague (él, usted)	**pag** ad (vosotros)
	paguen (ellos, ustedes)

Condicional
(Bello : Pospretérito)

Condicional perfecto
(Bello : Antepospretérito)

FORMAS NO PERSONALES

Tiempos simples	Tiempos compuestos
Infinitivo: **pagar**	Infinitivo compuesto
Gerundio: **pag** ando	haber pagado
	Gerundio compuesto
Participio: **pag** ado	habiendo pagado

pagar ía	habría	pagado
pagar ías	habrías	pagado
pagar ía	habría	pagado
pagar íamos	habríamos	pagado
pagar íais	habríais	pagado
pagar ían	habrían	pagado

87 prohibir verbos con cambios de ortografía o prosodia

FORMAS PERSONALES

MODO INDICATIVO

Tiempos simples | Tiempos compuestos

Presente
(Bello : Presente)

prohíbo	he	prohibido
prohíbes	has	prohibido
prohíbe	ha	prohibido
prohib imos	hemos	prohibido
prohib ís	habéis	prohibido
prohíben	han	prohibido

Pretérito perfecto compuesto
(Bello : Antepresente)

Pretérito imperfecto
(Bello : Copretérito)

prohib ía	había	prohibido
prohib ías	habías	prohibido
prohib ía	había	prohibido
prohib íamos	habíamos	prohibido
prohib íais	habíais	prohibido
prohib ían	habían	prohibido

Pretérito pluscuamperfecto
(Bello : Antecopretérito)

Pretérito perfecto simple
(Bello : Pretérito)

prohib í	hube	prohibido
prohib iste	hubiste	prohibido
prohib ió	hubo	prohibido
prohib imos	hubimos	prohibido
prohib isteis	hubisteis	prohibido
prohib ie ron	hubieron	prohibido

Pretérito anterior
(Bello : Antepretérito)

Futuro
(Bello : Futuro)

prohibir é	habré	prohibido
prohibir ás	habrás	prohibido
prohibir á	habrá	prohibido
prohibir emos	habremos	prohibido
prohibir éis	habréis	prohibido
prohibir án	habrán	prohibido

Futuro perfecto
(Bello : Antefuturo)

Condicional
(Bello : Pospretérito)

prohibir ía	habría	prohibido
prohibir ías	habrías	prohibido
prohibir ía	habría	prohibido
prohibir íamos	habríamos	prohibido
prohibir íais	habríais	prohibido
prohibir ían	habrían	prohibido

Condicional perfecto
(Bello : Antepospretérito)

MODO SUBJUNTIVO

Tiempos simples | Tiempos compuestos

Presente
(Bello : Presente)

prohíba	haya	prohibido
prohíbas	hayas	prohibido
prohíba	haya	prohibido
prohib amos	hayamos	prohibido
prohib áis	hayáis	prohibido
prohíban	hayan	prohibido

Pretérito perfecto
(Bello : Antepresente)

Pretérito imperfecto
(Bello : Pretérito)

prohib ie ra	hubiera	prohibido
prohib ie ras	hubieras	prohibido
prohib ie ra	hubiera	prohibido
prohib ié ramos	hubiéramos	prohibido
prohib ie rais	hubierais	prohibido
prohib ie ran	hubieran	prohibido
prohib ie se	hubiese	prohibido
prohib ie ses	hubieses	prohibido
prohib ie se	hubiese	prohibido
prohib ie semos	hubiésemos	prohibido
prohib ie seis	hubieseis	prohibido
prohib ie sen	hubiesen	prohibido

Pretérito pluscuamperfecto
(Bello : Antepretérito)

Futuro
(Bello : Futuro)

prohib ie re	hubiere	prohibido
prohib ie res	hubieres	prohibido
prohib ie re	hubiere	prohibido
prohib ié remos	hubiéremos	prohibido
prohib ie reis	hubiereis	prohibido
prohib ie ren	hubieren	prohibido

Futuro perfecto
(Bello : Antefuturo)

MODO IMPERATIVO

Presente

prohíbe (tú)	prohib amos (nosotros)
prohíba (él, usted)	prohib id (vosotros)
	prohíban (ellos, ustedes)

FORMAS NO PERSONALES

Tiempos simples | Tiempos compuestos

Infinitivo: **prohibir**

Gerundio: **prohib iendo**

Participio: **prohib ido**

Infinitivo compuesto
haber prohibido

Gerundio compuesto
habiendo prohibido

88 reunir verbos con cambios de ortografía o prosodia

FORMAS PERSONALES

MODO INDICATIVO

Tiempos simples	Tiempos compuestos		

Presente
(Bello : Presente)

	Pretérito perfecto compuesto (Bello : Antepresente)	
reúno	he	reunido
reúnes	has	reunido
reúne	ha	reunido
reun imos	hemos	reunido
reun ís	habéis	reunido
reúnen	han	reunido

Pretérito imperfecto
(Bello : Copretérito)

	Pretérito pluscuamperfecto (Bello : Antecopretérito)	
reun ía	había	reunido
reun ías	habías	reunido
reun ía	había	reunido
reun íamos	habíamos	reunido
reun íais	habíais	reunido
reun ían	habían	reunido

Pretérito perfecto simple
(Bello : Pretérito)

	Pretérito anterior (Bello : Antepretérito)	
reun í	hube	reunido
reun iste	hubiste	reunido
reun ió	hubo	reunido
reun imos	hubimos	reunido
reun isteis	hubisteis	reunido
reun ie ron	hubieron	reunido

Futuro
(Bello : Futuro)

	Futuro perfecto (Bello : Antefuturo)	
reunir é	habré	reunido
reunir ás	habrás	reundio
reunir á	habrá	reunido
reunir emos	habremos	reunido
reunir éis	habréis	reunido
reunir án	habrán	reunido

Condicional
(Bello : Pospretérito)

	Condicional perfecto (Bello : Antepospretérito)	
reunir ía	habría	reunido
reunir ías	habrías	reunido
reunir ía	habría	reunido
reunir íamos	habríamos	reunido
reunir íais	habríais	reunido
reunir ían	habrían	reunido

MODO SUBJUNTIVO

Tiempos simples	Tiempos compuestos		

Presente
(Bello : Presente)

	Pretérito perfecto (Bello : Antepresente)	
reúna	haya	reunido
reúnas	hayas	reunido
reúna	haya	reunido
reun amos	hayamos	reunido
reun áis	hayáis	reunido
reúnan	hayan	reunido

Pretérito imperfecto
(Bello : Pretérito)

	Pretérito pluscuamperfecto (Bello : Antepretérito)	
reun ie ra	hubiera	reunido
reun ie ras	hubieras	reunido
reun ie ra	hubiera	reunido
reun ié ramos	hubiéramos	reunido
reun ie rais	hubierais	reunido
reun ie ran	hubieran	reunido
reun ie se	hubiese	reunido
reun ie ses	hubieses	reunido
reun ie se	hubiese	reunido
reun ié semos	hubiésemos	reunido
reun ie seis	hubieseis	reunido
reun ie sen	hubiesen	reunido

Futuro
(Bello : Futuro)

	Futuro perfecto (Bello : Antefuturo)	
reun ie re	hubiere	reunido
reun ie res	hubieres	reunido
reun ie re	hubiere	reunido
reun ié remos	hubiéremos	reunido
reun ie reis	hubiereis	reunido
reun ie ren	hubieren	reunido

MODO IMPERATIVO

Presente

reúne (tú)	reun amos (nosotros)
reúna (él, usted)	reun id (vosotros)
	reúnan (ellos, ustedes)

FORMAS NO PERSONALES

Tiempos simples	Tiempos compuestos
Infinitivo: **reunir**	Infinitivo compuesto haber reunido
Gerundio: **reun iendo**	Gerundio compuesto habiendo reunido
Participio: **reun ido**	

89 sacar verbos con cambios de ortografía o prosodia

FORMAS PERSONALES

MODO INDICATIVO		MODO SUBJUNTIVO	
Tiempos simples	Tiempos compuestos	Tiempos simples	Tiempos compuestos

Presente (Bello : Presente)	Pretérito perfecto compuesto (Bello : Antepresente)		Presente (Bello : Presente)	Pretérito perfecto (Bello : Antepresente)	
sac o	he	sacado	**saque**	haya	sacado
sac as	has	sacado	**saques**	hayas	sacado
sac a	ha	sacado	**saque**	haya	sacado
sac amos	hemos	sacado	**saquemos**	hayamos	sacado
sac áis	habéis	sacado	**saquéis**	hayáis	sacado
sac an	han	sacado	**saquen**	hayan	sacado

Pretérito imperfecto (Bello : Copretérito)	Pretérito pluscuamperfecto (Bello : Antecopretérito)		Pretérito imperfecto (Bello : Pretérito)	Pretérito pluscuamperfecto (Bello : Antepretérito)	
sac aba	había	sacado	**sac** a *ra*	hubiera	sacado
sac abas	habías	sacado	**sac** a *ras*	hubieras	sacado
sac aba	había	sacado	**sac** a *ra*	hubiera	sacado
sac ábamos	habíamos	sacado	**sac** á *ramos*	hubiéramos	sacado
sac abais	habíais	sacado	**sac** a *rais*	hubierais	sacado
sac aban	habían	sacado	**sac** a *ran*	hubieran	sacado
			sac a *se*	hubiese	sacado
			sac a *ses*	hubieses	sacado
Pretérito perfecto simple (Bello : Pretérito)	Pretérito anterior (Bello : Antepretérito)		**sac** a *se*	hubiese	sacado
saqué	hube	sacado	**sac** á *semos*	hubiésemos	sacado
sac aste	hubiste	sacado	**sac** a *seis*	hubieseis	sacado
sac ó	hubo	sacado	**sac** a *sen*	hubiesen	sacado
sac amos	hubimos	sacado			
sac asteis	hubisteis	sacado	Futuro (Bello : Futuro)	Futuro perfecto (Bello : Antefuturo)	
sac a *ron*	hubieron	sacado	**sac** a *re*	hubiere	sacado
			sac a *res*	hubieres	sacado
Futuro (Bello : Futuro)	Futuro perfecto (Bello : Antefuturo)		**sac** a *re*	hubiere	sacado
sacar é	habré	sacado	**sac** á *remos*	hubiéremos	sacado
sacar ás	habrás	sacado	**sac** a *reis*	hubiereis	sacado
sacar á	habrá	sacado	**sac** a *ren*	hubieren	sacado
sacar emos	habremos	sacado			
sacar éis	habréis	sacado			
sacar án	habrán	sacado			

MODO IMPERATIVO

Presente	
sac a (tú)	**saquemos** (nosotros)
saque (él, usted)	**sac** ad (vosotros)
	saquen (ellos, ustedes)

Condicional (Bello : Pospretérito)	Condicional perfecto (Bello : Antepospretérito)	
sacar ía	habría	sacado
sacar ías	habrías	sacado
sacar ía	habría	sacado
sacar íamos	habríamos	sacado
sacar íais	habríais	sacado
sacar ían	habrían	sacado

FORMAS NO PERSONALES

Tiempos simples	Tiempos compuestos
Infinitivo: **sacar**	Infinitivo compuesto haber sacado
Gerundio: **sac** ando	Gerundio compuesto habiendo sacado
Participio: **sac** ado	

125

90 zurcir verbos con cambios de ortografía o prosodia

FORMAS PERSONALES

MODO INDICATIVO		MODO SUBJUNTIVO	
Tiempos simples	Tiempos compuestos	Tiempos simples	Tiempos compuestos

Presente (Bello : Presente)	Pretérito perfecto compuesto (Bello : Antepresente)	Presente (Bello : Presente)	Pretérito perfecto (Bello : Antepresente)
zurzo	he zurcido	**zurza**	haya zurcido
zurc es	has zurcido	**zurzas**	hayas zurcido
zurc e	ha zurcido	**zurza**	haya zurcido
zurc imos	hemos zurcido	**zurzamos**	hayamos zurcido
zurc ís	habéis zurcido	**zurzáis**	hayáis zurcido
zurc en	han zurcido	**zurzan**	hayan zurcido

Pretérito imperfecto (Bello : Copretérito)	Pretérito pluscuamperfecto (Bello : Antecopretérito)	Pretérito imperfecto (Bello : Pretérito)	Pretérito pluscuamperfecto (Bello : Antepretérito)
zurc ía	había zurcido	**zurc** ie *ra*	hubiera zurcido
zurc ías	habías zurcido	**zurc** ie *ras*	hubieras zurcido
zurc ía	había zurcido	**zurc** ie *ra*	hubiera zurcido
zurc íamos	habíamos zurcido	**zurc** ié *ramos*	hubiéramos zurcido
zurc íais	habíais zurcido	**zurc** ie *rais*	hubierais zurcido
zurc ían	habían zurcido	**zurc** ie *ran*	hubieran zurcido
		zurc ie *se*	hubiese zurcido
		zurc ie *ses*	hubieses zurcido
Pretérito perfecto simple (Bello : Pretérito)	Pretérito anterior (Bello : Antepretérito)	**zurc** ie *se*	hubiese zurcido
		zurc ié *semos*	hubiésemos zurcido
zurc í	hube zurcido	**zurc** ie *seis*	hubieseis zurcido
zurc iste	hubiste zurcido	**zurc** ie *sen*	hubiesen zurcido
zurc ió	hubo zurcido		
zurc imos	hubimos zurcido	Futuro (Bello : Futuro)	Futuro perfecto (Bello : Antefuturo)
zurc isteis	hubisteis zurcido		
zurc ie *ron*	hubieron zurcido	**zurc** ie *re*	hubiere zurcido
		zurc ie *res*	hubieres zurcido
Futuro (Bello : Futuro)	Futuro perfecto (Bello : Antefuturo)	**zurc** ie *re*	hubiere zurcido
		zurc ié *remos*	hubiéremos zurcido
zurcir é	habré zurcido	**zurc** ie *reis*	hubiereis zurcido
zurcir ás	habrás zurcido	**zurc** ie *ren*	hubieren zurcido
zurcir á	habrá zurcido		

Futuro (Bello : Futuro)	Futuro perfecto (Bello : Antefuturo)
zurcir é	habré zurcido
zurcir ás	habrás zurcido
zurcir á	habrá zurcido
zurcir emos	habremos zurcido
zurcir éis	habréis zurcido
zurcir án	habrán zurcido

MODO IMPERATIVO

Presente	
zurc e (tú)	**zurzamos** (nosotros)
zurza (él, usted)	**zurc** id (vosotros)
	zurzan (ellos, ustedes)

Condicional (Bello : Pospretérito)	Condicional perfecto (Bello : Antepospretérito)
zurcir ía	habría zurcido
zurcir ías	habrías zurcido
zurcir ía	habría zurcido
zurcir íamos	habríamos zurcido
zurcir íais	habríais zurcido
zurcir ían	habrían zurcido

FORMAS NO PERSONALES

Tiempos simples	Tiempos compuestos
Infinitivo: **zurcir**	Infinitivo compuesto haber zurcido
Gerundio: **zurc** iendo	
	Gerundio compuesto habiendo zurcido
Participio: **zurc** ido	

4. Lista general de verbos

130

131

133

135

138

139

C

146

ch

149

154

155

156

159

h

175

m

180

181

189

192

194

U

5. Lista de los verbos irregulares

a

202

204

6. Régimen usual de los verbos con las preposiciones

a

abalanzarse a, tras alguien,
-al peligro, -hacia el recién llegado,
-sobre el centinela.

abandonarse, a la suerte, -al dolor,
-en manos del cirujano.

abastar de víveres.

abastecer con pan y carne, -de agua,
-desde tierra, -en verano, -hasta
Navidad, -sin tregua.

abatirse al suelo, -ante los ruegos,
-con dificultad, -de espíritu, -en, por
los reveses, -hacia la proa, -hasta el
borde.

abdicar de las viejas ideas, -en el
Príncipe, -en contra de sus deseos,
-por la fuerza, -tras la derrota.

abismarse en el estudio.

abjurar al, del error, -ante el concilio,
-bajo pena de excomunión, -en
Toledo.

abocarse, con alguno.

abochornarse de algo, -por alguno,
-sin razón.

abogar a favor de, en favor de alguien,
-ante el tribunal, -contra algo, -por
alguno.

abominar del vicio, -sin dudarlo.

abonarse al teatro, -desde el lindero,
-en profundidad, -hacia abajo,
-hasta la carretera, -sin parar.

abordar (una nave) a, con otra,
-contra las rocas.

aborrecer de muerte.

abrasarse de amor, -en deseos.

abrazarse, a alguien, -con el enemigo.

abrevar con agua, -de maldad, -en la
charca.

abreviar con la partida, -de razones,
-en tiempo, -por la selva.

abrigarse a la fortaleza, -bajo techado,
-con ropa, -contra el frío, -del
aguacero, -en el portal, -entre los
árboles, -para dormir, -por
precaución, -tras el parapeto.

abrir al público, -con fuerza, -de arriba
abajo, -desde la torre, -en canal,
-hacia afuera, -sin precaución.

abrirse a, con los amigos, -de piernas,
-hacia dentro, -hasta la cintura,
-sobre la ciudad, -tras la epidemia.

abrumar con caricias, -de atenciones.

absolver al penitente, -ante la
comunidad, -del cargo, -sin pérdida
de tiempo, -tras la confesión.

abstenerse de beber.

abstraerse ante el espectáculo,
-con la música, -de lo que rodea.

abundar ante el Rey, -de, en riqueza.

aburrirse con alguien, -de esperar,
-en casa, -por todo, -sin motivo.

abusar de la amistad, -en el precio.

acabar a destiempo, -bajo el agua,
-con su fortuna, -contra un árbol,
-de venir, -en el manicomio, -entre
flores, -para octubre, -por negarse,
-sin dinero.

acaecer (algo) a alguno, -bajo
Carlos V,
-en tiempo de los árabes.

acalorarse con, en, por tan poco,
-de correr, -sin motivos, -tras la
carrera.

acarrear a lomo, -con barcazas,
-desde Jávea, -en ruedas, -entre
todos, -hasta León, -para el amo, -sin
tregua.

acceder a la petición.

acelerarse a partir,
-desde media cuesta.

acendrarse (la virtud) con, en, las
pruebas, -al juego.

aceptar (algo) de alguien, -en prueba,
-para otro, -por marido, -sin,
pestañear.

acercarse a la villa, -desde tierra,
-hacia el enemigo, -hasta el río,
-por el norte.

acertar, a, con la casa, -desde el
comienzo, -en la quiniela,
-hacia la mitad, -hasta el final, -sin
dudar.

aclamar al Presidente, -contra sus
enemigos, -desde el aeropuerto,
-hasta la ciudad, -por Rey, -sin
descansar.

aclimatarse a un país, -en España,
-entre nosotros, -sin problemas.

acobardarse ante, frente al contrario,
-con el frío, -de verse solo, -en la
pelea, -por la enfermedad.

acodarse a la ventana, -en el alféizar,
-sobre la baranda.

acoger bajo techo, -en casa,
-entre los nuestros.

acogerse a ,bajo sagrado,-de la guerra,
-en el templo,-hasta la primavera,
-sobre medianoche,-tras la frontera.

acometer a alguien,contra ,hacia el
enemigo,-de cara,-hasta la caída del
sol, -(a alguien)por la espalda,
-según lo pactado,-sin tregua.

acomodarse a ,con otra opinión,-de
criado,-en una casa,-por poco
tiempo,-para viajar,-sobre la
cubierta,-tras la derrota.

acompañar a palacio,
-con ,de pruebas,-en el sentimiento,
-hasta la iglesia.

acompañarse al piano,
-con ,de buenos.

acondicionar con sal y pimienta, -(la
fruta) en cajas,-para el transporte,
-según la receta.

aconsejar contra su enemigo,
-(a alguien)de algo,-en algún
asunto,-sobre la elección.

aconsejarse con ,de sabios,
-en el negocio.

acontecer a ,con todos,
-bajo la República,-por el verano,
-según lo concluido.

acoplar (el remolque)al tractor,
-(el instrumento)en la caja,-entre
los dos,-tras el camión.

acorazarse contra la maledicencia,
-de indiferencia,-para la pelea.

acordar (la voz)al instrumento,
-con un instrumento,-entre los
socios.

acordarse con los contrarios,
-de lo pasado,-en hacer algo,-sobre
algo.

acortar con ,por el atajo,-de palabras,
-desde el principio.

acostarse con alguien,-contra la
pared,-en pijama,-entre las peñas,
-hacia medianoche,-hasta las cinco,
-sobre el césped.

acostumbrarse a los trabajos,
-con los demás,-según la tradición,
-sin dificultad.

acreditarse con , para , con alguno,
-como médico, -de necio, -en su
oficio.

acribillar a tiros,-con clavos.

actuar bajo la amenaza,-como fiscal,
-con otro,-contra alguien,-de

comparsa,-en los negocios,-para sí,
-por lo civil,-según la ley.

acudir a ,con la solución,-ante la ·
autoridad,-de todas partes,-desde
muy lejos,-sin pérdida de tiempo,
-tras la caballería.

acumular (los intereses)al capital,
-riquezassobre riquezas.

acusar (a alguno)ante el juez,-con
insistencia,-de un delito.

acusarse de las culpas.

achicarse ante el jefe.

achicharrarse al sol.

achuchar (a una persona)contra algo.

adaptar o **adaptarse** al uso.

adelantar en la carrera, -(no) nada
con enfadarse, -(la silla)hacia la
mesa,-por la izquierda.

adelantarse a otros, -en algo,
-hasta el Tajo,-por el lado izquierdo,
-según lo convenido,-sin avisar.

adentrarse con la infantería,
-en el bosque,-desde la orilla del
mar-hasta el bosque,-para
descansar.

adestrarse o **adiestrarse** a esgrimir,
-con la espada,-en la lucha,
-entre campeones,-para el juego.

adherir o **adherirse** a un dictamen.

admirarse ante ,de un suceso,
-en el espejo,-por el éxito.

admitir a alguien,-bajo juramento,
-como superior,-en sociedad, -por
jefe,-sin reservas.

adolecer de alguna enfermedad.

adoptar a alguien,-por hijo,
-para la batalla.

adorar a Dios,-de todo corazón.

adornar con flores,-de carteles,
-por fuera.

adueñarse con dádivas,-de la fortuna,
-en tres semanas,-por tierra y mar,
-sin resistencia.

advertir a alguien,-del peligro,
-en secreto,-sin reservas.

afanarse al trabajo,-bajo el sol,
-hasta la caída del sol,-por ganar,
-sobre el arado,-tras la yunta.

aferrarse a ,con ,en su opinión.

afianzar a alguien,-bajo techo,
-con sus bienes,-de calumnia,-sobre
el fondo del agua.

afianzarse ante algo o alguien,-en ,por

la cintura, **-con** una recomendación,
-para saltar, **-sobre** el árbol.
aficionarse a , de alguna cosa.
afilar con el cuchillo, **-en** la piedra.
afiliarse a , en un partido.
afinar (un instrumento) **con** otro.
afinarse en el trato.
afirmarse en lo dicho, **-sobre** la montura.
afligirse con , de , por la situación
actual.
aflojar en el estudio.
aflorar a la superficie.
afluir (el público) **al** estadio.
aforrar con , de , en piel.
afrentar con denuestos.
afrentarse de su estado.
afrontar con la conducta.
agarrar de , por el pelo.
agarrarse a , de un hierro.
agazaparse bajo , tras el matorral.
agobiarse con , de , por los años.
agraciar con una gran cruz.
agradar al gusto, **-con** todos,
-de gusto, **-para , para con** todos.
agraviarse de alguno,
-por una chanza.
agregar (leche) **al** café.
agregarse a , con todos.
aguantarse con la bronca.
aguardar a otro día, **-en** casa.
ahitarse de manjares.
ahogarse de calor, **-en** poca agua,
-entre una cosa y otra.
ahondar con pico y pala, **-en** el tema.
ahorcajarse en los hombros de
alguno.
ahorcarse de , en un árbol,
-con una soga.
ahorrar de razones.
ahorrarse (no) **con** nadie.
airarse con , contra alguno,
-de , por lo que dijeron.
aislarse de la gente.
ajetrearse de un lado a otro,
-de un lado **para** otro.
ajustar (una cosa) **a** otra, **-(un trabajo)**
en mil pesetas.
ajustarse a la razón, **-con** el amo,
-en sus costumbres.
alabar a alguien, **-de** discreto, **-(algo)**
en otro, **-(a alguien)por** su
prudencia.
alabarse de valiente.

alargarse a la ciudad, **-en** la narración,
-hasta el pueblo.
alcanzar al techo, **-con** ruegos del rey.
-en días, **-(la paga)hasta** fin de mes,
-para todos.
aleccionar en el modo de conducirse.
alegar de , con pruebas, **-como** mérito,
-en defensa.
alegrarse con , de , por algo.
alejarse de su tierra, **-en** la mar.
alentar con la esperanza.
aliarse (uno) **a , con** otro.
alimentarse con huevos, **-de** hierbas.
alindar (una finca) **con** otra,
-por el Norte.
alinearse bajo las órdenes del
entrenador, **-con** el Real Madrid,
-de portero, **-en** el equipo titular, **-(in**
jugador) **en lugar de , en vez de** otro.
alistarse como marinero,
-en un cuerpo, **-por** socio.
aliviar del , en el trabajo.
alquilar (un piso) **en , por** diez mil
pesetas.
alternar con los sabios,
-en el servicio, **-entre** unos y otros.
alucinarse con sofismas,
-en el examen.
aludir a algo.
alumbrarse con la linterna,
-en la oscuridad.
alzar (los ojos) **al** cielo,
-(algo)del suelo, **-por** caudillo.
alzarse a mayores, **-con** el reino,
-de la silla, **-en** rebelión.
allanar hasta el suelo.
allanarse a lo justo.
amagar con un ataque.
amanecer con fiebre, **-en** París,
-entre Pinto y Valdemoro, **-por** la
sierra, **-sobre** las cinco.
amañarse a escribir, **-con** cualquiera,
-para hacer un trabajo.
amar de corazón.
amargar con hiel.
amarrar a un tronco, **-con** cuerdas.
amenazar (a alguien)**al** pecho,
-con la espada, **-de** muerte.
amparar (a uno)**de** la persecución,
-en la posesión.
ampararse bajo un árbol, **-con** algo,
-contra el viento, **-de** la lluvia,
-en el portal.

amueblar con lujo.

andar a gatas, -con el tiempo,
-de puntillas, -detrás de alguien, -en
pleitos, -entre mala gente, -por
conseguir algo, -sobre un volcán,
-tras un negocio.

andarse en flores, -por las ramas.

anegar en sangre, -de tierra.

anhelar a más, -por mayor fortuna.

animar al certamen, **-con** aplausos.

anteponer (la obligación) al gusto.

anticipar (diez mil pesetas) sobre el
sueldo.

anticiparse a otro.

anunciarse en la prensa, -por la radio.

añadir a lo expuesto.

apacentarse con, de memorias.

apañarse con mil pesetas.

aparar con, en la mano.

aparecer en, por el horizonte,
-entre las nubes.

aparecerse, a, ante alguien, -en casa,
-entre sueños.

aparejarse al, para el trabajo.

apartar a un lado, -de sí.

apartarse a un lado, -de la ocasión.

apasionarse con, de, en, por alguno.

apearse a, para merendar,
-del autobús, -en marcha, -por la
puerta delantera.

apechugar con todo.

apegarse a alguna cosa.

apelar a otro medio,
-ante, para ante el Tribunal
superior, -contra, de la sentencia.

apelotonarse a la entrada
de un cine.

apencar con las consecuencias.

apercibirse a, para la batalla,
-contra el enemigo, -de armas.

apesadumbrarse con, de la noticia,
-por niñerías.

apestar a perfume barato,
-(el mercado) de géneros, -con sus
lamentos.

apiadarse de los pobres.

aplicarse a los estudios.

apoderarse de la hacienda.

aportar a la ciudad, **-en** dinero.

apostar a correr, -con un amigo.
-por el mejor.

apostatar de la fe.

apoyar con citas, -en autoridades.

apoyarse en la pared,
-sobre la columna.

apreciar (a alguien) como profesor,
-en mucho, -por sus prendas.

aprender a escribir, con, de fulano,
-por sus principios.

aprestarse a la lucha.

apresurarse a venir, -en réplica,
-por llegar a tiempo.

apretar a correr, -con las manos,
-contra sí, -entre los brazos,
-sobre la tapadera.

aprisionar bajo el agua, -con una
trampa, -del cuello, -entre la
escalera, -por los brazos, -tras la
puerta.

aprobar en latín por unanimidad.

apropiar a su idea, -para sí.

apropiarse de lo ajeno.

apropincuarse a alguna parte.

aprovechar en el estudio.

aprovecharse de la ocasión.

aprovisionar con aviones,
-de municiones.

aproximar (una cosa) a otra.

aproximarse al altar.

apuntar a alguien, -con la pistola,
-en mi haber, -hacia la solución.

apurarse con un percance, -en los
contratiempos, -por poco.

aquietarse con la explicación.

arder a fuego lento,
-(la casa) con llamas, -por ir al cine.

arderse de cólera, -en deseos.

argüir a favor del acusado, -con
pruebas, -contra, en favor de lo
dicho, -de falso, -(ignorancia) en una
persona, -en apoyo de la tesis, -en
contra de la argumentación.

armar con lanza, -de carabina,
-hasta los dientes.

armarse de paciencia.

armonizar (una cosa) con otra.

arraigarse en Castilla.

arrancar (la broza) al, del suelo,
-de raíz.

arrancarse a cantar, -con mil pesetas,
-(el toro) contra el picador,
-hacia el torero, -por peteneras.

arrasarse (los ojos) de, en lágrimas.

arrastrar en su caída, -por tierra.

arrastrarse a los pies.

arrebatar de, de entre las manos.

arrebatarse de ira.
arrebozarse con, en la capa.
arrecirse de frío.
arreglarse a la razón,
   -con el acreedor.
arregostarse de nuevo,
   -a los cambios.
arrellanarse en la butaca.
arremeter al, con, contra, para el
   bandido.
arremolinarse a la salida, -alrededor
   del auto, -en la puerta.
arrepentirse de sus culpas.
arrestarse a todo.
arribar a Cádiz.
arriesgarse a salir, -en la empresa.
arrimarse a la pared.
arrinconarse en casa.
arrojar a, en la calle, -de si, -desde et
   balcón, -por la ventana.
arrojarse a pelear, -contra el bandido,
   -de, por la ventana, -desde la terraza,
   -en el estanque, -sobre el enemigo.
arroparse con, en la manta.
arrostrar con, los peligros.
asaetar a, con súplicas.
asar a la lumbre, -en la parrilla.
asarse de calor.
ascender a coronel, -de categoria,
   -en la carrera, -por los aires.
asegurar contra el pedrisco,
   -e incendios.
asegurarse de la verdad.
asemejarse a algo, -en, por el color.
asentarse (el pueblo) a orillas del rio,
   -en el trono.
asentir a un dictamen.
asesorarse con, de letrados,
   -en cuestiones económicas.
asimilar (una cosa) a otra.
asir a la niña, -con una tenaza,
   -de la ropa, -por los cabellos.
asirse a las ramas, -con el contrario,
   -de las cuerdas.
asistir a los enfermos, -de oyente,
   -en la necesidad.
asociarse a, con otro.
asomarse a la calle, -por el balcón.
asombrarse con el, del suceso.
asonantar (una palabra) con otra.
asparse a gritos, -por algo.
aspirar a mayor fortuna.
asustarse de, con, por un ruido.

atacar a la raiz.
atar (el caballo) a un tronco,
   -con cuerdas, -de pies y manbos,
   -por la cintura.
atarearse a escribir
   -con en los negocios.
atarse a una sola opinión,
   -en las dificultades.
atascarse en el barro.
ataviarse con, de lo ajeno.
atemorizarse con, de, por algo.
atenazar al banco.
atender a la conversación.
atenerse a lo seguro.
atentar a la vida, -contra
   la propiedad.
atestiguar con otro, -de oídas,
   -sobre el robo.
atiborrarse de comida.
atinar al blanco, -con la casa,
   -en la respuesta.
atollarse en el lodo.
atracarse a uvas, -de comida.
atraer a su bando, -con promesas.
atragantarse con una espina.
atrancarse en el vado.
atravesar (el río) con, en la barca,
   -por el vado.
atravesarse en el camino.
atreverse a cosas grandes,
   -con todos.
atribuir a todo.
atribularse con, en, por los trabajos.
atrincherarse con una tapia,
   -en un repecho, -tras su silencio.
atropellar con, por todo.
atropellarse en las acciones.
atufarse con, de, por poco.
aumentar de, en peso.
aunarse con otro.
ausentarse de Madrid.
autorizar a firmar, -con su firma,
   -para algún acto.
avanzar a, hacia, hasta las líneas
   enemigas, -por el campo,
   -sobre el lago.
avecindarse en Segovia.
avenirse a todo, -entre sí.
avergonzar al abuelo, -por las faltas.
avergonzarse con alguno.
averiguarse con alguno.
avezarse a la vagancia.
aviarse de ropa, -para salir.

avocar a sí.
ayudar a triunfar, -con armas,
 -en la dificultad.
ayudarse de la recomendación.
azotar (la lluvia) en los cristales.

b

bailar al compás, -con Isabel,
 -por Sevillanas.
bajar a la cueva, -de la torre, -en el
 ascensor, -hacia el valle, -por la
 escalera.
balancear a alguien, -en la cuerda.
balar (las ovejas) de miedo.
baldarse con la humedad, -de frío.
bambolearse en la soga.
bañar (un papel) con, de, en lágrimas,
 -por todas las partes.
barajar con la vecina.
barbear con la pared.
basarse en la fuerza militar,
 -sobre buenos principios.
bastar a, con el dinero, -para
 enriquecerse.
bastardear de su naturaleza, -en sus
 acciones.
batallar con el adversario, -contra los
 enemigos, -por los hijos.
beber a, por la salud de alguien,
 -de, en una fuente.
beneficiarse a una mujer,
 -con el horario de verano, -de las
 nuevas disposiciones.
besar en la frente.
bienquistarse con el jefe.
blasfemar contra Dios, -de la virtud,
 -por todo.
blasonar de noble.
bordar a mano, -(algo) al tambor,
 -con, de plata, -en cañamazo.
borrar (a alguien) de la lista.
bostezar de aburrimiento.
bramar de furor.
brear a golpes.
bregar con alguno,
 -contra los contrabandistas, -en las
 faenas caseras, -por lós hijos.
brillar al sol, -por su ingenio.
brincar de júbilo.
brindar a la salud de alguno,
 -con regalos, -por el amigo ausente.

brotar de, en un peñasco.
bufar de ira.
bullir en, por los corrillos.
burilar en cobre.
burlar a alguno.
burlarse de algo.
buscar (fallo) al enemigo,
 -por donde salir.

c

cabalgar a mujeriegas, -en mula,
 -por aquellos riscos, -sobre un asno.
caber a diez, -de pies, -desde aquí
 hasta allí, -en la mano, -entre la cuba
 y las dos garrafas, -por el hueco.
caer al agua, -con otro, -de lo alto,
 -desde la ventana, -en tierra, -hacia
 tal parte, -hasta la calle, -por Pascua,
 -sobre los enemigos.
caerse a pedazos, -al suelo, -de viejo,
 -desde la ventana, -en tierra,
 -por el balcón, -sobre el codo.
cagarse de miedo.
calar a fondo.
calarse de agua.
calentarse a la lumbre,
 -con el ejercicio, -en el juego.
calificar de sabio.
calzarse con la prebenda, -en tal sitio.
callar (la verdad) a otro,
 -de, por miedo.
cambiar (una cosa) con, por otra,
 -de camisa, -en calderilla.
cambiarse a otra cosa,
 -(la risa) en llanto.
caminar a, de concierto, -hacia Alcalá,
 -para Sevilla, -por el atajo.
campar por sus respetos.
canjear (una cosa) por otra.
cansarse con el, del trabajo.
cantar a libro abierto, -con gracia,
 -de plano, -en voz baja, -por bulerías.
capitular con el enemigo, -(a alguno)
 de malversación.
caracterizarse de rey, -por su solidez.
carcajearse de la autoridad.
carecer de medios.
cargar a flete, -con el saco, -contra el
 adversario, -de trigo, -sobre él.
cargarse con la responsabilidad,
 -de razón.
casar (una cosa) con otra,

-en segundas nupcias, -por poderes.

casarse con su novia.

castigar a alguien, -con dia de
haber, -de rodillas, -(a alguno) por su
temeridad, -sin recreo.

catequizar (a alguno) para fin
particular.

cautivar (a alguno) con sus encantos.

cavilar para hallar la solución.
-sobre el asunto.

cazar al vuelo, -con halcón,
-en terreno vedado.

cebar desde octubre hasta diciembre,
-con grano.

cebarse en la venganza.

ceder a la autoridad, -ante la fuerza,
-de su derecho, -en honra de alguno.

cegarse de cólera, -con su amor.

cejar ante las dificultades.

censurar (algo) a, en alguno.

ceñir a sus sienes, -con, de flores.

ceñirse a lo justo, -en la curva.

cerciorarse de un suceso.

cernerse sobre (algo) un peligro.

cerrar a piedra y lodo,
-con, contra el enemigo, -hacia
fuera, -por dentro, -tras él.

cerrarse a toda concesión, -de todo,
-en callar.

cesar de correr, -en su empleo.

cifrar (su dicha) en la virtud.

circular por la calle.

circunscribirse a una cosa.

ciscarse de miedo, -en algo.

clamar a Dios de dolor, -por lo justo.

clamorear a muerto (las campanas),
-por alguna cosa.

clasificar (una cosa) de derecha a
izquierda, -en orden, -(a los
alumnos) por mérito, -según sus
aptitudes.

clavar a, en la pared, por debajo.

coadyuvar a, en la construcción.

cobijarse bajo el tejado,
-con su madre, -en el portal.

cobrar de los deudores, -en papel,
-por San Martin.

cocer a la con lumbre, -en su salsa,
-entre la carne.

codearse con los mejores.

coexistir con Isabel Iª

coger a mano, -con el robo, -de buen
humor, -en Segovia, -entre puertas,

-por la mano.

cohibirse ante, con alguien,
-de hacer una cosa.

coincidir con alguien, -en gustos.

cojear del pie derecho.

colaborar a una obra, -con José,
-en la revista.

colarse en el examen.

colegir de, por los antecedentes.

colgar dfe un clavo, -en la percha,
-por los pies.

coligarse con algunos.

colindar con su finca.

colmar de mercedes.

colocar al principio, -con, en, por
orden, -entre dos cosas.

colorear de rojo.

combatir con, contra el enemigo,
-por una causa.

combinar (una cosa) con otra.

comedirse en las palabras.

comenzar a decir, -por reñir.

comer a dos carrillos, -como un
pajarito, -de todo, -hasta hartarse,
-por cuatro, -sin ganas.

comerciar con otra empresa,
-en granos, -por mayor.

comerse (unos) a otros, -con salsa,
-de envidia.

compadecerse (una cosa) con otra,
-del infeliz.

compaginar el estudio) con el
descanso.

comparar (un objeto) a, con otro.

compartir (las penas) con otro,
-(la fruta) en dos cestas, -entre
varios.

compeler (a alguien) a pagar sus
deudas.

compensar (una cosa) con otra,
-(a alguien) de las molestias, -por las
pérdidas.

competir al juez, -con alguno,
-en precio, -por el primer puesto.

complacer a un amigo, -(a alguien)
con sus atenciones, -en la
realización de un proyecto.

complacerse con la noticia,
-de, en alguna cosa.

completar (el peso) con otra nuez.

complicar (el trato) con exceso de
cortesia.

componer (un himno) al sol, -(un

ramo) con rosas, -(un todo) de varias
partes, -(un poema) en honor de la
amada.
componerse con los acreedores,
-de bueno y malo.
comprar (algo) al contado,
-del comerciante, -en la tienda, -para
la novia, -por kilos.
comprender de qué se trata.
comprimirse en los gastos.
comprobar con el testigo, -en origen.
comprometer a otro, -en un negocio.
comprometerse a pagar,
-con alguno, -en una empresa.
computar (la distancia) en años luz,
-(cada punto) por cien pesetas.
comulgar bajo las dos especies,
-(a otro) con ruedas de molino, -en
los mismos ideales,
-por Pascua.
comunicar (la noticia) al público,
-(uno) con otro, -de uno a otro, -por
una ventana.
comunicarse (el fuego) a las casas,
-de lejos, -entre sí, -por señas.
concebir (odio) contra, hacia, por el
jefe.
concentrar (la luz) con una lente,
-(el poder) en una sola persona.
concentrarse en el estudio.
conceptuar (al testigo) de falso.
concernir (una cosa) a alguien.
concertar (uno) con otro,
-en, por precio, -entre dos
contrarios.
conciliar (una cosa) con otra.
conciliarse (el respeto) del público.
concluir con cantos,
-(a uno) de ignorante, -en
consonante, -por vender la casa.
concordar (la copia) con el original,
-en género y número.
concretarse al sueldo, -con lo que se
tiene, -(una teoría) en una obra.
concurrir a algún fin, -con otros,
-en un dictamen.
condenar (a uno) a galeras,
-con una multa, -en costas.
condensar en pocas páginas.
condescender a los ruegos,
-con la instancia, -en reiterarse.
condicionar (el beneficio) al trabajo.
condolerse de los trabajos.

conducir (una cosa) al cielo,
-en coche, -por mar.
conectar con Radio Madrid.
confabularse con los contrarios,
-para el golpe.
confederarse con los del Sur.
conferir (un negocio) con, entre
amigos.
confesar (el delito) al juez,
-entre amigos.
confesarse a Dios, -con alguno,
-de sus culpas.
confiar (la presidencia) a Felipe,
-de, en alguno, -por necesidad.
confinar (a alguno) a, en Menorca,
-(España) con Portugal.
confirmar (a alguien) como poeta,
-(al orador) de sabio, -en la fe, -por
idiota.
confirmarse en su opinión.
confluir a la plaza, -con otro,
-en un sitio.
conformar (su opinión) a, con la
ajena, -por fuerza.
conformarse al, con el tiempo,
-por obligación.
confrontar (un jugador) con otro,
-(dos ediciones) entre sí.
confundir (al amigo) con atenciones.
confundirse de lo que se ve,
-(una cosa) con otra, -en sus
opiniones.
congeniar con la novia.
congraciarse con otro.
congratularse con los suyos,
-del triunfo, -por la victoria.
conjeturar (algo) de, por lo visto.
conjurarse otros,
-contra el tirano.
conminar (al enemigo) a rendirse,
-(a alguien) con una multa.
conmutar (una cosa) con, por otra,
-(una pena) en otra.
conocer a otro, -de vista,
-en tal asunto, -por su fama.
consagrar o **consagrarse** al estudio.
conseguir del padre (la mano de su
hija).
consentir con los caprichos, -en algo.
conservarse con, en salud,
-hasta el verano.
considerar a la servidumbre,
-(una cuestión) bajo, de, en todos

sus aspectos, **-desde** todos los puntos de vista, **-por** todos lados.

consignar (el paquete) **a** nombre de Antonio, -(mil pesetas) **para** gastos de casa.

consistir en una friolera.

consolar (a uno) **de** un trabajo, **-en** su aflicción, **-sobre** su pecho.

consolarse con sus parientes, **-de** la pérdida sufrida, **-en** Dios.

conspirar a un fin, **-con** otros, **-contra** alguno, **-en** un intento, **-para** el triunfo de la rebelión.

constar (el todo) **de** partes, **-en** los autos, **-por** escrito.

constituir (la nación) **en** república, -(una hipoteca) **sobre** la finca.

constreñir (a alguien) **a** hacer algo.

construir (una palabra) **con** otra, -(el verbo) **en** subjuntivo.

consultar con letrados, **-en** primer lugar, -(a alguno) **para** un empleo, **-por** Navidad, -(un abogado) **sobre** un asunto.

consumirse a fuego lento, **-con** la fiebre, **-de** fastidio, **-en** meditaciones, **-hacia** abajo.

contagiarse con, del, por el roce.

contaminarse con los vicios, **-de, en** la epidemia.

contar (algo) **al** vecino, **-como** delito, **-con** sus fuerzas, **-de** uno a tres, **-de** dos **en** dos, **-de** cinco **hasta** diez, **-desde** diez **en** adelante, -(a alguien) **entre** sus amigos, **-por** verdadero.

contemplar en Dios, **-a** la hermosa.

contemporizar con el adversario.

contender con alguno, **-contra** los moros, **-en** nobleza, **-por** las armas, **-sobre** filosofía.

contenerse de beber, **-en** sus deseos, **-por** educación.

contentarse con su suerte, **-del** parecer.

contestar a la pregunta, **-con** el declarante, **-de** malos modos.

continuar con salud, **-desde** aquí, **-en** su puesto, **-hacia** el Norte, **-por** buen camino.

contradecirse con sus actos.

contraer (algo) **a** un asunto, -(amistad) **con** un amigo.

contrapesar (una cosa) **con** otra.

contraponer (una cosa) **a, con** otra.

contrastar (una cosa) **con** otra, -(dos cosas) **entre** sí.

contratar (a alguien) **en** mil pesetas, **-por** tres meses.

contratarse como actor, **-para** actuar en París.

contravenir a la ley.

contribuir a tal cosa, **-con** dinero, **-en** el éxito, **-para** la construcción.

convalecer de la enfermedad.

convencer a la policía.

convencerse con las razones, **-de** la razón.

convenir (una cosa) **al** enfermo, **-con** otro, **-en** alguna cosa.

convenirse a, con, en lo propuesto.

converger (los esfuerzos) **al** bien común, -(los caminos) **en** un punto.

convergir (los esfuerzos) **al** bien común, -(los caminos) **en** un punto.

conversar con el vecino, **-en, sobre** literatura.

convertir (la cuestión) **a** otro objeto, **-al** islamismo, **-en** dinero, **-entre** los dos.

convertirse a Dios, -(el mal) **en** bien.

convidar (a alguno) **a** comer, **-con** un billete, **-para** el baile.

convidarse a, con jerez, **-para** la fiesta.

convivir con otros, **-en** buena armonía.

convocar a junta, **-en** junio, **-por** San Miguel.

cooperar a alguna cosa, **-con** otro, **-en** el esfuerzo.

copiar a mano, **-del** original, **-en** la manera de vestir.

coquetear con alguien.

coronar con, de, en flores, **-por** Rey de España.

corregir (una obra) **con, de, por** su propia mano.

corregirse de su falta.

correr a caballo, **-con** los gastos, **-de** norte a sur, **-en** busca de uno, **-entre** los árboles, **-por** mal camino, -(unvello) **-sobre** lo pasado.

correrse de vergüenza, **-en** la propina, **-por** una culpa.

corresponder a los favores,

-con el amigo, -del mismo modo, -en la misma forma.

cortar con la tijera, -de vestir, -(la cordillera) de norte a sur, -(un discurso) en lo más interesante, -por lo sano.

coser a cuchilladas, -con máquina, -para el comercio.

coserse (unos) a , con , contra otros.

cotejar (la copia) con el original, -por arriba.

crecer a los ojos de todos, -de tamaño, -en sabiduria.

creer a Juan, -(tal cosa) de otro, -en Dios, -(uno) por , sobre su testimonio.

creerse de opiniones ajenas.

criar a sus pechos, -con solicitud, -en la honestidad.

criarse en buenos pañales, -para las armas.

cristalizar o **cristalizarse** en prismas.

cruzar (un macho) con una hembra, -(una cuerda) de un sitio a otro, -(la gente) en todas direcciones, -por detrás.

cruzarse con alguien, -de caballero, -(el coche) en la carretera.

cuadrar (algo) a una persona, -(lo uno) con lo otro.

cubrir o **cubrirse** con , de joyas.

cucharetear en todo.

cuidar con vuestras palabras, -de alguno.

culminar (la fiesta) con un banquete, -en una zambra.

culpar (a uno) de omiso, -en uno lo que se disculpa en otro, -(a otro) por lo que hace.

cumplir con el deber, -en representación, -por todos.

cundir (la noticia) por la ciudad.

curar al aire, -con medicamentos.

curarse con aceite, -de la gripe, -en salud.

curiosear con los ojos, -por las calles.

curtirse al , con el, del fresco, -en la lucha.

ch

chacotearse de algo.

chancearse con Luis, -de Pedro.

chapar con , de oro.

chapear (la cocina) con , de azulejos.

chapotear en el agua.

chapuzar en el mar.

chapuzarse en la piscina, -por San Juan.

chocar a los telespectadores, -con el coche, -contra la barrera, -en un árbol.

chochear con los años, -de anciano, -por la vejez.

d

dañar a alguien, -de palabra, -con actos, -en la honra.

dañarse del estómago.

dar (algo) a cualquiera, -con la carga al suelo, -contra un árbol, -de palos, -en manias, -ocasión a , ocasión de , ocasión para conocer, -por visto, -sobre el más flaco.

darse al alcohol, -con una piedra en la espinilla, -contra un árbol, -de bofetadas, -por vencido.

datar (un monumento) de timepos antiguos.

deambular por las calles.

deber (dinero) a José, -de ciudadano.

decaer de su fortuna, -en vigor.

decidir a favor de , en favor de alguien, -de nuestras vidas, -en un juicio, -por su padre, -sobre el asunto.

decidirse a ir, -a favor del , en favor del testigo, -por costumbre.

decir a Juan, -de alguno, -en conciencia, -para si, -por teléfono.

declarar al juez, -en pleito, -(a alguien) por enemigo, -sobre el asunto.

declararse (un hombre) a una mujer, -a favor de un programa, -con alguien, -en contra de , por una idea.

declinar a , hacia un lado, -de allí, -en bajeza.

decrecer con el tiempo, -en las últimas horas.

dedicar (tiempo) al estudio.

dedicarse a la empresa.

deducir de , por lo explicado.

defender al contrario, -con bombas.

de mano, **-contra** el viento, **-de**
alguien, **-**(al reo) **por** pobre.
defraudar al fisco, **-**(trigo) **del** almacén,
-en lo prometido.
degenerar de su estirpe,
-(una cosa) **en** otra peor.
dejar a María, **-antes del** mediodía,
-(a alguien) **con** la palabra en la boca,
-de llamar, **-**(a alguien) **en** paz, **-**(el
negocio) **en manos del** hijo, **-para** el
lunes, **-por** aburrimiento, **-sin**
restaurar.
dejarse de escribir.
delatar a la policía.
delegar al consejero, **-en** Alfonso.
deleitarse con el oído, **-de** oír,
-en contemplación del paisaje.
deliberar en Consejo, **-entre** socios,
-sobre la venta.
delirar en la enfermedad,
-por la fiebre.
demandar ante el juzgado,
-de, por calumnia, **-en** juicio.
demorarse en el pago.
demostrar con pruebas.
departir con el amigo,
-de, sobre la actualidad.
depender del Capitán.
deponer ante el juez, **-contra** el
criminal, **-**(a alguno) **de** su puesto,
-en juicio.
deportar (a alguien) **a** Canarias,
-(a alguien) **de** su tierra.
depositar bajo custodia, **-en** el cajón,
-(al reo) **en manos del, en poder del**
juez, **-sobre** la mesa.
derivar (una palabra) **de** otra,
-hacia temas íntimos.
derramar (agua) **al, en** el suelo,
-encima del vestido, **-por** la
alfombra,
-sobre el sofá.
derretirse de calor.
derribar al suelo, **-de** la cumbre,
-en, por tierra.
derrocar al suelo, **-del** acantilado,
-por tierra.
desabrirse con alguno.
desacertar en la elección del tema.
desacostumbrarse al frío,
-de la siesta.
desacreditar a la empresa,
ante la competencia, **-con** los

clientes, **-en** su fama, **-entre** la
profesión.
desafiar (a alguien) **al** ajedrez.
desaguar (un río) **en** otro,
-(un pantano) **por** las esclusas.
desaguarse por un tubo.
desahogarse con su amigo,
-de su aflicción, **-en** gritos.
desairar (a alguien) **en** sus
pretensiones.
desalojar del piso.
desaparecer del pueblo,
-para siempre.
desapoderar (a alguien) **de** sus
atribuciones.
desarraigar del campo.
desasirse de las cuerdas.
desatarse de un árbol, **-en** insultos.
desavenirse con su novia, **-entre** sí.
desayunar con café.
desayunarse de alguna noticia,
-con café.
desbancar (a alguien) **de** su puesto.
desbordarse (el vino) **del** vaso,
-(el río) **en** la vega, **-por** la ciudad.
descabalarse con, en, por alguna cosa.
descabalgar del mulo.
descabezarse con un disgusto,
-en una dificultad.
descalabrar a pedradas,
-con un guijarro.
descansar del esfuerzo,
-en el colaborador, **-sobre** las armas.
descararse a pedir, **-con** el superior.
descargar contra el débil, **-**(los sacos)
del camión, **-**(la tormenta) **en** la
Sierra, **-sobre** la mujer.
descargarse con el ausente,
-contra él, **-del** secreto, **-en** el suelo,
-sobre la era.
descarriarse del buen camino.
descartarse de un compromiso.
descender al sótano, **-de** buena
familia, **-desde** la cúspide, **-en** el
favor, **-hacia** el valle, **-por** grados.
desclavar (un cuadro) **de** la pared.
descolgarse al huerto,
-con una petición, **-de, desde** la
ventana, **-hasta** la terraza, **-por** la
cañería.
descollar en física, **-entre, sobre** otros,
-por su ciencia.
descomponerse con alguno,

-en tres partes,
desconfiar de algo o alguien.
descontar de un préstamo.
descubrir al ladrón.
descubrirse a, con su amiga,
-ante el valor, -por respeto.
descuidarse de, en su obligación.
desdecir de su origen, -con el otro.
desdecirse de lo prometido.
desdeñarse de hablar con los demás.
desdoblarse (una imagen) en tres.
desechar (a una persona) del
pensamiento.
desembarazarse de dificultades.
desembarcar del barco,
-en el muelle.
desembocar en el mar.
desempeñar de sus deudas.
desenfrenarse en los vicios.
desengañarse de ilusiones.
desenredarse del nudo.
desentenderse de su responsabilidad.
desenterrar del carbón,
-de entre la arena.
desentonar (un color) con otro.
desertar al campo enemigo,
-de su deber.
desesperar de obtener un premio.
desfallecer de hambre.
desfogar (la cólera) con, en su amigo.
desgajarse del tronco.
deshacerse a trabajar, -del reloj,
-en excusas, -por las mujeres.
designar (a alguien) con su nombre,
-para el puesto, -(una cosa) por tal
palabra.
desimpresionarse de una idea.
desinterarse de la conversación.
desistir del proyecto.
desleír en zumo.
deslizarse al pecado, -en los vicios,
-entre las piernas, -por la montaña,
-sobre el hielo.
deslucirse al sol.
desmentir a uno, -bajo juramento,
-(una cosa) de otra.
desmerecer (una cosa) de otra.
desmontarse de la moto.
desnudarse desde, hasta la cintura,
-por la cabeza.
desorientarse en sus investigaciones.
despacharse con, contra, su jefe.
desparramarse en el suelo,

-entre los muebles, -por la mesa,
-por entre los árboles.
despedirse de la familia.
despegarse de los vicios, -por arriba.
despeñarse al, en el vacío,
-de la cúspide, -por la pendiente.
desperecerse por algo.
despepitarse por ir al cine.
desperdigarse entre los trigales, -por
el valle, -por entre los árboles.
despertar al niño, -de un mal sueño,
-entre las olas, -sobre el agua.
despertarse con sed.
despoblarse de gente.
despojar o **despojarse** de la falda.
desposarse ante el juez,
-con una viuda, -por poderes.
desposeer de su fortuna.
despotricar contra el jefe.
desprenderse de un peso.
despreocuparse del negocio.
desproveer (a alguien) de recursos.
despuntar de inteligente,
-en los estudios, -entre sus amigos,
-por su saber.
desquitarse de la pérdida.
destacar (un color) de los otros,
-en matemáticas, -entre los amigos,
-por su simpatía.
desternillarse de risa.
desterrar a una isla, -de su patria,
-por traidor.
destinar a la escuela, -(un regalo)
para la novia.
destituir de un cargo,
-por incompetente.
desunir (a un amigo) de otro.
desvelarse por su trabajo.
desvergonzarse a pedir una
recomendación, -con su amigo.
desvestirse de los hábitos.
desviarse con la niebla, -del camino,
-hacia el norte.
desvivirse con ella, -por el bienestar.
detenerse a comer, -con, en los
obstáculos.
determinarse a partir, -a favor de,
en favor de uno, -por el más joven.
detestar del pecado.
devolver a su propietario,
-(mal) por bien.
diferenciarse (un hombre) de otro,
-en el acento, -por el modo de moverse.

diferir (algo) **a, hasta, para** septiembre,
-**de** hoy **a** mañana, -**en** sus ideas,
-**entre** ellos, -**por** una semana.
difundirse (la leche) **en** el café, -(la
noticia) **entre** la gente, -(la nube)
hasta desaparecer.
dignarse **de** saludarle.
dilatar (una cosa) **a, para** otra vez,
-**de** día **en** día, -**hasta** el lunes.
dilatarse **en** razones,
-**hacia** la montaña, -**hasta** el mar.
diluir **en** un líquido.
dimanar (una cosa) **de** otra.
dimitir **del** cargo.
diptongar la o **en** ue.
diputar **para** un cargo.
dirigir **a, hacia** Barcelona,
-(a alguien) **en** sus estudios,
-**para** un fin, -**por** una senda.
discernir (una cosa) **de** otra,
-**con** claridad, -**entre** todos.
discordar **del** profesor, -**en** opiniones,
-**sobre** la solución.
discrepar **de** Carlos, -**con** su amiga,
-**en** parecer.
disculpar **al** alumno, -**con** el maestro.
disculparse **ante** el grupo,
-**con** el director, -**del** retraso, -**por** no
asistir, -**sin** motivos.
discurrir **de** un punto **a** otro, -**en**
varios asuntos, -(el río) **entre**
praderas, -**por** lugares montañosos,
-**sobre** matemáticas.
discutir (una orden) **al** jefe,
-**con** alguien, -**de, sobre** política, -**por**
sus intereses.
diseminar **en** todas direcciones,
-**entre, por entre** los árboles,
-**por** el bosque.
disentir **del** adversario.
disertar **con** el público,
-**sobre** arte.
disfrazar **con** promesas.
disfrazarse **bajo** un hábito de monja,
-**de** gitana, -**con, en** traje de labriego.
disfrutar **con** un amigo, -**de** buena
salud, -**en** el cine.
disgregarse **en** fragmentos.
disgustarse **con, de** su respuesta,
-**por** su comportamiento.
disimular **con** bigote y gafas.
disipar (el dinero) **en** juergas.
disolver **con** aceite, -**en** aguardiente.

disonar (un color) **de** los otros,
-(alguien) **en** una reunión.
disparar **contra** el enemigo.
dispensar **bajo** condición, -**de** asistir,
-**tras** la caída.
dispersarse **en** fragmentos, -**entre,
por entre** los árboles, -**por** América.
disponer **a** bien morir, -**de** los bienes,
-**en** hileras, -**por** secciones.
disponerse **a, para** caminar.
disputar **con** su padre,
-**de, por, sobre** alguna materia.
distanciarse **de** su familia.
distar (una ciudad) **de** otra.
distinguir **con** un premio,
-**entre** los demás, -**por** leal.
distinguirse **de** sus asociados,
-**en** el estudio, -**entre** sus
compañeros, -**por** su talla.
distraerse **con** la música,
-**de** sus ocupaciones, -**en** el trabajo,
-**por** la conversación.
distribuir **a** domicilio, -**en** trozos,
-**entre** los asociados.
disuadir **de** su proyecto.
divagar **del** tema.
divertirse **a** costa de, **con** su amiga,
-**en** dibujar.
dividir **con** las amigas,
-(una cosa) **de** otra, -**en** dos partes,
-**entre** los asociados, -**por** la mitad.
dividirse **en** regiones.
divorciarse **de** su mujer.
doblar (el salario) **al** trabajador,
-**a** muerto, -**de** un golpe, -**hacia** la
izquierda, -**hasta** la cintura, -**por** un
difunto.
doblarse **del** esfuerzo, -**hasta** el suelo,
-**por** el trabajo.
dolerse **con** un íntimo,
-**de** las injusticias.
domiciliarse **en** Granada.
dominar **en** Europa.
dormir **a** pierna suelta, -**bajo** el árbol,
-**con** el niño, -**en** paz,
-**hacia** medianoche, -**sobre** ello.
dotar **con** dinero, -**de** ropa,
-**en** diez millones.
dudar **acerca de, sobre** su honestidad,
-**de** su amor, -**en** salir, -**entre** esto y
aquello, -**hasta** estar seguro.
durar **en** el mismo puesto, -**para** todo,
-**por** mucho tiempo.

e

echar a perder, **-de** casa, **-detrás** del,
  tras el fugitivo, **-en** falta -(las ramas)
  entre los árboles, **-hacia** el valle,
  -sobre sí la carga, **-por** la senda.
echarse al campo, **-bajo** un árbol,
  -de comer, **-detrás** del, **tras** el
  fugitivo, **-entre** los árboles, **-hacia** la
  izquierda, **-para** la pared, **-por** el
  suelo, **-sobre** el contrario.
educar en el buen camino,
  -para reina.
ejercitarse en el deporte.
elegir (el mejor) **de** los concursantes,
  -contra otro, **-entre** muchos, **-por**
  marido
elevarse al, **hasta** el cielo,
  de la tierra, **-en** éxtasis, **-por** las
  nubes, **-sobre** los demás.
eliminar (a un jugador) **de** la
  selección nacional,
  -(toxinas) **por** el sudor.
emanar (simpatía) **de** su persona.
emanciparse de la tutela.
embadurnar con pintura, **-de** rojo.
embarazarse con tanto paquete.
embarcarse con un socio,
  -de pasajero, **-para** Cuba.
embebecerse en mirar.
embeberse con la música,
  -del espíritu de Platón, **-en** la lectura.
embelesarse con la niña,
  -en ver la película.
embestir al torero, **-con** la espada,
  -contra el enemigo.
embobarse con, **de**, **en** algo.
emborracharse con vino,
  -de cerveza.
emboscarse en la sierra,
  -entre los árboles.
embozarse con la capa, **-en** el abrigo,
  -hasta las cejas.
embravecerse con, **contra** los débiles.
embriagarse con aguardiente,
  -de alegría.
embutir de algodón,
  -(una cosa) **en** otra.
emerger del agua.
emigrar a Francia, **-de** España.
emocionarse con el canto,
  -en la boda de la hija, **-por** la
  desgracia.

empacharse con el hornazo,
  -de comer, **-por** poco.
empalagarse con dulces,
  -de chocolate.
empalmar (un remolque) **con**, **en** el
  camión.
empapar con una esponja, **-de**, **en**
  leche.
empaparse bajo la lluvia, **-de** ciencia,
  -en la piscina.
empapuzarse de comida.
emparejar (un buey) **con** otro.
emparentar con buena familia.
empatar a dos goles,
  -con el Real Madrid.
empedrar con, **de** adoquines.
empeñarse con, **por** alguno,
  -en deudas, **-para** la boda, **-por** la
  enfermedad.
emperrarse con el juego,
  -en comprarse un coche.
empezar a brotar, **-con** bien, **-desde** la
  primera página, **-en** malos términos,
  -por el principio.
emplear (a alguien) **para** trabajar.
emplearse como criado,
  -de camarero, **-en** una tienda.
empotrar en el muro.
emprender a golpes, **-con** su socio,
  -(un trabajo) **por** sí solo.
empujar a, **hacia**, **hasta** un abismo,
  -con el pie, **-contra** el muro.
emular con alguien.
emulsionar con, **en** gasolina.
enajenarse (la amistad) **de** Juan,
  -por el miedo.
enamorarse de alguien.
enamoriscarse de Carmen.
enamoriscarse de María.
encajar (la puerta) **con**, **en** el cerco.
encajarse en la reunión.
encalabrinarse con la secretaria.
encallar (el barco) **en** arena.
encaminarse al casino,
  -con su padre, **-hacia** el río.
encanecer en el taller.
encapricharse de un vestido,
  -con un chico, **-en** un tema.
encaramarse al tejado, **-en** un árbol,
  -sobre el muro.
encararse a, con su jefe.
encargar (a alguien) **de** un asunto.
encargarse de la tienda.

encariñarse con una chica.
encarnizarse con, en los vencidos.
encasillarse en un partido.
encastillarse en su idea.
encauzarse en su vida.
encenegarse en el barro.
encender a, en la lumbre.
encenderse de cólera, -en ira.
encerrar (algo) en una caja,
  -(la cita) entre paréntesis.
encerrarse en su casa,
  -entre cuatro paredes.
encogerse de hombros, -con el frío.
encomendar (el niño) a su abuela.
encomendarse a Dios,
  -en manos del médico.
enconarse con el vecino, -en insultos.
encontrar con un obstáculo,
  -bajo la cama, -entre Pinto y
  Valdemoro, -sobre la mesa, -tras la
  puerta.
encontrarse con un amigo,
  -en ideas contrarias, -entre amigos.
encuadernar a mano, -en rústica.
encuadrar (los reclutas) en, por
  unidades.
encuadrarse en un partido.
encumbrarse a, hasta el cielo,
  -sobre sus paisanos.
encharcarse en los vicios.
endurecerse al trabajo,
  -con, en, por el esfuerzo.
enemistar (a uno) con otro.
enfadarse con, contra alguno,
  -de la respuesta, -por tan poco.
enfermar con el trabajo, -del pulmón.
enfilar hacia el castillo.
enfocar con los faros,
  -(una cuestión) desde otro punto.
enfrascarse en la lectura.
enfrentarse al, con el enemigo.
enfurecerse con, contra el criado,
  -de ver injusticias, -por todo.
engalanar (los balcones) con banderas,
  -de colgaduras.
engalanarse con méritos ajenos,
  -de oro.
enganchar o engancharse
  (la camisa) con, en un clavo.
engañar a alguien.
engañarse con, por las apariencias,
  -en el precio.
engastar con perlas, -en oro.

engendrarse (un ser) con, de, en
  otro.
englobar (varias cantidades)
  en una sola.
engolfarse en los vicios.
engolosinarse con el premio.
engreírse con, de su dinero.
enjuagarse con agua.
enjugar (ropa) al fuego.
enlazar (una cuerda) a, con otra.
enloquecer de disgustos.
enmascararse de princesa.
enmendarse con, por el aviso,
  -de un error.
enojarse con, contra la familia,
  -de la mala noticia.
enorgullecerse de sus obras.
enraizar con fuerza, -de nuevo.
enredarse (una cosa) a, con, en otra,
  -de palabras, -entre los espinos,
  -por los cabellos.
enriquecer o enriquecerse
  con dádivas, -de virtudes, -en
  ciencia.
enrolarse en la marina.
ensangrentarse con, contra uno.
ensañarse con, en los vencidos.
ensayarse a cantar,
  -en la declamación, -para hablar en
  público.
enseñar a leer, -con el dedo, -por
  buen autor.
enseñorearse de una propiedad.
ensimismarse en sus pensamientos.
ensoberbecerse con, de su fortuna.
ensuciarse con lodo, -de grasa,
  -en el trabajo.
entapizar con, de ricos tejidos.
entender de mecánica, -en
  electrónica.
entenderse con la vecina, -en chino,
  -por señas.
enterarse del contenido, -de boca del
  por boca del testigo, -en la calle.
enternecerse con algo.
enterrarse en vida.
entibiarse con un amigo.
entonar (un canto) a la libertad,
  -(un color) con otro.
entrar a, en la iglesia, -con buen pie,
  -de soldado, -hacia las nueve,
  -hasta el coro, -por la puerta
  principal.

entregar (algo) **a** alguien.
entregarse al estudio, **-del** negocio,
  -en manos del vencedor,
  -sin condiciones.
entremeterse con los mejores,
  -en asuntos ajenos, **-entre** los
  buenos.
entremezclar o **entremezclarse
  con, en** arena.
entrenarse con el equipo,
  -en el estadio.
entresacar (las plantas) **de** un campo.
entretenerse con una novela,
  -en oír música.
entrevistarse con el Ministro.
entristecerse con, de, por las malas
  noticias.
entrometerse en los asuntos ajenos,
  -entre marido y mujer.
entroncar (una cosa) **con** otra.
entronizar (a la amada) **en** su corazón.
entusiasmarse con algo.
envanecerse con, de, en, por el triunfo.
envejecer con, de, por el duro trabajo,
  -en el oficio.
envenenar al papá, **-con** cianuro.
envenenarse de comer setas.
enviar (a alguno)**al** pueblo, **-con** un
  regalo, **-de** embajador, **-por** fruta.
enviciarse con, en el juego.
envolver o **envolverse
  con, en, entre** mantas.
enzarzarse en una discusión.
equidistar de Sevilla y Granada.
equipar con, de lo necesario.
equiparar (una cosa) **a, con** otra.
equivaler (veinte duros) **a** cien pesetas.
equivocar (una cosa) **con** otra.
equivocarse al hablar, **-con** otro,
  -de número, **-en** algo.
erigir en rey.
erigirse en juez.
errar en la vida, **-por** las calles.
escabullirse de la trampa,
  -entre, de entre, por entre la
  multitud.
escapar a la calle, **-con** vida, **-de** la
  cárcel, **-en** un coche, **-sobre** un
  caballo.
escarbar en los secretos.
escarmentar con la desgracia,
  en cabeza ajena.
escindirse en dos partes.

escoger del, en el montón,
  -entre todas, **-para, por** mujer.
esconderse a la persecución, **-de** la
  policía, **-en** el desván, **-entre** las
  matas.
escribir a máquina, **-de, sobre** filosofía,
  -desde Madrid, **-en** español, **-para** el
  cine, **-por** el correo.
escrupulizar en pequeñeces.
escuchar con recogimiento,
  -en silencio.
escudarse con fuerza, **-contra** el muro,
  -de la religión, **-en** la autoridad.
escudriñar (el mar) **en** busca de los
  barcos, **-entre** los libros.
esculpir a cincel, **-en** mármol.
escupir a la cara, **-en** el suelo,
  -por el colmillo.
escurrirse al suelo, **-de, de entre,
  entre** las piernas, **-en** la propina.
esforzarse a, en trabajar,
  -para no dormirse, **-por** ganar
  dinero.
esfumarse de la vista, **-en** la lejanía.
esmaltar con, de adornos.
esmerarse en alguna cosa,
  -por ser amable.
espantarse al, con, de, por el ruido.
especializarse en medicina.
especular con terrenos, **-en** bolsa.
esperar a que llegue,
  -de, en los amigos, **-para** cenar.
espolvorear con azúcar.
establecerse de médico, **-en** Sevilla.
estafar con, en la compra.
estampar a mano, **-contra** el muro,
  -en madera, **-sobre** seda.
estar a, bajo la orden de otro,
  -con, en ánimo de viajar, **-contra**
  todo, **-de** regreso, **-en** casa, **-entre**
  amigos, **-para** salir, **-por** el Rey, **-sin**
  calma, **-sobre** ello, **-tras** ella, **-tras de**
  ese asunto.
estimar (a alguien) **como** amigo,
  -en miles de pesetas.
estimular al trabajo, **-con** dádivas.
estirar de la cuerda.
estragarse con el alcohol,
  -por la mala comida.
estraperlear con las mercancías.
estrechar entre brazos.
estrecharse con alguno,
  -en las propinas.

estregar con el estropajo.
estregarse contra la pared.
estrellarse con alguno, -contra un
   árbol, -en el suelo, -sobre la calzada.
estremecerse de miedo.
estrenarse con una obra maestra.
estribar (el pie) en el travesaño.
estudiar con los jesuitas, -en los
   clásicos, -para médico, -sin profesor.
evadirse de la prisión.
evaluar (la herencia) en cinco millones.
exagerar con la bebida, -en la dosis.
examinar o examinarse a fin de curso,
   -de gramática, -en Salamanca, -por
   Navidad.
exceder (la realidad) a la ficción,
   -del proyecto, -en autoridad.
excederse a sí mismo,
   -de sus facultades, -en regalos.
exceptuar (a alguien) de la regla.
excitar a la violencia.
excluir (a alguien) de algún sitio.
exculpar (a alguien) de una falta.
excusarse con su amigo,
   -de hacer algo, -por llegar tarde.
exhortar a cambiar de vida,
   -con razones.
exhumar (algo) del olvido.
eximir o eximirse del servicio militar.
exonerar del impuesto.
expansionarse con el amigo.
expeler del reino, -por la boca.
explayarse con los amigos,
   -en discursos.
exponerse a un desastre,
   -ante el enemigo.
expresarse de palabra, -en francés,
   -por escrito.
expulsar (a alguien) de algún sitio.
extender sobre la hierba.
extenderse a, hasta mil duros,
   -de norte a sur, -desde, hacia el
   Norte, -en digresiones, -por el suelo.
extraer de la mina.
extralimitarse en sus facultades.
extrañar de la patria.
extrañarse de su amigo.
extraviarse a otra cuestión,
   -del camino, -en sus opiniones, -para
   la sierra, -por el bosque.

f

faltar a la cita, -de Madrid, -en algo,
   -(una peseta) para mil, -por saber.
fallar a favor del, contra, en contra del,
   en favor del acusado, -con, en tono
   magistral.
fallecer a manos del enemigo,
   -de muerte violenta.
familiarizarse con las costumbres de
   otro país, -en el manejo del nuevo
   coche.
fastidiarse al andar,
   -con, de la charla de alguno.
fatigarse de subir, -en disculpas,
   -por atraer la atención.
favorecer a María, -con dinero.
favorecerse de alguien.
felicitarse del éxito de un amigo.
fiar (alço) a, de alguien, -en el contable.
fiarse a, de, en un amigo.
fichar por el Real Madrid.
figurar como, de director,
   -(mucho) en Madrid.
fijar a, en la pared, -con cola,
   -de arriba abajo.
fijarse en un buen propósito.
firmar con sello, -de propia mano,
   -en blanco, -por su principal.
fisgar en la maleta de otro.
flamear al viento, -en el aire.
flaquear en la virtud,
   -por los cimientos.
flojear de las piernas, -en el esfuerzo.
florecer de sabiduría.
fluctuar en, entre dudas.
fluir (el agua) de la fuente,
   -por el caño.
forjar (el hierro) en barras.
formar (al alumno) con el buen ejemplo,
   -(quejas) de un amigo, -en fila, -entre
   los revolucionarios, -por secciones.
forrar de, con,, en pieles.
fortificarse con barricadas,
   -contra el enemigo, -en la muralla.
forzar a salir, -con algo.
fracasar como futbolista,
   -en las oposiciones.
franquearse a, con alguien.
freír a preguntas, -con, en aceite.
frisar (una moldura) con, en otra.
frotar (una cosa) con, contra otra.
fugarse de la cárcel.

fumar con boquilla, **-en** pipa.
fundarse en razón.
fundirse al sol, **-con** el calor.

g

ganar al ajedrez, **-con** el cambio,
-de oposición, **-en** nivel, **-para** vivir,
-por la mano.
gastar con gracia, **-de** su fortuna,
-en banquetes.
girar a, **hacia** la izquierda, -(una letra)
a cargo de alguien, **-alrededor del,**
sobre el eje, **-contra** otro, **-de** una
parte a otra, -(una cosa) **en torno a**
otra, **-por** tal parte.
gloriarse de alguna cosa,
-en el Señor.
gobernarse por consejos.
golpear con un bastón.
gotear (el agua) **del** tejado.
gozar o **gozarse** con, en el bien
público, **-del** bienestar.
grabar al aguafuerte, **-con** cincel,
-en cobre, **-sobre** madera.
graduar de bachiller.
graduarse de licenciado, **-en** ciencias.
granjear (la voluntad) a, de alguien,
-para sí.
gravar con impuestos, **-en** mucho.
gravitar sobre algo.
guardar bajo, con llave, -(la casa)
contra los ladrones, **-del** frio,
-en la memoria, **-entre** las mantas,
-para el invierno.
guardarse de los enemigos.
guarecerse bajo techo, **-del** frio,
-en una cabaña.
guarecerse (una cosa) con, de otra.
guasearse de alguien.
guerrear con, contra Francia.
guiar (a alguien) a la victoria,
a través de, por la selva, **-con** la
mano, **-en** las dificultades, **-hacia** el
acantilado, **-hasta** la puerta.
guiarse por el ejemplo,
-con un indigena.
gustar de chanzas.

h

haber de morir, -(dinero) **en** caja,
-(siete) **para** una, **por** plaza.
habilitar (a uno) **con** dineros,
-de ropa, -(la nave) **para** el hospital.
habitar bajo techo, **-con** su tía,
-en Avila, **-entre** animales.
whabituarse al calor.
hablar acerca de algo, **-al** jefe,
-con alguno, **-de, en, sobre** alguna
cosa, **-en** nombre de alguien, **-entre**
dientes, **-por** sí, **-sin** ton ni son.
hacendar (un hijo) **con** tierras.
hacendarse en Granada.
hacer a ambas manos, -(mucho) **con**
poco trabajo, **-de** héroe, -(algo) **en**
regla, **-para** sí, **-por** alguno.
hacerse a las armas, **-con, de** buenos
amigos, -(algo) **en** debida forma.
hallar (la solución) **al** problema,
-(una cartera) **en** la calle.
hallarse a, en la fiesta, **-con** una
pared, **-de** vacaciones.
hartar o **hartase** a insultos,
-de comer, **-con** jamón.
hastiarse al estudiar,
-con los estudios, **-de** todo.
helarse de frio.
henchir (el colchón) **con, de** lana.
heredar al padre, **-de** su abuelo,
-en, por linea directa.
herir de muerte, **-en** la estimación.
hermanar o **hermanarse** dos a dos,
-(una cosa) **con** otra, **-entre** sí.
herrar a fuego, **-en** frio.
hervir a fuego lento, **-con** agua,
-de gente, **-sobre** el fuego.
hincar (el pie) en en lodo.
hincarse de rodillas.
hincharse a comer,
-con las alabanzas, **-de** beber.
hipar por ir al cine.
hocicar con, contra, en alguna cosa.
holgarse con, de alguna cosa.
hombrearse con los mayores.
honrarse con la amistad,
-de, en complacer.
horrorizarse con, de todo.
huir al desierto, **-ante** los peligros,
-de la ciudad.
humanarse con los vencidos.
humedecer con, en agua.

humillarse al Rey, -ante Dios,
-con los fuertes.
hundirse en el agua.
hurgar en la herencia.
hurtar (el cuerpo) al trabajo,
-de la tela, -en el precio.
hurtarse a los ojos, -de otro.

i

identificar (una cosa) con otra.
igualar o **igualarse** a, con otro,
-en saberes.
imbuir (a uno) de, en ideas falsas.
imitar a alguien, -en la voz.
impeler (a uno) a una acción.
impetrar (algo) del Gobernador.
implicarse con alguno, -en un crimen.
imponer (una pena) al reo,
-(dinero) en el banco, -(un impuesto)
sobre el tabaco.
importar (mucho) a alguno,
-(mercancías) de América,
-a, en España.
importunar con las pretensiones.
impregnar con, de, en gasolina.
impregnarse de, en gasóleo.
imprimir con, de letra nueva,
-en el ánimo, -sobre papel.
incapacitar para el cargo.
incautarse de algo.
incidir en culpa.
incitar a la sublevación, -contra otro,
-para guerrear.
inclinar (a alguno) a la virtud,
-en favor.
inclinarse a la amistad,
-ante la amenaza, -hasta el suelo,
-por el estudio.
incluir en la lista, -entre los mejores.
incorporar (un asunto) a, con, en otro.
inculcar en su pensamiento.
inculpar de un crimen.
incumbir (una acción) a otra persona.
incurrir en infracción.
indemnizar (a una persona) con dinero,
-del accidente, -por el perjuicio.
independizarse de los padres,
-en el aspecto económico.
indigestarse con fruta,
-de comer pasteles.

indignarse con, contra alguien,
-de, por una mala acción.
indisponer (a uno) con, contra el jefe.
inducir (a uno) a pecar, -en error.
indultar (a alguno) de la pena,
-por Semana Santa.
infatuarse con el éxito.
inferir (una cosa) de, por otra.
infestar (un pueblo) con, de una
enfermedad.
inficionar con malos ejemplos.
infiltrarse en el campo enemigo,
-entre los enemigos.
inflamar o **inflamarse** de cólera,
-en ira.
influir ante el tribunal, -con el jefe,
-en la sentencia, -para el indulto,
-sobre el resultado.
informar (a alguno) de, en, sobre
alguna cosa.
infundir (fuerzas) a, en alguno.
ingeniarse a vivir, -con poco,
-en construir, -para ir viviendo.
ingerir de golpe, -por la boca.
ingerirse en cosas de otros.
ingresar en la Universidad.
inhabilitar (a alguno) de un oficio,
-para cargos.
inhibirse (el juez) de, en el
conocimiento de una causa.
iniciar o **iniciarse** a, en la ciencia.
injerir a púa, -de escudete,
-(una rama) en un árbol.
inmiscuirse en un asunto.
inmolar (el honor) a la riqueza,
-(la vida) en aras de la patria.
inquietarse con, de, por la salud.
inscribir o **inscribirse** en algún sitio.
insertar (un documento) en otro.
insinuarse a una mujer,
-con los poderosos, -en el ánimo del
rey.
insistir en la demanda,
-sobre el testigo.
insolentarse con, contra el jefe.
inspirar (una idea) a, en alguno.
inspirarse de Picasso.
instalar en su coche.
instar (a alguien) a obrar, -para el éxito,
-por un apoyo, -sobre el negocio.
instigar (a uno) a cometer un delito.
instruir del peligro, -en la virtud,
-sobre matemáticas.

insurreccionarse contra la República.
integrar o **integrarse** en un grupo.
intentar (una acusación) a, contra Juan.
intercalar (una frase) en la
conversación.
interceder con alguno,
-en favor de alguien, -por otro.
interesarse con algo, -en la empresa,
-por Ana.
interferirse en una emisión.
internarse en el bosque, -por la selva.
interpolar (unas cosas) con, entre otras.
interponer (su autoridad) con alguno,
-por otro.
interponerse entre adversarios.
interpretar del español al inglés,
-en castellano.
intervenir cerca del Presidente,
-con el juez, -en el reparto, -para el
ajuste, -por el reo.
intimar con Juana.
introducir o **introducirse** con mps
que mandan, -en, por alguna parte,
-entre los soldados.
inundar de agua, -(el suelo) en sangre.
invernar en Málaga.
invertir en tierras.
in vestir (a alguien) con una dignidad,
-de doctor.
invitar a cenar, -con un gesto.
involucrar (asuntos extraños) en el
tema.
ir a, hacia Burgos, -bajo custodia, -con
su novio, -contra el adversario, -de
compras, -de un sitio a otro, -de mal
en peor, -de acápara allá, -desde un
sitio a otro, -desde un sitio hasta
otro, -en coche, -en busca de, en pos
de alguien, -entre fusiles, -hasta,
para Barcelona, -por mal camino,
-sobre el rio, -tras el fugitivo.
irritarse con, contra todos.
irrumpir en la reunión.

j

jactarse de rico.
jaspear (una pared) de negro, blanco
y verde.
jubilar del trabajo.
jugar a las carts, -(unos) con otros,

-contra los demás, -de manos,
-en la loteria, -(alguna cosa) por otra.
juntar (una cosa) a, con otra,
-(ovejas y cabras) en el rebaño,
-(varias cosas) por los extremos.
jurar en vano, -por Dios,
-sobre los evangelios.
justificarse ante el Director,
-con el jefe, -de algún cargo, -para
con el superior, -(la medida) por sí
misma.
juzgar a alguien, -como improcedente,
-de alguna cosa, -en derecho, -entre
las partes, -por, sobre las
apariencias, -según la costumbre.

l

laborar en beneficio de, en favor de la
humanidad, -por el bien del país.
labrar a cincel, -de mañana,
-en el alma.
ladear (el cuerpo) a, hacia la izquierda.
ladearse a la derecha, -con un amigo,
-por un partido.
ladrar a la Luna.
lamentarse de, por la infelicidad.
languidecer de pena.
lanzar (piedras) al, contra el adversario,
-de la torre.
lanzarse al agua, -contra el toro,
-en el mar, -hacia la izquierda,
-sobre la liebre.
lastimarse con una espina, -contra la
pared, -de la noticia, -en un clavo.
lavar con jabón, -en el baño.
leer a Baroja, -con calma, -de corrido,
-en voz alta, -entre líneas, -sobre
electrónica, -por encima.
legar (una obra) a la posteridad.
levantar al niño, -del suelo,
-en brazos, -por las nubes, -sobre la
cabeza.
levantarse con una cosa, -contra la
autoridad, -de la silla, -en armas,
-hasta arriba, -sobre la punta de los
pies.
liar con cuerdas.
liarse a palos, -con una mujer.
libertar al prisionero.
libertarse del peligro.
librar a cargo de, contra un banco,

-de riesgos, -(su esperanza) en Dios,
-sobre una plaza.
licenciarse del ejército,
-en Filosofía y Letras.
lidiar con la muleta,
-contra los animales, -por la fe.
ligar (una cosa) **a, con** otra.
ligarse con, por su promesa.
limitar con Portugal, -por el Norte.
limitarse a copiar.
limpiar con el pañuelo, -de sangre,
-en la blusa.
limpiarse con la toalla, -de pecado,
-en el paño.
lindar (una finca) **con** otra.
lisonjearse con, de esperanzas.
litigar con, contra su hermano,
-de, por pobre, -sobre una herencia.
loar (a alguien) **de** sabio, -por
sabiduría, -(una cosa) **en** su persona.
localizar (una epidemia) **a, en** una
región.
lograr (algo) **de** alguien.
lucir ante las gentes, -bajo el sol,
-sobre el corpiño, -tras la montaña.
lucirse en una prueba.
lucrarse a costa ajena.
luchar con, contra el enemigo,
-por la victoria.
ludir (una cosa) **con, por** otra.

ll

llamar a la puerta, -con la mano,
-de tú a otro, -por señas.
llamarse a engaño
llegar a casa, -de Francia, -en coche,
-hasta el Presidente, -por la rodilla.
llenar con, de trıgo, -hasta la boca.
llevar a casa, -con paciencia,
-en coche, -por tema, -sobre el lomo.
llevarse (bien) **con** el vecino, -de la ira,
-por delante.
llorar de alegría, -por la desgracia.
llover a cántaros, -sobre el campo.

m

maldecir al enemigo, -de todo.
malearse con los amigotes.

malgastar (el dinero) **en** tonterías.
maliciar de cualquiera,
-en cualquier cosa.
malmeter (a uno) **a** hacer cosas malas,
-con otro.
malquistarse con un compañero.
maltratar al animal, -de palabra,
-hasta herirlo.
mamar (un vicio) **con, en** la leche.
manar (agua) **de** una fuente,
-en la riqueza.
mancomunarse con otros.
manchar (la ropa) **con** sangre,
-de grasa.
mandar (una carta) **al** correo, -de
emisario, -(a uno) **con** la música a
otra parte, -en su casa, -por dulces.
mangonear en todo.
manifestarse en política,
-por la ciudad.
manipular con cuidado,
-en la máquina.
mantener (correspondencia) **con**
alguno, -en buen estado.
mantenerse con, de fruta, -en forma.
maquinar contra alguno.
maravillarse con, de la noticia.
marcar a fuego, -con hierro, -por
suyo.
marchar o **marcharse a** Granada,
-de Madrid, -de Madrid a Sevilla,
-desde Sevilla **hasta** Granada,
-hacia Toledo, -para Valencia, -por
carretera, -sin despedirse.
matar (a alguien) **a** palos, -con un palo,
-contra la pared, -de un disgusto.
matarse a trabajar, -con otro, -contra
un muro, -por ganar dinero.
matizar con, de rojo y amarillo.
matricularse de oyente,
-en la Universidad, -por libre.
mecer al niño, -con fuerza, -en la cuna,
-sin ritmo.
mediar con alguno, -en una querella,
-entre los parientes, -por un
hermano.
medir a palmos, -(una cosa) **con** otra,
-por varas.
medirse con Marta, -en la pared.
meditar en solitario, -entre sí,
-sobre el asunto.
medrar en riqueza.
mejorar de, en condición.

merecer con, de, para con alguno,
-para conseguir.
mermar (el jamón) en medio kilo.
merodear por los alrededores.
mesurarse en las acusaciones.
meter (al hijo) a trabajar, -de camarero,
-en cintura, -(una cosa) entre otras
varias, -por vereda.
meterse a gobernar, -bajo un árbol,
-con los que mandan, -de chófer,
-de cabeza en el agua, -en casa, -en
la cama con fiebre, -entre gente ruin,
-por medio.
mezclar (sal) a la harina,
-(una cosa) con otra, -en vino.
mezclarse a la gente,
-con mala gente, -en varios
negocios, -entre el público.
mirar a la cara, -con buenos ojos,
-de reojo, -hacia el Sur, -por alguno,
-por encima del, sobre el hombro.
mirarse al espejo, -(bien) antes de
hacer algo, -en el agua.
moderarse en la expresión.
mofarse del público.
mojar en salsa.
moler a palos, -con impertinencias.
molerse a trabajar.
molestar con acciones.
molestarse en vigilar.
montar a, sobre el caballo, -en cólera.
morar en un castillo.
morir a manos del contrario, -de viejo,
-en la cama, -entre enemigos,
-para los amigos, -por nada.
morirse de frío, -por llegar pronto.
mortificarse con penitencias, -en algo.
motejar (a uno) de ignorante.
motivar (el decreto) con, en buenas
razones.
mover o **moverse** a piedad,
-con lo que dice, -de un sitio a otro,
-por egoísmo.
mudar a otro sitio, -de ropa,
-(el agua) en vino.
mudarse de casa, -(el favor) en desvío.
multiplicar (un número) por otro.
murmurar de la gente.

n

nacer al mundo del teatro, -con dinero,
-de buena familia, -en Granada,
-para músico.
nacionalizarse en España.
nadar a braza, -de espaldas,
-en la piscina, -entre dos aguas,
-hacia la costa.
navegar a, para Canarias, -con buen
viento, -contra el viento, -de bolina,
-en un yate, -entre dos aguas, -hacia
Vigo.
necesitar de auxilios, -para comer.
negarse al trato.
negociar con madera.
nivelarse a su vecino, -con los ricos.
nombrar para gobernador.
notar con esmero, -(a alguien) de
hablador, -(faltas) en obras ajenas.
nutrirse con carnes y frutas,
-de leche fresca, -en sabiduría.

o

obedecer al director, -con rapidez,
-sin dudarlo.
obligar a devolver, -con su actitud,
-por fuerza.
obrar a la ligera, -como conocedor,
-con maldad, -en poder de alguien,
-por amor.
obsequiar con flores.
obstar (una cosa) a, para otra.
obstinarse contra alguno,
-en su opinión.
obtener (un producto) con otro,
-(algún favor) de otro.
ocultar a alguien, -con una cortina,
-de la vista, -detrás de la casa,
-entre los árboles, -tras la montaña.
ocuparse con un megocio,
-de sus prades, -en trabajar.
ocurrir con rapidez.
odiar a, de muerte.
ofenderse con los insultos,
-de los agravios, -por todo.
ofrecerse a servir, -de acompañante,
-en holocausto, -para ayudar,
-por servidor.
ofrendar (la vida) a, por la patria.
oír bajo confesión, -con atención,
-del Juez, -en secreto, -por sí mismo.

oler a rosas.
olvidarse de María.
operarse del estómago.
opinar acerca de Luis, -con mi socio,
 -(bien) de alguien, -en , sobre política.
oponer (una barrera) a ,contra la nieve.
oponerse a la justicia, -con razón.
opositar a cátedra.
oprimir al pueblo, -bajo su poder,
 -con impuestos.
optar a , por un empleo,
 -entre varios candidatos.
orar en favor de , por los vivos.
ordenar u **ordenarse** de sacerdote,
 -en columnas, -por asignaturas.
orientar u **orientarse** a ,hacia Levante,
 -por los estrellas.
orzar a popa, -de avante.

p

pactar con el enemigo, -entre sí,
 -por bueno.
padecer con , de , en , por la injusticia.
pagar a los trabajadores, -en dinero,
 -con palabras, -de su fortuna,
 -para Navidad, -por otro.
paladearse con un dulce.
paliar (un problema) con ayuda.
palidecer ante , bajo , con los peligros,
 -de cólera.
palpar con la mano, -entre las ropas,
 -por sus manos.
parapetarse con sacos terrenos,
 -de los tiros, -en su habitación, -tras
 el secreto profesional.
parar a la puerta, -en casa, -de frente.
pararse a descansar, -ante la catedral,
 -con su mujer, -de golpe, -en la calle,
 -entre dos estaciones, -para comer,
 -por algún sitio.
parecer ante el juez, -en alguna parte.
parecerse a su padre, -de cara,
 -en los ojos.
participar del beneficio
 -en el negocio.
particularizarse con el amigo,
 -en el trato.
partir a , para Francia, -(la capa) con el
 pobre, -de Portugal, -en trozos,
 -entre amigos, -hacia Roma, -para
 Milán, -por la mitad.
pasar a casa, -ante el juez, -bajo el

tiroteo, -de moda, -de Zaragoza a
Madrid, -(No) de ser un error, -en
silencio, -entre montañas, -por la
calle, -por entre los árboles, -sobre el
dibujo.
pasear al enemigo, -con poco,
 -de listo, -por casa, -sin 'dinero.
pasear a orilla del rio, -con Victoria,
 -en barco, -por el parque,
 -sobre el césped.
pasearse a caballo, -con otro,
 -en, por el campo, -sobre el césped.
pasmarse con la nevada, -de frío.
pavonearse con , de su triunfo.
pecar con la mirada, -contra la ley,
 -de ignorante, -en alguna cosa, -por
 exceso.
pechar con un trabajo.
pedir al Ministro, -contra la ley,
 -de derecho, -desde joven, -en
 justicia, -para otro, -por Dios.
pegar a la puerta, -con cola, -contra ,
 en la pared, -(golpes) sobre la mesa.
pelear a puñetazos, -con espada,
 -contra la adversidad,
 -en defensa de algo, -por la familia.
pelearse a muerte, -(uno) con otro,
 -por la fortuna.
peligrar de muerte, -en el agua.
penar de amores, -en la cárcel,
 -por sus hijos.
pender ante el tribunal, -de un hilo,
 -en la cruz, -(una amenaza) sobre
 nuestras vidas.
penetrar en casa, -entre , -por entre las
 columnas, -hacia el corazón, -hasta
 las entrañas, -por lo más espeso.
penetrarse de razón.
pensar (algo) de alguien, -en el novio,
 -entre sí, -para consigo,
 -sobre filosofía.
percatarse del peligro.
percibir al día, -como obsequio,
 -de regalo, -por el trabajo.
perdez al ajedrez, -de vista, -en el juego.
perderse de vista, -en el bosque,
 -entre la maleza, -por atrevido.
perecer a manos del enemigo,
 -de sed, -en el accidente.
perecerse por una mujer.
peregrinar a Roma, -por los templos.
perfumar con incienso.
permanecer con su madre, -en Avila,

-**hasta** Junio, -**por** Navidad, -**sin** falta,
-**tras** la montaña.
permutar (un objeto) **con**, **por** otro.
perpetuar (el recuerdo) **de** los caídos,
-(su fama) **en** la posteridad.
perseguir a caballo, -(el bienestar) **del**
pueblo, -(un puesto) **en** un
ministerio, -**entre** los árboles, -**por** el
campo.
perseverar en el estudio.
persistir en una idea.
personarse ante la policía,
-**en** la comisaría.
persuadir a María, -**con** razones,
-**de** los hechos, -**por** su bondad.
pertenecer a un grupo.
pertrecharse con, **de** lo necesario.
piar por la comida.
picar de, **en** todo.
picarse con alguno, -**de** puntual,
-**en** el deporte, -**por** una broma.
pinchar con el palillo, -**en** hueso.
pintar al óleo, -**con** pintura, -**de** rojo,
-**en** el muro.
pirrarse por la música.
pisar con las botas, -**en** el cuello,
-**por** la calle, -**sobre** el barro.
pitorrearse de alguien.
plagarse de mosquitos.
plantar en la huerta.
plantarse en Málaga.
plasmar en alguien (algo).
pleitear con su socio,
-**contra** el vecino, -**por** pobre.
poblar con chopos, -**de** pinos,
-**en** buena tierra.
poblarse de gente.
poder a todos, -**con** el peso,
-**de** atracción, -**para con** alguno.
ponderar (algo) **de** grande.
poner a trabajar, -**ante** los hechos,
-**bajo** tutela, -**como** nuevo, -(bien)
con otro, -**contra** la pared, -**de**
alcalde, -(dos horas) **de** París a
Madrid, -**en** duda, -**entre** la espada y
la pared, -**por** las nubes, -**sobre** la
mesa.
ponerse a escribir, -**ante** la puerta,
-**bajo** un árbol, -**como** una sopa,
-**contra** la ley, -(bien) **con** Dios,
-**de** muestra, -**en** guardia, -**entre** los
contendientes, -**por** medio, -**sobre** el
tejado.

porfiar con su amigo, -**contra** alguno,
-**en** la calle, -**hasta** vencer,
-**sobre** lo mismo.
portarse como un hombre,
-**con** arrojo.
portear en hombros.
portearse con el camión, -**por** tren.
posar ante la cámara, -**en** una rama,
-**para** el pintor, -**sobre** la mesa.
posesionarse de la herencia.
posponer (el interés) **a** la honra.
postrarse a los pies, -**ante** el altar, -**de**
dolor, -**en** cama, -**por** suelo.
practicar en una escuela.
precaverse contra la enfermedad,
-**del** calor.
preceder en antigüedad.
preciarse de valiente.
precipitarse al vacío, -**del** balcón,
-**desde** el tejado, -**por** la borda.
predestinar (un hijo) **al**, **para** el
sacerdocio.
predisponer (a alguien) **a** hacer, **a**
favor de, **en** contra de, **en** favor de
algo, -**para** sentenciar.
predominar en casa, -**sobre** todos.
preferir a Pedro, -**entre** todos,
-**para** médico.
preguntar a Isabel, -**con** insistencia,
-**para** saber, -**por** el correo.
prendarse de una mujer.
prender (una cosa) **a** otra, -**con** alfileres,
-**de** un gancho, -**en** la tierra.
prenderse en un clavo.
preocuparse con, **de**, **por** algo.
prepararse a, **para** la lucha,
-**con** armas, -**contra** el frío.
preponderar (una cosa)
sobre otra.
prescindir de alguna cosa.
presentar para un cargo.
presentarse al general,
-**bajo**, **con** mal aspecto, -**de**, **por**
candidato, -**en** la estación.
preservar o **preservarse** contra el
peligro, -**de** la enfermedad.
presidir en un tribunal,
-**por** antigüedad.
prestar a un amigo, -(la dieta) **para** la
salud, -**sobre** garantía.
presumir de rico, -**con** todos.
presupuestar (los gastos) **en** diez mil
pesetas.

235

prevalecer entre todos,
-sobre la injusticia.
prevenir contra el mal, -de un peligro,
-en contra de, en favor de otro,
-sobre algo.
prevenirse al, contra el peligro,
-de,, con lo necesario, -en la ocasión,
-para un viaje.
principiar con, en, por tales palabras.
pringarse con, de aceite,
-en una miseria.
privar con el monarca,
-(a alguno) de lo suyo.
probar a saltar, -de todo.
proceder a una elección, -como un
caballero, -con, sin acuerdo, -con-
tra los morosos, -de oficio, -en justicia, -sin orden.
procesar por ladrón.
procurar para, por sus hijos.
producir ante el juez, -de todo,
-en juicio.
producirse de,, por todo,
-en forma violenta.
progresar en el trabajo.
prohibir bajo pena, -de nuevo.
prolongar (un plazo) al deudor.
prometer a la niña, -en casamiento,
-por esposa.
promover (a Juan) a Director,
-para gobernador.
pronunciarse en favor de Andrés,
-por Antonio.
propagar en, entre el pueblo,
-por la ciudad.
propagarse (el incendio) al piso
superior.
propasarse a murmurar,
-en la amistad.
propender a la confianza.
proponer (la paz) al enemigo, -(a uno)
en primer lugar, -para secretaria, -(a
uno) por árbitro.
proporcionar o proporcionarse a
las fuerzas, -con, para alguna cosa.
prorratear entre varios.
prorrogar por dos años.
prorrumpir en lágrimas.
proseguir con, en el trabajo.
prosternarse a, para pedir,
-ante el altar, -en tierra.

prostituir (el ingenio) al oro,
-en Barcelona, -por dinero.
proteger (a alguien) en sus designios.
protegerse con ropa de invierno,
-contra el frío, -del sol.
protestar contra la calumnia,
-de su inocencia, -por esas palabras.
proveer a la necesidad pública,
-(la plaza) con, de víveres, -en
justicia, -entre partes.
provenir de otra familia.
provocar a ira, -con insultos.
proyectar en, sobre la pantalla.
prudenciarse en los gastos.
pugnar con, contra el enemigo,
-en defensa de otro, -para, por
librarse.
pujar con, contra las dificultades,
-en, sobre el precio, -por alguna
cosa.
purgar (un libro) de errores,
-(una pena) por un crimen.
purgarse con aceite de ricino,
-de la culpa.
purificarse con agua, -de sus culpas.

q

quebrantar con, por el trabajo,
-de miedo.
quebrar (el corazón) a su amada,
-con un amigo, -en mil millones, -por
lo más fino.
quebrarse (el ánimo) con,, por las
dificultades.
quedar a deber, -con Alberto
en tal cosa, -de pies, -en el paseo,
-para contarlo, -por valiente.
quedarse a oscuras, -con la casa,
-de pies, -en cama, -entre bastidores,
-para contarlo, -por amo, -sin blanca.
quejarse a,, de Luis.
quemarse con el fuego,
-de la respuesta, -por la mala
gestión.
querellarse al alcalde, -ante el juez,
-contra, de su socio.
querer con locura.
quitar a alguien, -del medio.
quitarse de enredos.

r

rabiar **con, contra** el jefe, **-de** hambre,
  -por quedar bien.
radiar **en, por** esta longitud.
radicar **en** el Escorial.
raer **con** fuerza,
  -(la mancha) del escrito.
ratificarse **en** lo dicho.
rayar **a** gran altura, **-con** la frontera,
  -en lo grandioso.
razonar **con** el profesor,
  -sobre álgebra.
rebajar **a** cinco pesos, **-con** agua,
  -(un precio) de otro.
rebajarse **a** disculparse,
  -ante el público, **-de** rancho.
rebasar **del** límite.
rebatir **(una razón) con** otra,
  -(una cantidad) de otra.
rebelarse **contra** el gobierno.
rebosar **de** alegría, **-en** agua,
  -hasta el borde.
recabar **(una cosa) con, de** Pedro.
recaer **(la elección) en, sobre** el más
  digno.
recapacitar **sobre** un asunto.
recargar **(el café) de** azúcar.
recatarse **de** las gentes.
recelar **o** recelarse **del** adversario.
recetar **al** enfermo, **-con** acierto,
  -contra el mal.
recibir **a, en** cuenta, **-(a uno) de, como**
  criado, **-por** esposa.
reclamar **a, de** Ramón, **-ante** el juez,
  -contra un pariente, **-en** juicio, **-para**
  él, **-por** su bien.
reclinar **(la cabeza) contra, en** la
  pared, **-sobre** la mano.
reclinarse **en, sobre** el respaldo.
recobrarse **de** la enfermedad.
recoger **a, de** mano real,
  -con el cinturón, **-en** su casa.
recogerse **a** casa, **-en** sí mismo.
recompensar **al** trabajador, **-con** el
  sueldo, **-del** esfuerzo, **-en** metálico,
  -por su fidelidad, **-tras** la batalla.
reconcentrarse **(el odio) en** el
  corazón.
reconciliar **o** reconciliarse **con** su
  adversario.
reconocer **a** Luisa, **-ante** el público,

-(a uno) como, por hijo, **-(mérito) en**
  una obra, **-entre** ambos.
reconquistar **(Granada) de** los
  moros.
reconvenir **(a alguno) con, de, por,**
  sobre algo.
reconvertir **en** dólares.
recorrer **(España) de** un extremo **al**
  otro, **-desde** un extremo **hasta** el
  otro.
recostarse **en, sobre** la cama.
recrearse **con** la pintura, **-en** oír
  música.
recubrir **(la mesa) con** un mantel,
  -de flores.
recurrir **a** un amigo,
  -contra, de la sentencia.
reducir **a** la mitad, **-de** precio.
reducirse **a** lo más preciso,
  -en los gastos.
redundar **en** beneficio.
reemplazar **(a una persona) con, por**
  otra, **-(a Juan) en** su trabajo.
reencarnarse **en** animal.
reengendrar **(a alguien) en** Cristo.
referirse **a** su negocio.
reflejar **(la luz) en, sobre** un plano.
reflexionar **en** solitario,
  -sobre el problema.
reformarse **en** el vestir.
refregarse **con** el estropajo,
  -contra la esquina.
refrescarse **con** agua, **-en** el río.
refugiarse **a, bajo, en** sagrado,
  -contra los tiros, **-entre** las ruinas.
refutar **(una teoría) con** hechos.
regalar **(el oído) a** alguien.
regalarse **con** buenas comidas,
  -en dulces recuerdos.
regar **a, ante** la puerta, **-con, de** llanto,
  -por la tarde.
regir **de** vientre.
regocijarse **con, de** la noticia,
  -por Luisa.
regodearse **con, en** alguna cosa.
regresar **a** Madrid, **de** París.
rehabilitar **(a uno) a** su antiguo cargo,
  -en su puesto.
rehogar **(la carne) a** fuego lento,
  -con aceite, **-en** manteca.
reinar **en** España, **-(el terror) entre** las
  gentes, **-sobre** la población.
reincidir **en** el crimen.

reincorporar (a uno) a su destino.
reintegrar a su puesto, **-en** sus bienes.
reintegrarse de lo suyo
reírse con Alfonso, **-de** Juan, **-en** las barbas de uno, **-entre** dientes, **-por** lo bajo, **-sin** parar.
relacionarse con otros, **-entre** sí.
relajar al brazo seglar.
relajarse del lado izquierdo, **-en** la conducta.
relamerse de placer.
relevar (a uno) del cargo.
rematar al toro, **-con** una copla, **-en** cruz.
remirarse al, en el espejo.
remitirse al original.
remontarse al, hasta el cielo, **-en** alas de la fantasía, **-por** los aires, **-sobre** los demás.
remover de su puesto.
renacer a la vida, **-con**, por la gracia, **-en** Jesucristo.
rendirse a la razón, **-con** el peso, **-de** fatiga.
renegar de la situación.
renunciar a un proyecto, **-(algo)** en otro.
reñir al, con el novio, **-entre** amigos, **-por** la herencia.
reparar (perjuicios) con favores, **-en** cualquier cosa.
repararse del daño.
repartir (alguna cosa) a, entre algunos, **-en** porciones iguales.
repasar por un camino.
repercutir (la subida del dólar) en los precios.
representar al rey, **-(su dolor)** con ademanes, **-en** el contrato, **-para** los jóvenes, **-sobre** un asunto.
representarse (una cosa) a, en la imaginación.
reprimirse de hablar.
reputar (a alguno) de inteligente, **-(la honra)** en mucho, **-por** honrado.
requerir de amores.
requerirse (tacto) en, para un negocio.
resaltar (un color) de otro.
resarcirse con maquinaria, **-de** una pérdida.
resbalar con la grasa, **-en**, sobre el hielo.

resbalarse de, de entre, entre las manos, **-por** la pendiente.
rescatar al olvido, **-(la plaza)** del enemigo, **-por** el mar.
resentirse con, contra alguno, **-de**, por lo dicho, **-en** el costado.
reservar para sí.
reservarse al comienzo, **-(el juicio)** acerca de algo, **-en** el combate, **-para** el final.
resfriarse con alguno, **-en** la amistad.
resguardarse con, contra la pared, **-de** los tiros.
residir en la ciudad, **-entre** salvajes.
resignarse a los sufrimientos, **-con** su suerte, **-en** la desgracia.
resistir a la violencia.
resolverse a salir, **-(el agua)** en vapor, **-por** unanimidad.
resonar (la ciudad) con, en cánticos de gozo, **-entre** montañas, **-hacia** el Sur.
respaldarse con, contra la tapia, **-en** la silla.
resplandecer a, con el sol, **-contra** el fondo, **-de** alegría, **-en** sabiduría, **-entre** los demás, **-por** la luz.
responder a la pregunta, **-con** la fianza, **-del** préstamo, **-por** otro.
restar (fuerzas) al enemigo, **-(una cantidad)** de otra.
restituir a Juan, **-bajo** confesión, **-con** dinero, **-en** tierras, **-(una cosa)** por entero.
restregar (una cosa) con, contra otra.
resucitar de entre los muertos.
resultar (un kilo) a cien pesetas, **-contra** su opinión, **-(una cosa)** de otra, **-en** beneficio de todos.
resumir o **resumirse** en dos palabras.
resurgir de la derrota.
retar a muerte, **-con** espada, **-de** traidor.
retener en la memoria.
retirarse a la sombra, **-con** éxito, **-de** la circulación.
retorcerse de dolor.
retornar a casa, **-con** sus hijos, **-de** lejos, **-(uno)** en sí.
retractarse de la acusación.
retraerse a alguna parte, **-de** alguna cosa.
retrasar en los estudios.

retratarse con su mujer,
 -en traje de baño.
retroceder a, de, hacia tal parte,
 -de un sitio a otro, -en el camino.
reunir a todos.
reunirse con amigos.
reventar de risa, -por hablar.
revertir en su provecho.
revestir o **revestirse** con, de
 facultades.
revolcarse en el barro, -por el suelo,
 -sobre el polvo.
revolver en el armario,
 -con un tenedor, -entre las sábanas.
revolverse al, contra, sobre el
 enemigo.
rezar a Dios, -con su madre,
 -en la ermita, -por los difuntos.
rimar (un verso) con otro.
rivalizar con América, -en hermosura,
 -por el número uno.
rodar de lo alto, -bajo los caballos,
 -por el suelo.
rodear (una ciudad) con, de murallas,
 -por el bosque.
roer para agujerear.
rogar a Dios, -por los pecadores.
romper a cantar, -con la novia,
 -en lágrimas, -por medio.
rozarse (una cosa) con otra,
 -contra el árbol, -en las palabras.

S

saber a leche, -de dificultades, -para
 sí, -por cierto.
saborearse con el chocolate.
sacar a la luz, -con bien, -de alguna
 parte, -de entre infieles, -en limpio,
 -por consecuencia.
saciar de viandas.
saciarse con poco, -de bebida.
sacrificarse a no gastar,
 -para mejorar, -por alguno.
sacudir (algo) de sí.
sacudirse de importunos.
salir a la calle, -con dirección a
 Granada, -contra alguno, -de
 Cartagena, -en los periódicos, -para
 Sevilla, -por fiador.
salirse con la suya, -de la norma.
salpicar con , de aceite.

saltar a tierra, -con una simpleza,
 -de gozo, -de mata en mata, -en el
 aire, -por la pared.
salvar al enfermo, -con cuidados,
 -de la muerte.
salvarse a nado, -con una balsa,
 -en el barco, -por pies.
sanar a María, -con hierbas,
 -de la enfermedad, -por ensalmo.
satisfacer a su novia,
 -con la condena, -por las culpas.
satisfacerse con algo, -de la deuda.
saturarse de ciencia.
secar al aire, -bajo el sol, -con un paño,
 -en el prado, -sobre la hierba.
secarse con, en la toalla, -de sed.
secundar (a uno) en sus proyectos.
segar a destajo, -con la hoz, -de sol a sol,
 -desde la carretera, -hacia el río,
 -hasta la tarde.
segregar (una cosa) a, de otra.
seguir con la empresa, -de cerca,
 -en el intento, -para Cádiz.
seguirse (una cosa) a, de otra.
sembrar (el camino) con, de flores,
 -en el huerto, -entre piedras, -por
 Abril.
semejar o **semejarse** (una cosa)
 a otra, -en algo.
sentarse a la mesa, -bajo el rosal,
 -de cabecera de mesa, -en un sillón,
 -junto al huésped, -sobre un cojín.
sentenciar a destierro, -en justicia,
 -por robo, -según la ley.
sentir con otro, -en el alma,
 -por un hombre.
sentirse con ánimos, -de la cabeza,
 -sin la pierna.
señalar con el dedo.
señalarse en la guerra, -por discreto.
señorearse de la ciudad.
separar (una cosa) de otra.
sepultar (a alguien) bajo tierra,
 -en el olvido.
ser (una cosa) a gusto de todos,
 -con usted, -de Soria, -(el mejor)
 entre los mejores, -para mí.
servir al Rey, -con armas, -de criado,
 -en palacio, -para criada,
 -por la comida, -sin sueldo.
servirse de la amistad,
 -en ,para un lance, -por la escalera
 falsa.

simpatizar con Felipe.
simultanear (una cosa) con otra.
sincerarse ante el juez, **-con** el amigo,
   -del error, **-desde** el comienzo,
   -hasta el final.
sincronizarse con las imágenes.
singularizarse con alguno, **-en** todo,
   -entre los suyos, **-por** su traje.
sisar al alma, **-de** la tela,
   -en la compra.
sitiar por tierra, mar y aire.
situarse en alguna parte,
   -entre dos ríos.
sobrenadar (el petróleo) en el mar.
sobrepasar (el gasto) al presupuesto,
   -en estatura.
sobreponerse a sus sentimientos.
sobrepujar en precio.
sobresalir (una piedra) del suelo,
   -en mérito, **-entre** todos, **-por** su
   ciencia.
sobresaltarse con, de, por la
   información.
sobreseer en la causa.
sobrevivir a alguien.
socorrer con comida, **-de** víveres.
solazarse con fiestas, **-en** el prado,
   -entre mujeres.
solicitar al presidente,
   -con el ministro, **-del** gobernador,
   -para, por sus padres.
soltar o **soltarse** (un niño) a andar,
   -con una tontería, **-de** la mano,
   -desde arriba abajo.
someterse a, bajo la autoridad.
sonar a hueco, **-en, hacia** tal parte,
   -para el Norte.
sonreír con sonrisa feliz, **-de** la idea,
   -por dentro.
soñar con las vacaciones,
   -en un mundo feliz.
sorprender al ladrón, **-con** la vista,
   -en la cama.
sospechar de, en alguien.
sostener al candidato, **-con** razones,
   -en el debate.
subdividir con justicia, **-en** partes.
subir a la torre, **-del** sótano,
   -desde el primer piso, **-en** ascensor,
   -hacia la cumbre, **-hasta** Sierra
   Nevada, **-por** la escalera, **-sobre** la
   mesa.
subordinar al mando.

subrogar (una cosa) con, en lugar de,
   para, por otra.
subsistir con, del dinero ajeno.
substituir a, por alguno, **-**(una cosa)
   con otra, **-**(un poder) en alguno.
substraerse a, de la obediencia.
subvenir a las necesidades.
suceder a José, **-con** Juan lo que con
   Luis, **-**(a alguno) en el empleo.
sucumbir a un nuevo ataque,
   -ante, bajo el enemigo.
sufrir a, de Juan lo que no se sufre a,
   de Luis, **-bajo** el cautiverio, **-con**
   paciencia, **-por** amor de Dios.
sujetar al niño, **-con** habilidad,
   -por los pies.
sujetarse a la norma, **-con** una mano.
sumarse a la manifestación.
sumergirse bajo, en el agua.
supeditar (los gastos) a los ingresos.
suplicar a la reina, **-ante** el Consejo,
   -(al tribunal) de la sentencia,
   -en recurso, **-por** el condenado.
suplir (una cosa) a, con otra,
   -en el puesto, **-por** otro.
surgir de la niebla, **-en** el horizonte,
   -entre los árboles.
surtir a la población, **-de** víveres.
suspender de una cuerda,
   -en las asignaturas, **-hasta** Navidad,
   -por la cintura.
suspirar de amor, **-por** el poder.
sustentarse con frutas, **-de** ilusiones.
sustituir a, por alguno, **-**(una cosa)
   con otra. **-**(un poder) en alguno.
sustraerse a, de la obediencia.

t

tachar (a alguien) de frívolo,
   -por su comportamiento.
tachonar de estrellas,
   -con florones de oro.
tallar (una piedra) a bisel, **-en** rombos.
tañer con fuerza.
tapar con una manta.
tardar en venir.
tarifar con el director.
tejer con lana, **-de** seda.
televisar en directo.
temblar con el susto, **-de** frío,
   -por su vida.

temer de otro, -por su familia.
templarse con dos copas, -en
   beber.
tender a hacer algo.
tenderse en, por el suelo.
tener a mano, -ante los ojos, -con
   cuidado, -de, por criada, -en
   menos, -entre manos, -para
   sí,-(algo) que hacer, -sin sosiego,
   -sobre la conciencia.
tenerse a lo escrito, -de, en pie,
   -por válido, -sobre el borde.
tentar (a uno) a fumar, -con una copa.
teñir con, de, en rojo.
terciar con el jefe, -en la lucha,
   -entre ellos.
terminar de, en punta, -por llegar.
testimoniar con alguien, -de oídas,
   -sobre el robo.
tirar a la derecha, -con fuerza,
   -contra el enemigo, -de la capa,
   -hacia la izquierda, -para León, -por
   medio, -sobre la liebre.
tirarse al suelo, -entre las ortigas.
tiritar de frío.
titubear ante, en la decisión.
tocar a misa, -con la punta de los dedos,
   -de oído, -en la ventana.
tomar a broma, -bajo su protección,
   -con, entre sus manos, -de la
   bandeja, -en el suelo, -hacia el Sur,
   -para sí, -por la ventana, -sobre el
   hombro.
topar con, contra, en el muro.
torcer a, hacia la izquierda.
tornar a las andadas, -de Asturias,
   -(la defensa) en acusación, -por el
   Oeste.
tornarse contra el jefe, -hacia su
   padre, -tras sus pasos.
tostarse al, bajo el sol, -con crema.
trabajar a destajo, -de obrero, -en tal
   materia, -para vivir, -por
   distinguirse.
trabar (una cosa) con, de, en otra.
trabarse con, de, en palabras.
trabucarse en la disputa.
traducir al, en francés, -del inglés.
traer a casa, -ante el juez,
   -con uno mismo, -consigo, -de
   Londres, -en, entre manos, -hacia,
   sobre sí, -por divisa.
traficar con armas, -en drogas.

transbordar a otro vagón,
   -de un barco a otro.
transferir (alguna cosa) a, en otra
   persona, -de una parte a otra.
transfigurarse con el disfraz, -en
   otro.
transformar o **transformarse** (una
   cosa) en otra.
transitar por la Plaza Mayor.
transmutar (una cosa) en otra.
transpirar con el calor,
   -por todos los poros.
transportar a lomos, -de una parte a
   otra, -en camión, -sobre una silla.
transportarse de júbilo.
trasegar (el vino) de una cuba a otra.
trasladar a alguien, -al, en castellano,
   -de Granada a Málaga, -del alemán.
traspasar (la herencia) a los huérfanos.
traspasarse en el trato.
trasplantar de una parte a, -de una
   parte en otra.
tratar a los vecinos, -acerca de un
   problema, -con Antonio, -de
   valiente, -en lanas, -(el óxido) por
   una pintura, -sobre una cuestión.
travesear con su amigo, -por el parque.
trepar a un árbol, -por la cuerda.
triunfar con sus aliados, -de, sobre los
   enemigos, -en el encuentro.
trocar (una cosa) con, en, por otra.
tronar con José, -contra el vicio.
tropezar con, contra, en la mesa.
turbar o **turbarse** en el examen,
   -por la pasión.

U

ufanarse con la victoria, -del triunfo.
ultrajar con insultos, -de palabra,
   -en su honor.
uncir (la yunta) al carro, -(vaca) con
   buey.
ungir con bálsamo, -por sacerdote.
uniformar a los voluntarios,
   -con los veteranos, -del mismo color.
unir (una cosa) a, con otra.
unirse a, con los compañeros,
   -en el grupo, -entre todos.
untar al funcionario, -con, de grasa.
usar de malas artes.

utilizar a Juan, -**con** Alonso,
-**de** prueba, -**en** la pelea.

V

vacar a sus quehaceres.
vaciar del contenido, -**en** yeso.
vaciarse de agua, -**por** la compuerta.
vacilar en la elección, -**entre** una
solución y otra.
vagabundear de un lado a otro,
-**de** un lado **para** otro.
vagar por la ciudad.
valer (una cosa) a millón, -**ante** el juez,
-**con** creces, -(tanto) **como** su
hermano, -**para** soldado, -**por** dos.
valerse de alguno o alguna cosa.
vanagloriarse de, **por** su familia.
varar en la arena.
variar de opinión, -**en** tamaño.
velar a los muertos, -**en** defensa de los
intereses del país, -**por** el bien
público, -**sobre** la salud.
vencer a, **con**, **por** traición,
-**en** la batalla, -**por** superioridad.
vender a Juan, -**con** pérdida, -**de**
contrabando, -**en** un millón, -**por**
diez millones
venderse a alguno, -**en** tanto,
-**por** dinero.
vengarse de una ofensa,
-**en** el mismo lugar, -**por** el crimen.
venir o **venirse** a casa, -**con** coche,
-(el enemigo) **contra** nosotros,
-**de** Sevilla, -**desde** Valencia,
-**en** decretar, -**hacia**, **hasta** aquí,
-**para** las vacaciones, -**por** buen
camino, -**sobre** alguien una
desgracia.
ver al enfermo, -**con** sus propios ojos,
-**de** hacer algo, -**por** un agujero.
veranear en la Costa del Sol.
verse con Andrés, -**en** el espejo,
-**entre** los suyos, -**sin** dinero.
verter al suelo, -**del** cántaro, -**en**
español, -**hacia** el río.
vestir a la, **de** moda.
vestirse con lo ajeno, -**de** seda.
viajar a caballo, -**de** noche,
-**en** segunda, -**hacia**, **hasta** Granada,
-**por** avión.

viciarse con el, **del** trato de alguno.
vigilar al preso, -**del** castillo,
-**en** defensa de la ciudad, -**por** el bien
común, -**sobre** el río.
vincular (la gloria) a, **en** la virtud,
-**sobre** una hacienda.
vindicar o **vindicarse** del insulto.
violentarse a contestar,
-**en** responder.
virar a, **hacia** la costa, -**de** borda,
-**en** redondo, -**hasta** inclinar la barca,
-**por** avante, -**sobre** el ancla.
vivir a gusto, -**con** poco, -**de** rentas,
-**desde** años, -**en** paz, -**entre** salvajes,
-**hacia** los años veinte, -**hasta** cien
años, -**para** ver, -**por** milagro, -**sin**
pena ni gloria, -**sobre** la haz de tierra.
volar al cielo, -**con** sus propias alas,
-**de** rama **en** rama, -**en** avión, -**por**
muy alto, -**sobre** España.
volver a casa, -**de** la aldea, -**en**, **sobre** sí,
-**hacia** tal parte, -**por** el camino, -**para**
el pueblo, -**sin** retorno.
votar al candidato, -**con** la mayoría,
-**en** el pleito, -**por** el concejal.

Y

yacer con la amante, -**ante**, **contra**,
sobre las flores, -**tras** el seto, -**sin**
vida.

Z

zafarse de la pregunta,
-**con** su cómplice, -**de** responder,
-**por** la ventana.
zaherir con palabras.
zambullir o **zambullirse** en, **bajo** el
agua.
zamparse en la sala.
zampuzar o **zampuzarse** en el agua.
zarpar del puerto.
zozobrar con, **en** la tormenta.
zurcir con hilo, -**de** seda, -**entre** mallas.

7. Apéndices

1. Verbos impersonales

Los verbos impersonales, que se refieren casi siempre a fenómenos atmosféricos, sólo se emplean en las terceras personas del singular de las formas personales de los tiempos simples y compuestos del modo indicativo y subjuntivo, y en las formas no personales de los tiempos simples y compuestos del modo infinitivo y gerundio. Ejemplo: **LLOVER.**

FORMAS PERSONALES

MODO INDICATIVO		MODO SUBJUNTIVO	
Tiempos simples	Tiempos compuestos	Tiempos simples	Tiempos compuestos
Presente (Bello: Presente)	Pretérito perfecto compuesto (Bello: Antepresente)	Presente (Bello: Presente)	Pretérito perfecto (Bello: Antepresente)
llueve	ha llovido	**llueva**	haya llovido
Pretérito imperfecto (Bello: Copretérito)	Pretérito pluscuamperfecto (Bello: Antecopretérito)	Pretérito imperfecto (Bello: Pretérito)	Pretérito pluscuamperfecto (Bello: Antepretérito)
llov ía	había llovido	**llov** ie *ra* **llov** ie *se*	hubiera llovido hubiese llovido
Pretérito perfecto simple (Bello: Pretérito)	Pretérito anterior (Bello: Antepretérito)	Futuro (Bello: Futuro)	Futuro perfecto (Bello: Antefuturo)
llov ió	hubo llovido	**llov** ie *re*	hubiere llovido
Futuro (Bello: Futuro)	Futuro perfecto (Bello: Antefuturo)		
llover á	habrá llovido		
Condicional (Bello: Pospretérito)	Condicional perfecto (Bello: Antepospretérito)		
llover ía	habría llovido		

FORMAS NO PERSONALES

Tiempos simples	Tiempos compuestos
Infinitivo: **llover**	Infinitivo compuesto haber llovido
Gerundio: **llov** iendo	
Participio: **llov** ido	Gerundio compuesto habiendo llovido

244

Se usan como impersonales los siguientes verbos:

acaecer	chispear	mayear	rielar
acantalear	chubasquear	mollinear	rociar
acontecer	descampar	mollliznar	rosar
alborear	deshelar	mollliznear	rugir
algaracear	desnevar	neblinear	rumorar
amanecer	diluviar	nevar	rumorear
amollinar	escampar	neviscar	runrunearse
anochecer	escarchar	obscurecer	rutilar
apedrear	escarchillar	obstar	suceder
argayar	fucilar	orvallar	tardecer
atardecer	garuar	orvayar	tempestear
atenebrarse	garugar	oscurecer	tonar
atronar	gotear	paramar	trapear
babujar	goterear	paramear	tronar
cascarrinar	granizar	parecer	urgir
cellisquear	haber	pasar	ventar
centellar	hacer	pesar	ventear
centellear	harinear	pintear	ventiscar
cercear	helar	poder	ventisquear
clarear	lanchar	pringar	zaracear
clarecer	lobreguecer	refocilar	
coruscar	llover	relampaguear	
chaparrear	lloviznar	resultar	
chirapear	marcear	retronar	

Para ser conjugados, estos verbos toman las irregularidades propias del grupo al que pertenecen.

2. Verbos defectivos

Son defectivos los verbos que no se usan en todos los modos, tiempos o personas, y que carecen de alguna forma de la conjugación. Estos verbos son los siguientes:

se usa en:

abarse : infinitivo.
imperativo: en las segundas personas.
formas no personales.

abolir : formas cuya desinencia empieza por *i*.
indicativo: la primera y segunda personas del plural en el presente, todos los otros tiempos simples y compuestos.

(Ver la conjugacíon en el cuadro 8).

subjuntivo: todos los tiempos excepto en el presente.

imperativo: sólo la segunda persona del plural.

formas no personales.

acaecer : las terceras personas del singular y del plural de todos los tiempos.

formas no personales.

acontecer : las terceras personas del singular y del plural de todos los tiempos.

formas no personales.

adir : infinitivo.

formas no personales, con referencia a *herencia.*

agredir : igual que **abolir.**

aguerrir : igual que **abolir.**

aplacer : indicativo: las terceras personas del singular y del plural del presente y del pretérito imperfecto.

formas no personales.

arrecir : igual que **abolir.**

atañer : las terceras personas del sinqular y del plural de todos los tiempos.

formas no personales.

aterir : igual que **abolir.**

balbucir : formas cuya desinencia empieza por *i.*

indicativo: todos los tiempos excepto la primera persona del singular del presente.

subjuntivo: todos los tiempos excepto en el presente.

imperativo: sólo en la segunda persona del singular y del plural.

formas no personales.

blandir : igual que **abolir.**

cernir : indicativo: la tercera persona del singular y del plural del presente y del pretérito imperfecto.

subjuntivo: la tercera persona del plural y del singular del presente.

formas no personales.

colorir : igual que **abolir.**

concernir : igual que **cernir.**

desabrir : sólo el participio, *desabrido.*

denegrir : sólo en las formas no personales.

descolorir : sólo el participio y el infinitivo.

despavorir : igual que **descolorir.**

embaír : igual que **abolir,** ver la conjugación en el cuadro 28.

empecer : sólo en las terceras personas del singular y del plural.

empedernir : igual que **abolir.**

garantir : igual que **abolir.** (En América no es defectivo).

guarnir : igual que **abolir.**

incoar : igual que **abolir,** pero se conjuga como **cortar.**

incumbir	:	las terceras personas del singular y del plural de todos los tiempos.
		formas no personales.
manir	:	igual que **abolir**.
preterir	:	igual que **descolorir**.
soler	:	indicativo: presente, pretérito imperfecto, pretérito perfecto simple y pretérito perfecto compuesto.
		subjuntivo: presente y pretérito imperfecto.
transgredir:		igual que **abolir**.
trasgredir	:	igual que **abolir**.
usucapir	:	sólo en las formas no personales.

3. Verbos regulares con participio pasivo irregular

Cuando el participio pasivo es regular, se acaba en *-ado* en los verbos de la primera conjugación, y en *-ido* en los de la segunda y tercera. Algunos verbos que coinciden con una conjugación regular, tienen un participio pasivo irregular. Estos verbos son los siguientes:

abrir	abierto	**proscribir**	proscrito
adscribir	adscrito	**reabrir**	reabierto
circunscribir	circunscrito	**recubrir**	recubierto
cubrir	cubierto	**reinscribir**	reinscrito
describir	descrito	**rescribir**	rescrito
descubrir	descubierto	**romper**	roto
encubrir	encubierto	**sobrescribir**	sobrescrito
entreabrir	entreabierto	**subscribir**	subscrito
escribir	escrito	**suscribir**	suscrito
inscribir	inscrito	**transcribir**	transcrito
manuscribir	manuscrito	**trascribir**	trascrito
prescribir	prescrito		

En ciertos verbos irregulares, dicha irregularidad se ve reflejada en los participios pasivos de éstos:

absolver	absuelto	**pudrir**	podrido
decir	dicho	**rarefacer**	rarefacto
disolver	disuelto	**resolver**	resuelto
hacer	hecho	**satisfacer**	satisfecho
licuefacer	licuefacto	**tumefacer**	tumefacto
morir	muerto	**ver**	visto
poner	puesto	**volver**	vuelto

Las mismas características se encuentran en los verbos derivados correspondientes (**anteponer, contradecir, desenvolver, deshacer, devolver, disponer, entrever, envolver, exponer, imponer, oponer, posponer, prever, proponer, rehacer, reponer, revolver, superponer, suponer, yuxtaponer,** etc.) y se exceptúan **bendecir** y **maldecir** que pertenecen al grupo de verbos con dos participios, regular e irregular, que sigue a continuación.

4. Verbos con dos participios

absorber	absorbido	absorto
abstraer	abstraído	abstracto
afligir	afligido	aflicto
ahitar	ahitado	ahíto
atender	atendido	atento
bendecir	bendecido	bendito
bienquerer	bienquerido	bienquisto
circuncidar	circuncidado	circunciso
compeler	compelido	compulso
comprender	comprendido	comprenso
comprimir	comprimido	compreso
concluir	concluido	concluso
confesar	confesado	confeso
confundir	confundido	confuso
consumir	consumido	consunto
contundir	contundido	contuso
convencer	convencido	convicto
corregir	corregido	correcto
corromper	corrompido	corrupto
despertar	despertado	despierto
desproveer	desproveído	desprovisto
difundir	difundido	difuso
dividir	dividido	diviso
elegir	elegido	electo
enjugar	enjugado	enjuto
excluir	excluido	excluso
eximir	eximido	exento
expeler	expelido	expulso
expresar	expresado	expreso
extender	extendido	extenso
extinguir	extinguido	extinto
fijar	fijado	fijo
freír	freído	frito
hartar	hartado	harto
imprimir	imprimido	impreso

incluir	incluido	incluso
incurrir	incurrido	incurso
infundir	infundido	infuso
ingerir	ingerido	ingerto
injertar	injertado	injerto
insertar	insertado	inserto
invertir	invertido	inverso
juntar	juntado	junto
maldecir	maldecido	maldito
malquerer	malquerido	malquisto
manifestar	manifestado	manifiesto
manumitir	manumitido	manumiso
marchitar	marchitado	marchito
nacer	nacido	nato
omitir	omitido	omiso
oprimir	oprimido	opreso
pasar	pasado	paso
poseer	poseído	poseso
prender	prendido	preso
presumir	presumido	presunto
pretender	pretendido	pretenso
propender	propendido	propenso
proveer	proveído	provisto
recluir	recluido	recluso
reimprimir	reimprimido	reimpreso
retorcer	retorcido	retuerto
salpresar	salpresado	salpreso
salvar	salvado	salvo
sepultar	sepultado	sepulto
sofreír	sofreído	sofrito
soltar	soltado	suelto
substituir	substituido	substituto
sujetar	sujetado	sujeto
suprimir	suprimido	supreso
suspender	suspendido	suspenso
sustituir	sustituido	sustituto
teñir	teñido	tinto
torcer	torcido	tuerto
torrefactar	torrefactado	torrefacto

En los verbos **freír, imprimir, prender** y **proveer,** los dos participios, regular o irregular, se usan indistintamente; no obstante, en los demás verbos el participio irregular sólo se usa como adjetivo y no para formar los tiempos compuestos.

Índice

Achevé d'imprimer en Italie par «La Tipografica Varese S.p.A.»
Dépôt légal N° 19011 - Juin 2006 - N° d'impression : 93186